KB271232

초등 학급 상담

마음을 여는
초등 학급 상담

2011년 3월 31일 처음 펴냄
2017년 5월 15일 4쇄 펴냄

지은이 김명신, 최명혜, 김명숙, 이윤정, 신순정, 최유리
펴낸이 신명철
펴낸곳 (주)우리교육
등록 제 313-2001-52호
주소 03993 서울특별시 마포구 월드컵북로 6길 46
전화 02-3142-6770
팩스 02-3142-6772
홈페이지 www.uriedu.co.kr

ISBN 978-89-8040-667-8 13370

* 이 책의 내용을 쓰고자 할 때는 저작권자와 출판사의 허락을 받아야 합니다.
* 잘못된 책은 바꾸어 드립니다.
* 책값은 뒤표지에 있습니다.

이 도서의 국립중앙도서관 출판시도서목록(CIP)은 e-CIP 홈페이지(http://www.nl.go.kr/ecip)에서
이용하실 수 있습니다.(CIP 제어번호:CIP2011001282)

마음을 여는
초등 학급 상담

김명숙 · 김명신 · 신순정 · 이윤정 · 최명혜 · 최유리 지음

우리교육

상담을 배우게 되는 계기는 교사마다 다양하나, 대부분은 특정 아동의 문제 행동을 해결하기 위해 방법을 찾거나 원활한 학급 경영을 위해 상담 공부를 시작하게 됩니다. 그리고 공부하면서 알게 된 상담의 기법이나 프로그램을 메모해 두었다가 부푼 기대를 안고 교실에 적용해 봅니다. 바람직한 결과를 이끌어 내기도 하지만 실패하는 경우도 적지 않습니다. 왜 기대와는 다른 상황이 펼쳐져서 교사를 당황스럽게 하는 것일까요? 기법이 서툴러서일까요, 이론이 부족해서일까요?

우리 초등 상담 모임에서도 수년간 같은 고민을 하면서 학급에 상담 기법들을 적용해 왔고 많은 시행착오를 거쳤습니다. 이러한 경험을 통해 몇 가지 사실을 깨닫게 되었습니다.

첫째, 초등 학급이라는 집단에 대한 이해가 필요하다는 것입니다. 초등 학급 상담은 아동 상담이면서 동시에 학교에서 이루어지는 상담이라는 점에 고유성이 있습니다. 아동 상담에다 초등학교라는 독특한 환경적 상황이 반영되어야 하는 것입니다. 그리고 상담을 주도하는 상담자가 대부분 학급 담임이어서, 담임교사로서 생활지도를 하면서 동시에 상담자로서 학생의 문제를 이해해 주어야 한다는 점도 초등 학급 상담을 독특하게 만드는 요소입니다.

둘째, 초등 학급에 상담을 적용할 때에는 긍정적이고 존중하는 학급 분위기가 필수적으로 조성되어 있어야 합니다. 그것의 핵심은 교사와 학생 사이에 믿음과 신뢰라는 관계 형성입니다. 믿음이 가고 편안한 사람에게 자신의 이야기를 편하게 털어놓게 되듯이, 상담을 시작하기에 앞서 학생과 교사 간의 관계 맺기가 무엇보다 중요합니다. 아무리 선생님이 노련한 상담 기술을 익히고 지식을 쌓은들 마음을 열 수 있는 학급 분위기가 조성되지 않는다면 아이들은 선생님을 찾지 않을 것입니다. 반면에 다소 어설프게 아이와 이야기를 나누었다 해도 아이들이 선생님과 협조해서 문제를 해결해 보려는 마음을 갖게 되었다면, 어느 상담소를 찾아가는 것보다 큰 효과를 거둘 수 있습니다.

셋째, 초등 학급 현장에서의 상담은 영역별로 다양한 분야가 요구됩니다. 상담에서 거론되는 모든 영역이 교실이라는 장소 안에서 모두 활용되는 것입니다. 학급 현장에서는 다양한 아이들과 함께 갖가지 상황들이 연출되므로 학급 현장에 가장 필요한 영역을 추출하고 그것을 최적화하여 담임교사가 활용할 수 있어야 합니다.

넷째, 교사가 학급에 상담 방법을 적용하려면 기본적으로 의사소통 기술 습득이 선행되어야 합니다. 상담 기법을 익혔더라도 아이와 소통하는 방법을 알지 못하면, 아이의 마음 문을 열지 못하여 상담을 제대로 할 수 없습니다. 교사가 여러 가지 상담 이론을 공부하고 많은 돈과 시간을 들여 상담 기법을 습득했다 해도 그것을 학급 현장에 기계적으로 적용하려고 하면 성공을 거두지 못합니다. 그러므로 상담 기법을 익히기에 앞서 학급 내에서 쉽게 배우고 적용할 수 있는 의사소통 기술을 먼저 익히는 것이, 아이들과 마음의 문을 열고 학급 상담을 하는 데 더 효율적입니다.

이렇게 깨달은 몇 가지 사실과 그간의 현장 경험, 연구를 통해 초등 학급에 적용할 수 있는 상담 영역을 '긍정적인 학급 분위기 만들기', '상담 기법을 적용하여 문제 해결하기', '초등 학급에서의 집단상담', '학급 상담망 만들기'의 네 가지 영역으로 나누었습니다. 그리고 각 영역별로 초등 학급 현장에 맞는 세부적인 요소들을 뽑아 《마음을 여는 초등 학급 상담》을 구성하였습니다. 일선의 초등 교사들이 오랜 기간 함께 상담을 배우고 학급에 적용하면서 겪은 성공과 시행착오를 바탕으로 구성한 자료인 만큼 실제 학급에 상담을 적용하려는 선생님들에게 도움이 되리라 믿습니다.

*모든 사례와 예시문에 등장하는 이름은 가명임을 밝힙니다.

영역	긍정적인 학급 분위기 만들기	상담 기법을 적용하여 문제 해결하기	초등 학급에서의 집단상담	학급 상담망 만들기
소개	대화법을 활용하여 긍정적인 학급 분위기를 제공하고 심리검사, 자율적인 학급 운영을 통해 교사 – 학생 간의 신뢰를 형성	담임교사가 쉽게 적용할 수 있는 상담 기법을 익히고 학급에서의 다양한 상황에 적용	학급 집단 활동을 통해 학생 자신과 남에 대한 이해를 바탕으로 상호작용을 촉진하기 위해 집단상담 기술을 활용	담임교사가 학생, 학부모, 학교, 외부 전문 기관과 학급 상담망을 만들어 교실에서 일어나는 다양한 일들을 해결
세부 요소	어떻게 대화할까? (학급 운영에 필요한 대화법) 심리검사로 아이의 마음을 살펴요 공감하고 소통하는 교실 만들기 (10가지 활용 방법)	담임교사가 쉽게 적용할 수 있는 상담 기법 학교 현장에서 다루기 힘든 아이들의 상담 과정을 통해 익히기	시기, 상황, 효과에 따라 선택하는 집단상담 22가지	학급 상담망 · 학생 · 학부모 · 학교 · 외부 전문 기관

I.
긍정적인 학급 분위기 만들기

1. 어떻게 대화할까?

2. 심리검사로 아이의 마음을 살펴요

3. 공감하고 소통하는 교실 만들기

담임교사와 교감하며 대화를 나눌 수 있기 위해서는 먼저 편안하고 긍정적인 학급 분위기가 조성되어야 하며, 그러려면 어떤 말을 해도 선생님이 받아 줄 것이라는 믿음, 지지와 격려를 받고 있다는 확신이 아이에게 필요하다. 아이들과 늘 소통해야 하는 교사들은 상호 존중의 대화법을 익혀야 한다. 학생의 입장에서 아이의 말을 경청하고 그 감정에 공감하는 것이 무엇보다 중요하다. 또한 교사 자신의 생각과 느낌도 왜곡하지 않고 솔직하게 표현해야 한다. 편안하고 따뜻한 학급을 만드는 열쇠는 담임교사에게 있다.

학교생활에서 대화의 기술은 교사에게 매우 중요한 문제이다. 학생과 주고받는 수많은 대화를 통해 교육이 이루어지며 학생이 성장해 가기 때문이다. 그러나 교사가 무슨 말을 어떻게 하느냐에 따라 아이는 무한한 가능성을 향해 자신을 열어 보이기도 하고 반대로 마음을 꼭 닫아건 채 숨어 버리기도 한다. 담임교사와 교감하며 대화를 나눌 수 있기 위해서는 먼저 편안하고 긍정적인 학급 분위기가 조성되어야 하며, 그러려면 어떤 말을 해도 선생님이 받아 줄 것이라는 믿음, 지지와 격려를 받고 있다는 확신이 아이에게 필요하다. 이 장에서는 다양한 아이들의 욕구와 처지를 인정하고 수용하여 여러 문제를 조화롭게 풀어 갈 수 있도록, 학급에서 꼭 필요한 대화법을 뽑아 실제로 어떻게 활용할지에 초점을 맞추었다. 그리고 학생들의 심리적인 상태를 알아보는 간단한 심리검사를 소개할 것인데, 심리검사의 방법 자체보다는 검사를 수행한 뒤 교사가 그 결과를 활용하여 어떻게 학생들과 대화해 나가는지에 중점을 두었다. 더불어 공감과 소통이라는 상담적인 가치를 평상시 학급 운영에 어떻게 활용할 수 있는지를 구체적으로 기술하였다.

1. 어떻게 대화할까?

사람을 다루는 일을 하는 교사에게 사람 간의 생각과 감정을 이어 주는 의사소통의 중요성은 아무리 강조해도 지나치지 않을 것이다. 실제로 교사의 말 한마디는 많은 학생들의 삶을 변화시키는 생명의 씨앗이 되기도 하지만 동시에 지워지지 않는 상처를 남기기도 한다. 아이들과 늘 소통해야 하는 교사들은 상호 존중의 대화법을 배우고 익혀야 한다. 아이들의 성장을 바라는 교사의 마음과 생각을 제대로 전달해야 하며, 도움이 필요한 학생들에게 적절한 도움을 주어야 한다. 그래야 학급에서 일어나는 여러 가지 갈등과 문제를 해결하는 교사로서의 역할에 자신감과 보람을 가질 수 있을 것이다.

● **바른 대화법은 좋은 관계를 형성해요**

교실 현장에서 대화법을 적용하는 중요한 목적은 우선 좋은 관계 형성에 있습니다. 아이들의 욕구를 무시하고 강요하는 일방향적 의사소통은 아이들에게 외면당하고 반발을 불러옵니다. 자신들의 이야기를 들으며 관심을 보이고 비난하지 않는 교사와의 대화를 통하여 아이들은 교사를 신뢰하게 됩니다. 이러한 존중과 신뢰의 관계로 맺은 교사의 말은 나아가 아이들을 통제하기 위해 행하는 어떠한 외부 압력보다 더 강력하게 아이의 마음과 행동을 움직입니다. 좋은 관계의 효과는 아이들이 자발적으로 자신을 변화시키려 하고 선생님에게도 적극적으로 협조하려는 의지를 갖게 하기 때문입니다.

● **기법보다 태도가 더 중요해요**

의사소통은 그 사람 됨됨이의 표현이고 상호 인간관계의 표현입니다. 대화의 기법도 중요하지만 무엇보다 서로를 존중하고 인정하려는 진솔한 마음이 깔려 있어야 합니다. 상대에 대해 부정적 선입관이나 마음속에 성급한 결론을 내린 채 대화를 하면 학생들의 속마음은 좀체 열리지 않습니다. 교사 주도로 아이의 행동을 바꾸려 하기 전에 먼저 교사 자신이 아이의 상황과 입장이 되어 준다는 마음이 되어야 합니다. 교사의 견고한 생각과 태도, 가치관을 보류하고 동등하게 아이에게 다가가 솔직하고 친밀감이 가득한 관계로 만들어 보세요. 아이의 변화는 마지막에 자연스럽게 일어날 것입니다.

● **말보다 행동이 더 강력할 수도 있어요**

나의 마음을 효과적으로 전달하는 데 때로는 말보다 비언어적인 부분이 훨씬 더 중요하다는 것을 잊어서는 안 됩니다. 내가 원하는 대로 아이들을 끌어가려는 의도와 기교 섞인 말을 사용하였을 때, 아이들은 그것을 본능적으로 안답니다. 따스한 눈짓 한 번, 어깨 툭툭 두드려 주기, 속상하거나 힘들어하는 아이의 손을 잡아 주거나 꼬옥 안아 주는 진심 어린 행동 등이 더 강하게 아이와 교사의 마음을 연결해 주기도 합니다. '대화'란 진심으로 서로를 알아 가고자 하는, 가슴과 가슴을 연결하는 '소통과 교감의 도구'입니다.

● **꾸준한 연습이 필요해요**

대화는 습관입니다. 습관이 몸에 배려면 그만큼의 연습이 필요하지요. 존중의 대화법이 어색하여 몇 차례 시도하다 효과가 없다고 여겨 그만두는 경우도 많습니다. 그러나 몇 번의 시도로 한 아이를 즉각 변화시키는 대화 기술이 있을까요? 공감의 효과와 자기 개방적 의사 표현을 꾸준히 하다 보면 어느 순간 자연스럽게 대화하는 자신과 아이들과 돈독해진 관계를 발견하게 될 것입니다. 여기에 수록한 기법들은 쉬운 것이지만 계속 행하는 과정에서 더 깊은 대화의 수준으로 아이들과 소통하게 되리라 확신합니다.

(1) 대화의 마음가짐

● **학생의 입장에 서기**

아이들은 마음이 편치 않을 때 문제를 드러내는 행동을 하게 된다. 그러므로 학생의 갈등 상황은 미성숙한 학생들이 자신의 처지를 드러내는 과정이며, 해결 과정 또한 사회적 관계를 익히는 학습의 과정이라는 여유를 가지자. 그러기 위해선 교사가 감정의 분출이나 학생에 대한 평가를 접어 두고 아이들의 감정을 이해하며 그들의 문제가 어떤 것인지를 이야기로 풀어 나갈 필요가 있는 것이다. 첫 단추를 잘 끼워야 하듯 대화의 첫마디도 매우 중요하다. 아이들의 다양한 행동과 욕구들을 일단은 긍정적인 좋은 의도로 이해해 주고 수용할 때, 아이들은 자신이 거부당하는 느낌을 갖지 않고 오히려 문제를 스스로 해결하려는 적극적인 모습을 보이게 된다.

▶ 과학 실험 도중 친구와 부딪쳐 비커를 깨뜨렸다.

"선생님이 아까 조심하라고 했지!"

"네……."

"대답은 잘하네. 앞으로 또 그러면 혼나. 알았어?"

"네……."

"놀랐지? 어디 다친 데는 없니?"

"네……. 괜찮아요."

"다행이구나. 앞으로 이런 일 없게 조심해야 한다."

"네, 조심할게요."

결국 교사가 전하고 싶었던 메시지는 실험 기구를 조심히 다루어 안전한 학습 활동이 되어야 한다는 것이다. 같은 상황이라도 야단을 치기보다는 당황한 아이의 입장을 먼저 받아들였음을 표현하면 아이는 자기를 걱정하는 교사의 마음을 받아들이고 편안하게 학습할 수 있다.

▶ 수업 시간, 교사가 한창 설명 중인데 아이가 불쑥 재미없다고 말한다.

"재미없어요, 선생님!"

"뭐? 공부를 재미로 하니? 공부 시간에 또 엉뚱한 소리 하기만 해 봐."

"재미없어요, 선생님!"

"○○가 오늘 공부가 지루한가 보네."

"네, 계속 설명만 하니까 지겨워요."

"○○는 활동이 많은 수업이 좋지?"

"네!"

"수업이 항상 활기차기는 어렵단다. 조금 지루해도 집중해서 들어 보면 어떨까?"

솔직한 아이들의 마음과 욕구를 인정한 다음 교사의 마음이나 입장을 이야기해도 늦지 않다. 선생님이 자기를 이해한다고 생각하면 아이에게도 선생님의 마음을 좀 더 헤아릴 수 있는 계기가 된다. 존중받은 아이에게는 존중하는 능력이 생긴다.

● 좋은 면을 강화하기

부정적인 문제 행동을 언급하는 대신, 문제가 없는 다른 긍정적인 상황에 초점을 맞출 때 원하는 방향으로 변화가 촉진된다. 교사가 언급한 긍정적인 측면이 아이들에게 직접적이고 구체적인 목표 행동으로 인식되어 좋은 방향으로 향하는 것이다. 꾸중이나 비난을 많이 하는 경우 아이들은 억눌리고 눈치를 보는 의존적 자세가 되기 쉽다. 교사가 민감한 눈으로 작은 성취라도 인지하고 감동할 때 아이들도 작은 것부터 어렵지 않게 변화하는 자율적인 선순환을 경험하게 된다.

▶할 일을 마치고 소란스럽게 말하는 모둠이 있다.

"1모둠, 7모둠! 선생님이 교과서 다 읽었으면 조용히 하라고 했는데! 또 떠들면 마이너스다. 다른 모둠도 다 읽고 나서 떠들지 마."

"선생님이 먼저 읽은 모둠은 다른 친구들 다 읽을 때까지 기다려 주자고 했는데, 2모둠이랑 4모둠이 약속을 잘 지키는구나."

교사가 문제 행동을 하는 아이들에게 꾸중(부정적 피드백)을 하면, 학급 아이들의 시선이 문제 행동을 한 아이들에게로 집중되며 반 전체 분위기가 가라앉게 된다. 그러나 바람직한 행동을 하고 있는 아이들에 대해 언급을 하면, 학급 아이들은 바람직한 행동에 대해 관심을 가지게 되고 자기도 그런 관심을 받고자 행동을 긍정적으로 바꾸게 된다. 이런 긍정적 피드백은 아이들에게 단비처럼 흡수되어 적극적인 변화를 일으킨다.

(2) 경청하기

다른 사람을 돕고자 하는 대화의 시작은 먼저 잘 들어 주는 '경청하기'로 시작한다. 어려움을 겪고 있는 사람에게는 누군가가 주의를 기울이고 진정으로 들어 주는 것만으로도 신뢰가 싹트며 문제 해결의 단초를 얻을 수 있다. 내 생각을 내려놓고 오롯이 상대의 말을 들어 주는 것이 생각만큼 쉬운 일이 아니다. 교사로서, 경험 있는 어른으로서 얼른 해결책이나 답을 주고 싶어진다. 그래서 이야기를 듣는 청자의 자세에서 자신의 생각을 말해 버리는 화자의 자세로 돌변해 이러쿵저러쿵 답을 주는 경우가 허다하다. 그러나 자신의 답을 보류하고 상대의 말을 잘 듣자. 교사로서의 판단을 버리고 아이의 말을 주의 깊게 들을 때 학생은 자신의 감정을 정리하고 스스로 해결책으로 나아가는 과정을 겪게 된다. 경청은 상대방의 말을 주의 깊게 듣는 훈련으로, 들으면서 상대의 입장이 되어야 한다.

● 눈 맞추며 관심 기울이기

이야기를 나눌 때 서로 얼굴을 바라보는 것이 기본임을 알면서도 의외로 많은 사람들이 실수를 저지른다. 바쁜 업무 중인 교사에게 아이가 찾아와 얘기할 때, 교사는 별 생각 없이 하던 일을 계속 하면서 응대하기가 쉽다. 애써 이야기를 청하러 온 아이는 이야기를 이어 가기가 쉽지 않다. 대화의 기본 전제는 상대에 대한 존중이며 그것의 시작은 말하는 사람을 바라보는 것이다. 설혹 교사가 아이의 이야기를 잘 듣고 있다 해도 아이는 속내를 털어놓을 의욕이 꺾이고 거부당한 느낌을 지울 수가 없다. 눈을 맞추는 것과 함께 아이와 이야기하는 동안 아이의 얼굴 표정, 자세, 말투 또한 언어 표현과 일치하는지 살펴야 한다. 교사의 친근한 말투, 아이에게 오롯이 관심을 기울이는 태도가 대화의 첫걸음이다.

● 추임새 넣기

"지원이가 말도 안 하고 제 지우개를 가져갔어요. 진짜 짜증 나요."
"(아이의 눈을 보며 고개도 끄덕이며) 어, 그런 일이 있었구나."
"돌려 달라니까 주지도 않아요. 제 건데……."
"저런, 속상했겠다."

아이의 말 중간 중간 간단한 말로 반응을 해 준다. '아, 그래서?', '그렇구나!' 같은 반응은 아이에게 교사가 자기의 이야기를 주의 깊게 듣고 있으며 자신의 행동과 감정을 인정해 주는 신호로 받아들여진다. 그래서 더 많은 이야기를 할 수 있는 자연스러운 분위기가 형성된다. 추임새를 넣으면서 교사는 피상적인 이야기를 더 깊게 끌어갈 수 있다.

"제가 어제 경호한테 오백 원을 빌렸었는데요, 경호가 달라고 해서요, 동전이 없어서 천 원 주고 오백 원 달라고 했거든요? 그런데 경호가 잔돈 없다고 오백 원 내일 준다고요 천 원을 그냥 가져갔어요. 엄마가 천 원 용돈으로 주신 건데요, 돈이 하나도 없는 걸 알면 혼날 거예요. 우리 엄마 무서워요. 어제도요 동생이랑 싸우다가 혼났거든요. 내 말을 듣지도 않고요……."

"선생님이 승우 얘기 잘 들으려고 노력했는데, 제대로 들은 게 맞는지 얘기해 볼 테니 승우가 확인해 줄래?" ①

"네."

"승우는 어제 경호에게서 오백 원을 빌렸고, 오늘 천 원을 경호에게 줬는데 경호가 잔돈이 없어서 승우가 오백 원을 받지 못했네. 승우는 오백 원을 받지 못하고 집에 가면 엄마에게 혼이 날 것 같구나. 선생님이 이해한 게 맞니?" ②

"네!"

"승우가 많이 곤란하겠구나. 그래, 더 이야기해 볼래?"

요약은 상대방의 이야기를 내가 잘 이해하고 있는지 확인하는 과정이며, 아이에게도 듣고 있는 사람이 어떻게 이해하고 있는지를 알 수 있는 과정이다. 특히 아이들의 이야기가 산만해지거나 지나치게 확장될 때 아이가 기분이 상하지 않도록 끊어주는 방법이 된다. 갑자기 가로채는 느낌 없이 ①과 같이 표현하여 정확한 내용을 정리하고 잘 듣고 싶다는 교사의 의지를 전달하고, 요약 후에 ②와 같이 확인함으로써 다시 학생이 이야기할 수 있도록 바통을 넘겨주면 학생은 자신의 입장이 잘 전해졌다는 느낌을 받을 수 있다.

● 바람 이해하기

"선생님! 민경이가 저 때리고 도망갔어요."

"저런, 진짜 약 올랐겠다."

"네."

"그래서 선생님에게까지 왔구나. 민경이를 불러서 야단을 쳐 줄까, 민경이한테 사과하라고 할까? 선생님이 어떻게 도와주었으면 좋겠니?"
"(웃으며) 됐어요."

부정적인 감정을 이야기하는 상대의 마음속에는 긍정적인 바람이 들어 있는 경우가 많다. 그런 부정적 감정을 좋은 바람으로 잘 읽어 주면 상대는 부정적 감정에서 벗어나 긍정적 문제 해결로 나아가는 힘을 얻을 수 있다. 아이들은 자신의 속마음을 잘 모른 채 반대로 이야기를 하거나 겉으로 드러난 상황에 대해서만 말하는 경우도 많다. 표현하는 말 속에 담긴 아이의 진정한 바람이나 생각까지 이해하려고 노력한다면 아이가 문제의 해결을 의외로 쉽게 하고 문제의 본질과 만날 수 있다. 교사는 아이가 원하는 바를 단정 짓지 말고 '~하고 싶은가 보네', '~했으면 좋겠니?'라고 부드럽게 물어보며 이야기를 이끌어 나간다. 때로는 교사가 자신의 이야기를 들어 주는 것만으로도 아이는 스스로 상황을 정리하고 문제를 해결해 나가기도 한다.

☕ 사례 아이의 말을 경청해요

"선생님, 바빠요?"
"(아이를 쳐다보며) 지금 급히 해야 하는 공문이 있거든. 지훈아, 무슨 일이 있니?"
"아니요. 그냥……."
"(얼굴 표정을 살피며 걱정스러운 말투로) 지훈이 얼굴 표정이 굳은 걸 보니까 선생님한테 하고 싶은 말이 있는 것 같구나. 관심 기울이기 선생님이 이 공문을 바로 처리해야 해서 지금은 곤란하고, 점심 먹고 1시에 이야기를 나누었으면 하는데, 괜찮겠니?"
"네."

점심을 먹은 후, 연구실. 개별적으로 이야기할 때는 조용한 공간을 택할 것

"(얼굴 쳐다보며) 지훈아, 점심은 잘 먹었니? 반찬은 맛있었구?" 관심 기울이기
"네, 맛있었어요."
"아까 선생님한테 하고 싶었던 이야기, 지금 해 줄 수 있겠니?"
"민석이가 계속 저를 괴롭혀요."
"어, 그래? 추임새 넣으며 인정하기 민석이가 괴롭혀 많이 힘든가 보네. 더 자세히 말해 주면 좋겠다."
"민석이는 장난이라고 하는데, 지나가면서 어깨로 툭툭 치고 레슬링 하면서 아프다고 하는데도 계속 목 졸라요."

"저런, 그랬구나." 추임새 넣기

"오늘 급식 먹을 때도 뒤에서 애들이 전달했다고 하면서 머리 때리고 그랬어요."

"울컥했겠다. 민석이는 장난이라고 하는 행동이 너에게는 받아들이기 힘든가 보구나." 요약하기

"네."

"지훈이는 그런 행동을 하는 민석이와 놀기 싫은 거니? 아니면 민석이와 놀고는 싶은데, 민석이가
그런 행동들을 하지 않으면 하고 바라는 거니?" 바람 이해하기

"민석이랑 아예 놀고 싶지 않은 것은 아니구요, 민석이가 괴롭히지만 않으면 좋겠어요."

"그럼, 지훈이는 민석이가 어깨로 뚝뚝 치지 않고 레슬링 할 때 네가 아프다고 그만하라고 하면 멈춰
주길 바라는 거구나." 요약 및 바람 이해하기

☕ 사-례 학부모의 말을 경청해요

방과 후 종혁이 어머니께서 전화를 하셨다.

"선생님, 종혁이 엄마입니다. 한 번도 찾아뵙지 못해서 죄송해요."

"(웃으며) 아닙니다. 전화 주셔서 반갑습니다. 함께 의논할 일이 있으신가요?" 관심 기울이기

"요즘 우리 종혁이가 학교생활 잘하고 있나 궁금해서요."

"제가 보기에 종혁이는 수업 시간에 참여도 잘하고 친구들이랑 축구도 하면서 잘 지내고 있어요. (걱
정스러워 하며) 혹시 어머니께서 생각하시기에 염려스러운 점이 있으신가요?" 관심 기울이기

"그런 건 아니구요. 집에 좀 일이 있어서 종혁이가 학교생활을 힘들게 하고 있는 것은 아닌가 걱정이
되었거든요."

"아~ 네." 추임새 넣기

"실은 선생님께 말씀드리지 못했는데, 한 달 전에 종혁이 아빠가 교통사고로 갑자기 돌아가셨어요.
그래서……."

"아…… 전 그런 줄도 모르고……. 많이 힘드셨겠네요. 뭐라 위로를 드려야 할지……." 관심 기울이기

"금요일에 돌아가셨는데 다음 날이 토요 휴업일이고 또 일요일도 있어서 종혁이가 학교를 빠지지 않
아도 될 것 같아서 선생님께 알리지 않았어요. 다른 아이들이 알면 종혁이가 더 힘들어할 것 같아서
요. 학교에서 잘 지내고 있다고 하니까, 선생님께서도 종혁이에게 모른 척해 주셨으면 좋겠어요."

"네, 알겠습니다. 종혁이가 아버지 돌아가신 슬픔을 친구나 학교에 알리지 않고 전처럼 자연스럽게
잘 지냈으면 하시는 거지요?" 바람 이해하기

"네, 학교에서 별일 없이 지내고 있다고 하니까 마음이 놓이면서도 한편으로 혼자 끙끙 앓고 있는 건
아닌지 걱정이 많이 됩니다. 선생님께서 좀 살펴봐 주세요."

"네. 어려운 일을 말씀해 주셔서 감사합니다. 제게도 종혁이 대하는 데 많은 도움이 되겠습니다. 앞
으로 더 관심 가지고 살펴보도록 할게요."

(3) 공감하기

어두운 얼굴로 소라가 찾아왔다. 머뭇거리며 꺼낸 이야기는 친구들이 자기를 왕따 시킨다는 것. 핵심을 에두르는 듯, 이런저런 주변 이야기를 하며 자신이 따돌림당한다는 상황만을 이야기한다. 교사는 객관적인 입장에서 묻고 조언하고 해결책을 제시하지만, 이런 해결책은 교사에게서 나온 것일 뿐 걱정스러운 아이의 마음을 풀어내지 못한다. 그래서 먼저 아이의 이야기를 들으며 아이의 마음속에 들었을 감정을 함께 느껴 표현해 주었다.

"소라가 그동안 아이들과 함께 어울리지 못해 많이 힘들고 외로웠겠구나……." 이렇게 말하자 정리 안 된 이야기를 마구 쏟아 내던 아이가 이야기를 멈추고 갑자기 눈물을 흘리기 시작하더니 한동안을 하염없이 울었다. 그러고 나서는 한결 침착해지고 자신이 당당해져야겠다고 스스로 마음을 정리했다. 이런 경험에서 우리는, 문제 상황을 이야기하는 사람은 자신의 문제를 모두 해결해 달라는 것이기보다 단지 자신의 힘든 상황을 선생님, 아니 그 누군가에게 이해받고 싶어 하는 것임을, 그리고 나아가 문제 해결 방법도 스스로 생각해 낼 수 있다는 것을 깨닫게 된다. 심리학자들은 다른 사람의 치료를 돕는 식의 건강한 효과를 주는 이런 메시지를 '치유적인 의사소통'이라고 한다. 아이들은 솔직하게 힘들다고 말하기보다는 소라처럼 친구들과 있었던 사실들만 열거하는 경우가 많다. 자신의 감정에 대해 표현할 줄 모르는 경우이다. 그런 상황에서 교사가 학생의 말 자체에만 초점을 두면 대화가 더 복잡해지고 얽힐 수 있다. 그러나 소라의 진정한 속마음을 읽어 주었을 때 소라는 자신의 불편함을 털어 낼 수 있었고 문제를 해결할 방법도 스스로 찾아낼 수 있었다.

이처럼 공감이란, 상대방의 표현 속에 감추어진 느낌을 찾아서 말로 표현하고 그 감정을 따뜻한 마음으로 이해하여 돌려주는 것이다.

평상시에는 이성과 감정이 평형상태를 유지하지만 어떤 상황에서 문제가 생겨서 마음이 불편하게 되면 누구나 감정의 홍수에 빠지게 된다. 이럴 경우에는 누가 아무리 옳은 이야기를 하더라도 귀에 들어오지 않으며, 무수한 말로 인해 상황과 감정이 더욱 악화되기도 한다. 이때 기다리면서 상대방의 감정을 이해하고 읽어 주면 차올랐던 감정이 가라앉으면서 이성이 작용하여 문제를 스스로 합리적으로 해결할 수가 있게 된다.

감정이 북받친 아이가 어느 정도 안정이 된 후에는 문제에 대한 해결책을 내놓고 조언을 해도 자연스럽게 수용하게 된다. 같은 말이라도 언제 하느냐에 따라 반응이 달라지는 것이다. 공감은, 감정적 문제를 가진 아이가 교사로부터 이해받고 있다는 메시지가 되어 아이의 마음 깊은 곳으로 교사를 연결해 주며, 아이에게는 스스로 힘을 얻게 만드는 열쇠와도 같은 기법이다.

● 아이의 상황과 느낌 감지하기

▶ 시험일, 아이가 뚱딴지같은 소리를 한다.

"선생님, 오늘 시험 쳐요?"
"무슨 소리야, 왜, 오늘 시험인 거 몰랐어?"
"그냥요."
"그냥은. 공부 안 했구나?"

"선생님, 오늘 시험 쳐요?"
"오늘 시험이 걱정되는구나?"
"네, 어제 할머니 제사라 공부를 제대로 못 했어요."
"저런, 제사가 있어서 준비를 충분히 못해서 그렇구나."
"다음에 치면 안 돼요?"
"그 정도로 많이 걱정이 되는구나, 어쩌냐?"
"어쩔 수 없죠. 오늘 시험 못 쳤다고 혼내지 마세요."
"사정이 있었지만, 최선을 다해 보렴."

학생이 단순히 정보를 몰라 묻는 물음으로 생각한다면 교사는 화가 나고도 남을 상황이다. 한 달 전부터 그토록 강조했고, 전날에도 시험 일정에 대해 당부했기 때문이다. 이런 경우에 교사는 학생의 말 자체가 아니라 말의 의도를 짐작해야 한다. 아이의 마음속에는 성적으로 인해 교사에게 혼나고 싶지 않은 마음(사랑받고 인정받고 싶은 욕구)이 있었던 것 같다. 교사의 따뜻한 공감으로 인해 점차 아이가 처한 상황과 욕구가 선명해진 것이다.

아이의 상황과 말하는 내용에 담긴 느낌을 짐작하여 교사가 되돌려 반응해 주자. 사람들은 누군가 자신을 있는 그대로 받아 준다는 느낌을 가지면 자기의 문제에서 보다 수월하게 빠져나올 수 있으며, 변화하고 성장하려는 동기를 얻게 된다. 그러면 아이는 교사에 대한 신뢰감으로 더 깊이 마음을 터놓을 수 있게 되는 것이다. 말하는 아이의 단서(말이나 행동 등)를 보며 아이가 느끼는 바를 짐작하여 적절한 감정 단어로 표현해 주어야 한다.

● 공감의 간단한 공식

네가 ________ 때문에 ^{이유} ________ 하구나. ^{감정}

▶ 숙제를 여러 차례 해 오지 않은 아이의 부모님께 사실을 알리는 메모를 보내고 확인 사인을 받도록 하였으나 받아 오지 않았다.

"엄마한테 사인해 달라고 말씀드렸는데 안 해 놓고 일 가셨어요."

"숙제도 계속 안 하고, 부모님께 확인 꼭 받아 오라는 메모도 그냥 가져오면 어떡하니? 혼날까 봐 아예 안 보여 드린 거 아니야?"

"보여 드렸는데……."

"안 봤으니 어떻게 알겠어. 내일 다시 받아 와, 알았지?"

"엄마한테 사인해 달라고 말씀드렸는데 안 해 놓고 일 가셨어요."

"엄마한테 알림장에 사인해 달라고 말씀드렸는데 사인 못 받아서 실망했겠다. 학
　교 올 때도 가슴이 두근거렸겠네."
"네, 어제 낮에 엄마한테 전화해서 사인할 거 있다고 말했는데 엄마가 안 해 놓고
　그냥 또 나가셨어요."
"엄마랑 만날 시간이 없나 보구나……?"

숙제를 안 해 온 아이가 하는 이야기를 믿고 공감해 보자. 교사에게도 정보가 생긴
다. 어머니께서 생업에 매달려 계시고 아이 혼자 지내는 시간이 많음을 알게 되었
다. '숙제 안 하는 아이'에 대한 단순 정보가 아이에 대한 입체적 정보로 바뀐다. 이
후 아이에 대한 교사의 태도는 달라질 것이다. 아이는 속 썩이는 말썽꾸러기가 아니
라 개별 지도가 필요한 보살핌의 대상이 된다.

▶점심시간, 운동장에서 놀다 온 아이들이 불평을 한다.

"선생님! 우리가 먼저 골대에서 축구하는데, 6학년 형들이 비키라고 했어요."
"몇 명이? 몇 반인지 알아?"
"몰라요."
"다음에 또 그러면 몇 반 누군지 알아와. 그래야 그 반 선생님께 말씀드리지."

"선생님! 우리가 먼저 골대에서 축구하는데, 6학년 형들이 비키라고 했어요."
"너희들이 신나게 노는데 6학년이라고 너희더러 다른 데 가서 놀라고 했으니 억
　울했겠다."
"네!"
"운동장에서 함께 놀아야 하는데, 마음껏 신나게 놀지 못해 아쉬워서 어쩌냐."
"맞아요, 속상해요."

6학년을 혼내 주겠다는 해결 대신 그들의 억울하고 불편한 감정을 받아 주니 아이들
의 감정은 자연스럽게 안정되고 평정을 찾았다. 그리고 아이들이 속상한 마음은 형

들을 혼내는 것보다 더 많이 놀지 못한 아쉬움이었다는 것으로 인정되었다. 해결은 반드시 상대(6학년 형들)를 직접 향하지 않아도 되며, 합리적이고 긍정적인 해결 방법으로 바뀌기도 한다. 공감적 소통은 다른 사람에 의한, 다른 사람을 향한 해결책이 아닌 자신의 욕구를 찾게 하므로, 문제가 자연히 해결된다.

▶ 평가 전날, 단원 정리를 하는 중 아이가 투덜댄다.

"공부는 왜 해요? 집에서도 공부, 학교에서도 공부하라고만 하고. 그거 누가 만들었는지 진짜 모르겠어요."
"학생의 할 일이 공부지. 하랄 때 안 하고 무슨 불만이야!"
"에이 씨……."

"공부는 왜 해요? 집에서도 공부, 학교에서도 공부하라고만 하고. 그거 누가 만들었는지 진짜 모르겠어요."
"어른들이 전부 공부만 하라고 하니까 ○○가 너무 힘들고 갑갑한가 보구나."
"진짜 학원 숙제, 엄마 잔소리 때문에 미치겠어요."

불만을 표출하는 아이들 중에는 배경 생활이 원인인 경우가 많다. 이때 교사가 주의할 점은, 학생이 자신을 향해 비난의 화살을 던진다고 오해하지 않는 것이다. 아이가 자신을 비난한다고 생각하여 교사가 화가 섞인 감정으로 아이의 불만을 무시하려고 하면 아이 마음속 불씨에 부채질을 하는 격이 된다. 아이가 상황을 어떻게 느끼는지에 초점을 맞추다 보면 그의 가족이나 다른 부분에 문제가 있음이 드러나게 된다.

▶ 전담 시간을 마치고 온 아이들 몇이 마구 뛰어들며 큰 소리로 말한다.

"선생님! 영어 시간에 우리 조 역할극 잘했다고 우리만 쿠폰 받았어요!!!"
"어이구, 칭찬 두 번 들었다간 난리 나겠다. 그렇다고 그렇게 위험하게 뛰어다

니냐?"

"선생님! 영어 시간에 우리 조 역할극 잘했다고 우리만 쿠폰 받았어요!!!"
"와, 너희 모둠만 쿠폰 받았어? 영어 선생님께 인정받아서 정말 뿌듯하고 자랑스
　럽겠다."
"네!"
"선생님도 기쁘네. 그런데 그렇게 뛰어오니 무슨 큰일이 났나 해서 놀랐잖아. 안
　전하게 다녀야 하는 거 알지?"

문제가 있는 아이들에게도 공감이 중요하지만 즐겁거나 좋은 일에 대한 교사의 지
지 또한 듬뿍 해 주도록 한다. 부정적 사실보다 긍정적 사실에 초점을 두고 더 큰 인
정을 얹어 주자. 긍정적 지지는 아이들과 교사 모두에게 좋은 전파력을 발휘하게 되
고 문제를 예방하는 메시지로도 기능하여 즐거운 학급 분위기가 유지된다. 교사의
긍정적 공감 표현을 아끼지 말자.

사례　아이들의 말에 공감해요

방과 후 교실에서 아이들 3명이 모여 다음날 있을 발표 준비를 하는데, 같은 모둠의 진희가 보이지
않는다.

"진희는 창밖을 보고 훌라후프 하다가 우리한테 욕하고 가 버렸어요."
"너희들과 무슨 일이 있었니?" 관심 기울이기
"발표 준비를 하다가 자꾸 딴짓을 해서 하지 말라고 했는데 욕을 하고 갔어요."
"진희가 너희들에게 협조하지도 않고 욕만 하고 가서 속상했겠구나." 공감
"예, 진희 진짜 이상해요."
"내일 선생님이 진희와 이야기해 볼게."

다음 날 진희를 불렀다.

"진희야, 어제 친구들이 발표 준비해야 하는데 진희가 창문 밖만 보고 있다가 친구들이 뭐라고 하니
　까 진희가 욕을 하고는 가 버렸다고 했는데 사실이니?"
"……"

"친구들과 무슨 일이 있었니?"
"자기들이 하려고 하는 것만 하고 제가 이야기하면 받아 주지도 않았어요."
"친구들이 진희 말을 받아 주지 않아 섭섭하고 불만스러웠겠다." 공감
"네, 걔들은 자기들 맘대로 해요."
"진희 의견이 제대로 받아들여지지 않아 화가 많이 났구나." 공감
"저도 같이 하려고는 했어요."
"진희는 노력했는데 친구들이 몰라주었구나. 요약 그래서 욕을 하게 됐니?"
"네."
"갑자기 욕이 나올 만큼 화가 많이 났었나 보네." 공감
"네."
"그래……. 그런데 진희가 갑자기 욕을 하고 가 버리면 친구들은 그런 네 마음을 알 수 있었을까?"

진희가 잠시 생각을 하며 고개를 숙였다.

"진희가 그런 행동을 한 게 지금은 후회가 되니?" 느낌 감지하기
"예, 마음이 좋지 않아요."
"그럼 어떻게 해 보고 싶니?"
"아이들에게 사과할게요."
"진희가 아이들과 관계가 안 좋아질까 봐 걱정했는데 화해를 하겠다니 선생님도 마음이 놓인다."

아이와의 대화에서 경청과 공감을 통해 아이의 행동과 감정을 자연스럽게 인정하게 하고, 이성적으로 생각하게 될 때 해결 방법을 생각하도록 물어보는 순서로 나아가는 것이 좋다.

사례 학부모의 말에 공감해요

방과 후, 학부모 한 분이 다짜고짜 교실 문을 열고 들어온다.

"영수 담임선생님이시죠? 학교가 왜 이래요. 제가 교육청으로 바로 가려고 하다가 절차를 밟습니다. 제가 교육청장을 잘 알거든요. 오늘 바로 교육청으로 가려다가 왔습니다."
"잘 오셨습니다. ① 우선 앉으세요. 우리 반 영수에게 무슨 일이 있나요?"
"며칠 전부터 우리 대우가 이 핑계 저 핑계 대면서 학교를 안 가려고 하더라구요. 딱 눈치를 보고 제가 앉혀 놓고는 니 아버지 성격 알제, 바른대로 말해, 하니깐 수영이하고 동구 때문에 학교를 가기 싫대요. 그러니 열이 안 받습니까. 뇌 CT까지 찍어 봤는데, 스트레스성 근육통이라고 하더라구요. 참, 얼마나 기가 막힙니까. 그 새끼들 확 잡아서 죽일라고 하다가 왔습니다."
"그런 일이 있었네요! ② 대우가 그 정도로 괴롭힘을 당하고 있었다니 정말 속상하시겠어요. ③"
"오늘 아침 제가 수영이하고 동구 불러서 이야기를 하니깐 저거들도 영수란 아이가 시켜서 그랬다네요. 오늘도 영수가 아침에 옥상으로 불러서 두들겨 맞았다고 하더라구요."
"그래요? ④"

"제가 직접 아이들에게 들은 겁니다. 아이들에게 그 영수가 너희들 손 못 대게 하면 너희도 대우 안
괴롭힐 거냐고 하니까 그러겠대요. 그래서 영수 담임선생님을 제가 이렇게 찾아왔습니다."
"아! 그러셨군요. 저 같으면 너무 속상해서 영수를 만나 앞뒤 없이 혼쭐을 내 주었을 것 같은데 어떻
게 차례대로 아이들을 불러 놓고 그렇게 전후 이야기를 다 들어 주셨어요?⑤"

① 일단 수용적인 분위기를 형성하고 흥분을 가라앉히는 것이 중요하다.
② 말과 표정이나 억양이 진실되고 일치되게 한다.
③ 공감은 한 번이 아니라 학부모의 감정 크기만큼 충분히 해 주는 것이 중요하나 이 상황에
　서는 여러 번 공감보다 학부모가 이해받고 싶은 마음이 크므로 잘 들어 주고 짧게 공감해
　주는 것이 더 효과가 있었다.
④ 학부모의 이야기가 사실 이해가 되지는 않지만 현재 학부모가 매우 흥분된 상태인데 '그
　럴 리가요?' 또는 '정말입니까?' 등 진위를 가리고자 하는 말을 섞게 되면 학부모와 더
　큰 충돌이 생길 수 있다. 이럴 경우 그렇게 생각하고 있다는 의미에서 일단 학부모의 말
　을 수용해 주는 태도가 필요하다.
⑤ 학부모의 입장을 인정하고 그래도 담임을 찾아서 해결하고 싶은 학부모의 긍정적 의도를
　공감해 주었다. 이 공감적 표현 이후에 학부모가 긴 시간을 자신의 교육 방법에 대해 이
　야기를 하기 시작했다. 이때 교사도 학부모에 대한 정보를 얻을 수 있었다. 처음 대화에
　서도 학부모가 중요하게 생각하는 것이 있다. 교육청에 가려다가 절차를 밟는다, 아이들
　을 잡아 죽이려고 하다가 불러서 이야기를 듣고 왔다, 등의 말에서 이 학부모는 자기가
　감정대로 하지 않고 절차를 밟는다는 사실을 강조하고 있었다. 상대방의 말을 주의 깊게
　듣는 경청을 통해 상대가 중요하게 생각하는 것을 찾고 그 이후 대화에는 학부모의 이야
　기에 추임새를 넣으며 인정하기만 하였다. 그 과정에서 학부모의 감정이 점점 가라앉고,
　얼굴에도 여유가 생기며 교사에 대한 신뢰도 생긴 듯했다. 이야기가 마무리될 쯤에 교사
　가 영수, 수영, 동구를 불러서 이야기해 보겠으며, 대우는 매일 수업 마치고 집으로 가기
　전에 우리 교실에 와서 이야기를 나누고 보내겠다는 말에 "선생님만 믿습니다."라는 마
　무리 말을 남기고 악수까지 나누었다.

잘 들어 주고 공감한 것이 큰 문제로 번질 것을 막고 그 뒤 문제는 자연스럽게 해결되었다.
경청과 공감이 문제 해결의 지름길이 되는 경험을 하게 한 사례이다.

(4) 솔직하게 표현하는 '나 전달법'

아이들과 생활하다 보면 교사는 하루에도 몇 번씩 심장이 얼었다 녹았다, 머리에 불
이 붙었다 꺼졌다 한다. 좋은 선생님이고 싶어서 화가 나도 꾹꾹 참기를 반복하다
결국은 감정을 폭발시키고 후회한 경험을 누구든 해 보았을 것이다. 교사도 인간인

데 이렇게 오르락내리락하는 불안정한 감정을 어떻게 처리해야 하나? 어떻게 말해야 내 마음을 효과적으로 알릴 수 있을까? 힘들 때나 기쁠 때나 교사의 상태와 마음을 아이들에게 솔직하게 전하는 것이 중요하다. 어떻게 해야 할까?

● '나'를 주어로 말하기

수학여행으로 함께 간 놀이동산에서 한 학생이 집합 시간을 20분이나 넘겨도 오지 않는다. 안내 방송을 해도 나타나지 않는 아이를 기다리며 교사는 초조하고 불안했다. 결국 20분이 더 지나서야 나타난 아이. 아이는 겁을 잔뜩 먹었고 교사는 안심이 된 한편 화가 났다.

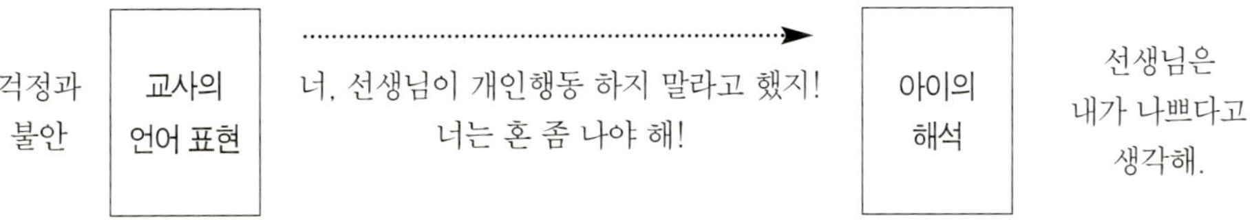

'너'를 향한 언어 표현은 아이에게 온전히 비난으로 받아들여지고 부정적 감정에 사로잡힌 교사 앞에서 학생은 제대로 자기의 이야기도 할 수 없게 된다. 한마디로 서로의 마음을 전달하기는커녕 화를 더하고 관계를 단절시킨다. 이 상황에서 교사는 자신의 화가 어디에서 시작된 것인가 대한 고찰을 통해 처음 감정인 걱정과 불안한 마음, 그리고 돌아와서 안심이 된다는 본래의 마음을 그대로 전했어야 한다. 그래야 학생은 선생님이 나 때문에 걱정했음을 알게 될뿐더러 자신의 행동에 대해 책임을 느끼고 반성하게 된다.

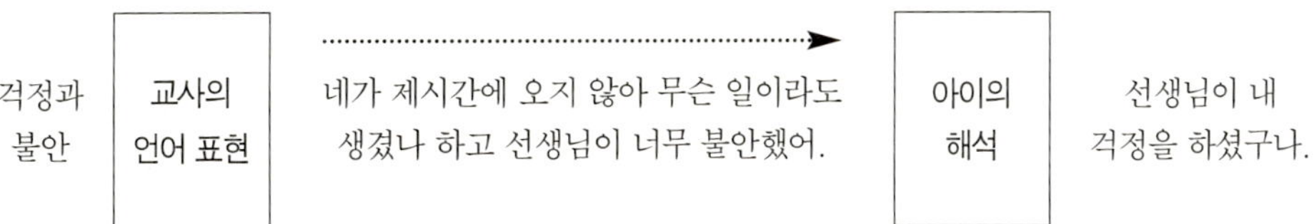

반면 나를 주어로 하는 나 전달법은 교사의 감정과 속마음을 학생에게 정확하게 전

달할 수 있다. 이 방식은 학생들의 행동에 대한 비난보다 교사 자신에 대한 정보(속마음, 감정 상태 등)를 전달하여, 교사가 어떤 마음인지를 학생이 알게 함으로써 학생 스스로 자신의 행동을 선택하도록 한다. 이러한 대화법은 학생의 행동을 변화시키기도 하면서 동시에 학생이 자신의 행동으로 인해 상대가 어떤 생각과 마음을 갖게 되는지 배우게 하는 교육적 의미도 있다. '너의 행동이 어떠하다'가 아닌 '나의 마음과 생각이 어떠하다'에 초점을 맞추면서 시작해 보자.

● 나 전달법의 간단한 공식

선생님은 네가 ________할 때 ^{행동 관찰} ________을 느낀다. ^{감정}

왜냐하면 ________하기 때문이다. ^{교사에게 미치는 구체적인 영향}

(또는) ______하고 싶기 때문이다. ^{바람}

● 나 전달법의 중요 요소

보고 들은 그대로, 가감 없이 서술하기

우선 문제가 되는 학생의 행동을 가감 없이 서술한다. 가감 없는 서술이란 상대 행동을 바라보는 교사의 시각에 판단이나 평가를 개입시키지 않는 것, 즉 '평가'와 '관찰'을 구별하는 것이다. '관찰'은 보고 듣는 그대로, 판단이나 추측, 선입견 등의 평가를 섞지 않고 사실만을 표현하는 것을 말한다.

이틀째 지각한 아이에게 "만날 수업 시간에 늦으니까" 또는 "그렇게 게으르면" 같은 표현을 했다면 교사의 평가나 생각이 개입된 것이다. 그 말을 듣는 아이는 반감이

평가나 판단이 섞인 표현	순수한 관찰 표현
선생님께 예의가 없구나.	선생님께 인사를 안 하고 지나가네.
너는 만날 싸우니.	이번 주에 친구와 세 번 다퉜지.
선생님께 대들다니!	선생님 말 끝에 씨~ 라고 하네.
친구를 괴롭히네.	친구 머리에 지우개 가루를 뿌리네.
너는 책임감 있고 멋진 아이야.	역할 청소를 매일 빠짐없이 하고 있네.

생기고 따라서 뒤이은 교사의 훈계가 곱게 들릴 리 없다. 대화에 부정적인 평가가 섞이면 상대는 비판으로 받아들여 방어하고 거부감을 갖기 때문이다. 있는 그대로 "네가 어제, 오늘 10분씩 늦게 학교에 오니까"로 표현하면 아이들이 사실을 인정하고 그대로 받아들이게 된다.

교사의 구체적인 느낌을 표현하기

학생들의 행동에 대한 교사의 느낌을 솔직하게 말하는 것은 네 탓이라는 메시지가 아니라 내 감정에 문제가 생겼다는 표현이 된다. 따라서 학생은 방어나 공격의 필요성을 느끼지 않고 오히려 교사를 도울 수 있는 입장이 되어 자신의 행동을 돌아보게 되는 대화법이다. 사람이 감정의 동물인 만큼 우리의 감정을 어떻게 다루느냐에 따라 문제는 많이 달라질 수 있다. 갈등이 생겼을 때 교사의 감정을 솔직하게 표현하는 것은 상대로 하여금 스스로 자신의 행동을 돌아보고 반성하는 여유를 갖게 한다. 이때도 판단이나 생각이 섞인 표현은 삼가고 솔직한 감정만을 표현해야 한다.

느낌을 표현할 때는 뜻이 모호하거나 추상적인 말보다 구체적인 느낌을 말하는 것이 서로에게 도움이 된다. 예를 들어 '좋다'라는 느낌말에는 행복, 기쁨, 즐거움, 안심 등 여러 가지 다른 느낌이 들어 있다. '좋다, 나쁘다'와 같은 단어로는 실제로 느끼는 복잡다단한 감정들을 정확하게 전달하기 어렵다. 특히 나 전달법을 행할 때 주

생각이 섞인 표현	순수한 감정 표현
너희들이 나에게 인사를 하지 않을 때 나를 무시하는 것처럼 느껴져.	너희들이 나에게 인사를 하지 않고 그냥 지나치니 섭섭해.
너희들이 계속 떠들면 교사로서 인정받지 못하는 느낌이야.	너희가 큰 소리로 얘기하면 내가 정신없고 정말 지친다.
지영아, 네가 나에 대해 무언가를 오해하고 있는 느낌이야.	지영아, 내 마음이 전달이 잘 안 된 것 같아 불편하고 답답해.

어만 '나'일 뿐 판단이나 평가가 개입된 생각 표현을 느낌으로 표현하는 오류를 많이 겪는다. 진정한 '나 전달'은 솔직한 감정 표현으로 정확하게 이야기해야 한다.

아이의 행동이 교사에게 미치는 영향 또는 교사가 바라는 것을 이야기하기
아이들의 많은 행동이 교사들의 눈이나 마음에 걸리는 것은 그 행동이 나에게 직접적인 영향을 주기 때문이고, 더 살펴보면 교사의 내면에 기대나 바람이 있어서다. 즐겁고 편하게 지내고 싶은 바람, 더 잘 가르치고자 하는 바람, 학급 운영을 잘해서 보람을 갖고 싶은 바람, 좋은 선생님이라는 말을 듣고 싶은 바람……. 아이들의 행동에 즉각 반응하지 말고 이런 좋은 바람들 때문에 생기는 감정을 제대로 표현해 주자. 아이들 또한 교사의 감정과 입장을 이해하고 받아들이게 되는 기회가 되고 도와주려는 마음으로 행동의 변화를 촉진시킨다. 아이의 행동이 나에게 어떤 영향을 미치는지, 나의 바람 등을 덧붙여 설명하여 아이의 협조를 얻을 수 있도록 한다.

"현수야, 네가 아이들을 때릴 때 행동 친구가 다칠까 봐 걱정되고 감정 부모님께 항의가 들어오면 너나 선생님이나 곤란하고 난처해질 것 같아. 영향"
"현수야, 선생님은 즐거운 분위기에서 친구들과 공부하고 싶은데 바람 네가 아이들을 때리니 마음이 불편하고 속상하다. 감정"

"영철아, 이번 시간에 자리에서 세 번 일어났지. 관찰 네가 일어나면 선생님 설명이 끊어지고 아이들을 집중시켜 다시 반복해야 하니까 영향 지친다. 감정"
"영철아, 선생님은 차분하게 공부를 이어 가고 싶은데 바람 수업 시간에 네가 일어나니 언짢고 불편해. 감정"

"네가 선생님 말끝에 씨~ 라고 말하니까 행동 선생님이 존중받지 못하는 것 같아 영향 마음이 무겁고 아프구나. 감정"
"선생님은 너랑 이야기 잘 통하고 싶었는데 선생님 말끝에 씨~ 라고 하니 선생님이 당황스럽다. 네게 도움도 주고 싶었는데 말이야. 바람"

구체적인 행동 부탁하기

나 전달법을 배우고 실행하면서 교사들은 학생들이 바로 행동을 수정해 주길 기대하지만 뜻대로 되지 않는다. 한두 번으로 아이의 행동이 바뀔 수는 없다. 꾸준히 얘기하면서 스스로의 행동을 선택하도록 배려하고 부탁해야 한다. 특히 초등학생의 경우에는 구체적인 행동의 제안이 필요할 때가 많다. 그렇게 함으로써 아이가 행동을 어떻게 바꾸어야 하는지 알게 하는 것이다. '부탁' 이라는 말 속에는 결코 강요가 아닌, 그것을 선택하는 주체가 학생이라는 점이 강조되어 있다. 대화를 구체적인 부탁으로까지 이어 가고 서로의 욕구를 확인하며 해결하는 방법으로 나아가자.

"현수야, 네가 오늘 아이들을 두 번 때려 마음이 많이 불편해. 맞은 사람이 다치거나 해서 네게도 곤란한 일이 생길까 봐 걱정도 된다. 네가 친구를 때리지 않고도 네 마음을 전달하는 방법을 선생님과 의논해 보았으면 하는데, 부탁 어떻게 생각해?"

"영철이가 공부 시간에 일어나면 주의가 흐트러져서 선생님이 다시 설명을 해야 하기 때문에 지치고 불편해. 허락을 받고 일어나면 어떨까? 부탁"

"선생님은 너랑 이야기가 잘 통하고 도움도 주고 싶은데 씨~ 라고 말하니 당황스럽다. 네가 화난 이유를 말해 줄 수 있니? 부탁"

기억해 주세요

칭찬은 교사의 긍정적 판단이 들어간 표현입니다. 칭찬을 받으면 기분이 좋지만, 구체적이지 않거나 상대를 근거 없이 띄우는 것 같은 칭찬은 부담스럽고 혹시 다른 의도가 숨어 있지는 않은지 의심스러워지기도 합니다. 옆에서 듣는 다른 아이들도 납득하지 못하지요. 선생님이 누구누구만 예뻐한다는 말도 아이들 사이에서 공공연하게 퍼집니다. 이제 긍정적 행동에 대해서 칭찬할 때도 나 전달법으로 표현해 보세요. 구체적이고 객관적인 사실을 바탕으로 긍정적인 표현을 전할 때 아이들은 칭찬을 더욱 기쁘게 받아들일 수 있을 것입니다.

"영주가 크고 또렷한 목소리로 발표를 하니 선생님 귀에 쏙쏙 잘 들어와서 듣기가 참 편했어."
"선생님은 네가 청소 역할 활동을 빠지지 않고 해 준 덕분에 깨끗한 교실에서 생활할 수 있어서 기쁘고 상쾌해."
"아침 활동 시간에 모두 열심히 책을 읽는 모습을 보니 너희들의 독서 습관이 잘 잡혀 가는 것 같아 선생님으로서 보람되고 행복해."

(5) 중재와 협상으로 해결책 찾기

아이들이 모두 내 맘같이 움직여 주면 얼마나 좋을까마는 교사의 바람과 아이들의 욕구가 다 같기를 바랄 수는 없는 일이다. 아이들은 각자 다르고 욕구도 다양하며 교사 역시 상황이나 상대에 따라 행동이 달라지는 존재임을 인정하자. 물론 아이들 사이에서도 여러 가지 다툼이 일어난다. 다수가 있는 곳에서는 갈등이 존재하는 것이 당연하다. 이렇게 서로 갈등이 있을 때 함께 그 문제를 풀어 가는 협상의 방법을 사용할 수 있다. '협상'은 힘으로 누르거나 강요하여 한쪽의 희생을 요구하는 방법이 아니다. '누이 좋고 매부 좋다'는 속담처럼 서로의 바람에 동의할 수 있는 방법을 대화로 끌어내는 것이다.

협상은 '관계를 깨뜨리지 않고 문제를 해결하는 방법'이다. 즉, 협상을 할 때에는 교사의 이런 질문으로 대화가 시작된다. "우리 이 문제를 함께 풀어 보자. 뭐 좋은 방법 없을까?" 협상으로 문제를 해결하게 되면 교사와 아이들과의 관계는 더 돈독해진다. 그리고 문제에 대한 다양하고 바람직한 최선의 해결책을 내는 과정에서 아이들도 책임감을 가지게 되어 결정된 규칙을 잘 지키게 된다.

매순간 아이들에게 협상하는 법을 가르치고 보여 주자. 그러면 상대방의 입장을 고려하면서 스스로의 욕구를 만족시키는 방법을 저절로 학습하게 되어 바람직한 민주적 의사 결정을 잘할 수 있는 사람으로 성장하게 될 것이다.

하지만 교사가 아이와 협상해서는 안 되는 문제도 있다. 폭력으로 남에게 해를 입히거나 중독 등의 문제로 자신에게 해가 되는 행동들, 즉 교사가 허용할 수 없는 행동들에 대해서는 확고하게 안 된다고 말하고 왜 안 되는지를 명확하게 알려 주어야 한다. 이러한 부분에서는 단호함이 필요하다.

● 협상의 간단한 단계

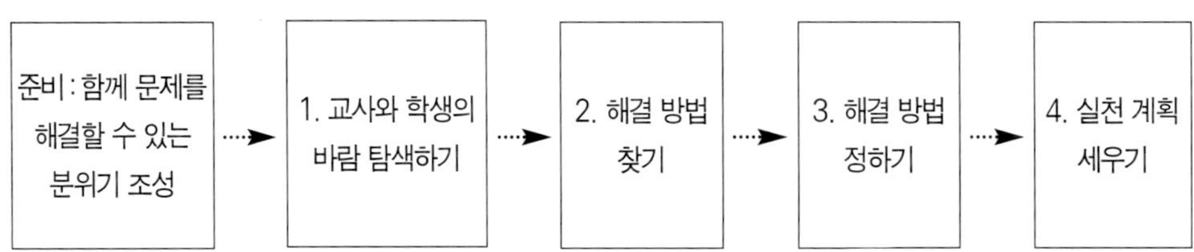

준비 : 함께 문제를 해결할 수 있는 분위기 조성

교사나 아이들의 문제를 함께 해결하려면 스스럼없이 의견을 주고받을 수 있는 분위기가 형성되어 있어야 한다. 그러려면 교사는 아이들과 동등한 입장에서 원하는 것을 진정으로 잘 들으려는 마음, 즉 아이들의 말을 경청하고 마음을 읽는 '공감 능력'이 필요하다. 아이들의 의견을 들으며 수용하고 조정하며 나눌 때 답이 보인다. 함께 결정한 해결 방법에 대해서는 아이들도 자신의 의견이 받아들여졌다고 느끼기 때문에 책임을 지려 하고 적극적으로 노력한다. 교사가 일방적으로 해결법을 내놓고 아동은 마지못해 임하는 형식적인 협상이 되면 기대한 결과를 얻지 못한다. 학생 본인에게도 문제 해결의 의지가 있음을 확인하고 협상을 시작해야 할 것이다.

step 1 : 교사와 아이의 바람 탐색하기

교사와 아이들의 바람이 각각 어떤 것인지를 찾는 것이 협상의 첫걸음이다. 그러면서 함께 동의할 수 있는 바람을 찾아내야 한다. 솔직하게 표현하면서 서로의 정확한 바람을 찾는 가운데 상대방과 자신의 욕구와 입장이 다름을 이해하게 된다.

step 2 : 해결 방법 찾기

풍부하고 다양한 방법들이 많이 쏟아져 나오도록 비판 없이 모든 아이디어들을 수용해야 한다. 이 단계에서 비난이나 평가가 들어가면 아이들은 소극적인 태도로 돌아서게 되고 만족할 만한 해결책이 도출되기 어렵다. 엉뚱하고 비현실적인 내용도 모두 수용하자. 다음 해결 방법을 정하는 단계에서 의견을 다시 나누게 될 것이다.

step 3 : 해결 방법 정하기

각자가 나름대로 자유롭게 말한 해결 방법을 하나하나 평가하는 단계이다. 서로 만족할 만한 해결 방법을 선택하고 함께 동의하는 단계에 속한다.

step 4 : 실천 계획 세우기

정해진 해결 방법을 어떻게 실천할지 구체적이고 세밀한 계획을 세우고 각자가 할 일을 확인하는 단계이다. 실천 여부에 대한 점검이 따른다.

방과 후, 봉수가 얼굴을 찡그리며 달려와서는 불만을 토로했다. 민식이가 매일 화장실 청소 검사도 받지 않고 도망간다는 것이다. 아이의 감정에 공감해 준 후, 다음 날 함께 이야기하기로 했다. 이튿날 점심때 민식이와 조 아이들을 불렀다.

준비

교사 "민식아, 어제 봉수가 너 청소 안 하고 도망간 일로 불만이 많던데. 어떻게 된 거니?"

민식 "제가 할 청소는 다 하고 갔는데요."

봉수 "다 했는지도 모르겠고 우리가 다시 했는데요."

민식 "제가 청소할 때는 아이들은 교실에서 놀았어요."

교사 "봉수하고 다른 아이들은 민식이가 청소할 때 교실에서 놀았니?"

봉수 "그냥 교실에서 있다가 청소하러 갔어요."

교사와 학생의 바람 탐색하기

교사 "민식이는 빨리 갈 일이 있었니?"

민식 "학원 차가 4시에 와서 놓치면 또 기다려야 해서 먼저 했어요."

교사 "아, 민식이는 학원 시간 때문에 빨리 가기 위해 청소를 먼저 했고 다른 친구들은 시간에 쫓기지 않으니 천천히 했구나."

봉수 "그런데 청소를 후딱 하고 제대로 하지도 않는데요."

교사 "그러면 민식이는 학원 시간에 맞춰서 청소를 빨리 해야 되고, 봉수와 친구들은 민식이가 청소를 같이 깨끗이 했으면 하는 거니?"

아이들 "예."

해결 방법 찾기, 정하기

교사 "그러면 민식이도 좋고 다른 친구들도 좋은 방법은 없을까?"

영석 "선생님 민식이가 깨끗이만 하고 가면 돼요."

봉수 "그냥 가면 안 되죠. 선생님에게 확인을 받든지, 우리한테 말을 하고 가야 해요."

교사 "그러면 민식이가 조금 일찍 가는 것에 대해서는 괜찮다는 말이니?"

봉수 "깨끗이만 하면요."

민식 "아이들이 수업 마치면 바로 청소하러 가면 되잖아요."

봉수 "야, 화장실만 청소하면 되는 줄 아니? 교실에서 해야 될 일도 있다."

교사 "그럼 청소 구역과 해야 할 일을 나누어 민식이가 해야 할 곳을 정해 주고 그곳이 다 되면 민식이는 조장에게 말하고 가고 친구들은 시간이 될 때 와서 청소하면 어떻겠니?"

봉수, 영석 "괜찮아요."

실천 계획 세우기

봉수 "그런데요, 민식이가 조장 말 안 듣고 또 그냥 가면 어떡해요?"

교사	"민식아, 아이들이 네가 조장 말 안 듣고 가 버릴까 봐 걱정을 하는데?"
민식	"그러면 선생님께 혼날게요."
교사	"선생님은 민식이 믿어 볼게. 그리고 조장은 지금 정한 것을 지키지 않아서 불만이 생길 때는 선생님과 다시 의논하면 어떨까?"

교사가 아이들을 중재하기 위해 함께 부르면 서로 감정이 격앙되어 있기 때문에 선생님을 보지 않고 아이들 간에 다시 언쟁을 하는 경우가 많다. 위에서는 선생님이 개입하여 다른 질문을 함으로써 전환이 되었지만 아이들의 언쟁이나 감정싸움이 있을 경우에는 일단 대화를 중지해야 한다. 그리고 선생님이 각각에게 "이제부터는 할 이야기가 있으면 선생님에게만 이야기를 해야 하고 다른 사람이 이야기할 때 말을 끊을 경우에는 대화를 중지할 거야." 하고 정확히 규칙을 알려 주어야 한다.

아이들 각자의 바람을 알아보는 단계에서는 바람을 명확하고 구체적으로 명시해야 한다. 해결 방법을 찾을 때에는 아이들이 의견을 말하도록 하고 최종적으로 교사가 요약, 정리해 주는 것이 중요하다. 또한 관계된 아이들 모두에게 좋은지 반드시 확인해야 한다. 혹시 반대하는 사람이 있다면 다시 논의해야 한다. 이 사례에서는 봉수가 혹시나 안 되면 어떻게 하느냐는 문제를 제기함으로써 계획의 실천 의지를 확실히 재확인할 수 있었다.

사례 교사와 아이의 갈등을 협상해요

수학 단원 평가에서 한 아이가 몹시 실망스러운 점수를 받았다. 보충 공부를 위해 남으라고 이야기를 하자 학생의 표정 또한 일그러지고 고개를 돌려 혼자 뭐라고 중얼거렸다. 시험 점수보다 그런 아이의 태도에 교사는 화가 더 오른다. 잠시 멈추고 일단 대화의 시간을 방과 후로 옮겨 만났다.

준비

"소하야, 아까 선생님이 여러 사람 앞에서 남으라고 해서 기분 나빴어?"

"네."

"그랬구나. 너도 시험 점수 때문에 속상했을 텐데⋯⋯. 그런데 소하야, 점수도 점수지만, 아까 선생님이 나머지 공부한다고 했을 때 점수보다 소하가 고개를 돌려서 중얼거리는 걸 보고 선생님이 좀 놀라기도 하고 속상했어. 선생님은 소하에게 도움을 주고 싶었고 존중받고 싶은 마음이 있었거든. 선생님의 이야기 들으니 어때?"

"선생님 마음은 알겠는데요, 저도 아이들 앞에서 선생님이 이야기하니깐 너무 기분이 나빴어요."

"소하도 선생님에게 존중받고 싶다는 이야기니?"
"네."
"그래. 선생님이 아이들 앞에서 이야기하는 바람에 네가 많이 부끄러웠겠다."
"(고개를 끄덕인다) 네……."
"선생님도 앞으로 화난다고 아이들 앞에서 막 이야기 안 할게. 소하도 다음에 속상하다고 고개 돌려 중얼거리기 없기다."
"네, 선생님."

교사와 학생의 바람 탐색하기

"선생님, 그런데 꼭 남아서 해야 되나요?"
"남아서 공부하는 게 힘들어?"
"하기 싫어요."
"선생님은 네가 남아서라도 공부를 하게 해서 너한테 도움이 되고 싶은데."
"그치만 남아서 공부하면 애들이 놀릴 것 같아요."
"아~ 소하는 선생님 말처럼 공부는 도움을 받고 싶은데 아이들이 놀릴까 봐 걱정이 되는구나."
"네."

해결 방법 찾기

"그럼 어떻게 할까? 소하는 놀림을 받지 않고 싶고 선생님은 소하가 공부를 꼭 보충했으면 좋겠고……. 소하는 어떻게 하면 좋겠니?"
"잘 모르겠어요."
"(잠시 생각 후) 그럼 선생님이 꼭 알아야 하는 문제를 몇 개 내 주면 집에서 해 오고 선생님에게 확인받는 건 어떨까?"
"(얼굴이 밝아지며) 좋아요. 그 대신 아이들이 안 봤으면 좋겠어요."

해결 방법 정하기

"그럼, 선생님이 친구들 몰래, 꼭 알아야 하는 문제를 몇 개 내 줄 테니 소하가 집에서 해 오고 다음 날 선생님께 확인을 받는 것으로 하자꾸나."
"네."

실천 계획 세우기

"선생님은 오늘부터 소하가 공부를 했으면 좋겠는데, 소하는 언제?"
"괜찮아요. 그럼 집에 가서 하게 문제 내 주세요."
"매일 몇 문제 정도면 풀 수 있겠니?"
"한 열 문제 정도면 해 올 수 있을 것 같아요."
"그럼 오늘부터 열 문제 줄 테니까 집에 가서 풀어 오고 내일부터 아침에 일기장에 넣어서 함께 검사 받자."

위의 대화 과정을 보게 되면 아이가 왜 혼자 중얼거리는 행동을 했는지에 대한 마음을 이해해 주면서 문제 해결이 급진전된다. 그러면서 동시에 준비 과정에서 교사는 아이에 대한 이해와 함께 교사가 불편했던 점을 정확히 이야기함으로써 아이에게도 교사가 어떤 마음인지 이해하도록 하였다. 교실 현장에서 대화를 이끌 때 아이 위주의 대화가 되지 않는 것이 중요하다. 공감이 아주 필요한 경우도 있지만 교사와 아이 모두 마음이 불편한 문제는 교사가 아이의 마음을 공감해 준 뒤에 교사의 마음도 정확히 표현함으로써 상호 이해를 바탕으로 문제를 해결해 나가는 것이 중요하다. 교사와 아이의 갈등 해결에서 가장 중요한 것은 힘을 가진 교사가 대화의 의지를 가지고 협상하려 할 때 만족할 만한 결론에 도달한다는 것이다.

🍵 사례 교사와 학급의 갈등을 협상해요

비 오는 날, 그토록 기다리던 운동장 체육 활동을 못 하게 되어서 아이들은 우울해진다. 밖에 나갈 수 없는 상황이라 교사가 아이들에게 체육 활동을 다른 과목으로 대체하려고 하면 불꽃이 일어난다.

준비

아이들　"선생님, 비 오는 거 정말 싫어요. 비 와도 체육 해요!"

교사　"밖에서 체육을 못 하게 되어 속상한가 보구나. 하지만 비 오는데 이번 차시 육상 활동을 어떻게 하니?"

교사와 학생의 바람 탐색하기

아이들　"우우, 그래도 체육 해요."

교사　"너희들이 정말 체육을 하고 싶은 것은 선생님도 알고 있고 안타까워."

아이들　"아이~! 그럼 교실에서 할 수 있는 게임 해요."

교사　"선생님은 시간을 바꿔서 다음 날씨 좋을 때 신나게 체육 하는 게 더 좋다고 생각했는데, 너희들은 다음으로 미루는 것보다 교실에서라도 움직이고 싶구나."

아이들　"네~!"

아이들　"그냥 저번에 했던 게임 한 번 더 해요."

교사　"선생님은 체육 시간이니까 체육 수업 내용으로 해야 해. 진도 문제도 있고……. 다음 단원 동물 표현하기 활동을 미리 교실에서 하는 건 괜찮을 거 같구나. 어때?"

아이들　"좋아요~!"

해결 방법 찾기

교사　"그런데 우리가 실내에서 활동하다 보면 옆 반이나 아래층에 방해가 될 텐데, 선생님은 그게 염려가 돼. 좋은 방법이 없을까?"

아이1　"아무 소리 안 내고 하면 되잖아요. 우리가 조용히 할게요."

아이2　"하다가 시끄러우면 선생님께서 우리에게 멈춤! 이라고 말하세요."

아이3　"너무 시끄럽게 하는 사람은 아웃시켜요."

아이4   "우리가 뒤꿈치 들고 고양이처럼 할게요."
아이5   "그럼 모둠별로 한 번씩 나와서 표현하는 건 어때요?"
교사   "다양한 생각들이 많구나. 재미있게 하면서 기다림도 적고 서로 위험하지도 않은 방법 더 없
        을까? 하다가 중단하면 김빠질 거 같고……."
아이6   "그럼 한 명씩 도미노처럼 돌아가며 표현하면 어때요?"
교사   "도미노?"
아이6   "네. 한 명이 호랑이 표현하면 옆 사람이 이어서 그 옆 사람을 똑같이 따라 하면 재미있을 것
        같아요."
교사   "아, 그럼 원으로 서서 한 명이 표현하고 나머지 친구들은 그 친구의 모습을 빠르게 차례대
        로 따라 하자는 거니? 한 바퀴 다 돌면 그 다음 사람이 다른 흉내 내고……."
아이7   "와~! 재미있겠다."

교사   "괜찮네. 다른 친구들도 의견에 동의하니? 또 다른 의견 있어?"
아이들 "도미노 좋아요. 재미있겠어요. 해 봐요!"

교사   "그러면 동물 표현 활동을 도미노처럼 한 명씩 따라 하며 표현하기로 할까? 한 명씩 움직이
        면서 하니 옆 반에서도 우리가 뭐하는지 전혀 모를 정도로 조용히 할 수 있고 우리는 재미
        있고 다양하게 표현 활동을 해 볼 수 있을 것 같네."
아이들 "네~!"

학급 현장에 있다 보면 교사와 학급 전체와 이야기를 나누어야 할 때가 있다. 아이들의 욕구
가 다양하다 보니 모든 아이들의 욕구나 바람을 다 채울 수는 없다. 중요한 것은 최선의 선
택을 할 수 있도록 대화를 이끌어 가야 하고 집단 의견 속에서 나올 수 있는 개인적인 불만
은 따로 개인적인 상황으로 이끌어서 이해해 주는 절차가 필요하다.
선생님이 아이들의 욕구를 읽고 받아 주려 한다는 것이 전달될 때 아이들도 교사의 말을 잘
수용하고 따른다. 위의 준비 대화처럼 아이들의 마음을 일단 받아 주자. 바람을 탐색하는 대
화를 통해 아이들은 즐겁게 움직이고 싶어 하는 자기들의 바람과 교과를 진행해야 하는 교
사의 바람이 서로 다름을 알아차린다. 아이들의 바람을 수용하면서 교사의 바람을 주도적으
로 제안할 수도 있다. 해결 방법을 찾는 과정에서 창의적인 아이디어가 발산되도록 이끌지
만, 문제가 될 수 있는 상황들에서 교사는 나 전달법으로 합리적이고도 서로가 만족스러운
최선의 해결점을 찾도록 이끈다. 그러므로 시간이 다소 걸리더라도 아이들과 협의하는 이러
한 대화 과정은 매우 중요하다. 해결 방법을 정하는 단계에서는 다수의 학급 아이들이 함께
협의해야 하는 까닭에 모두가 전적으로 동의할 수만은 없는 안건도 있음을 인지하자. 다수
의 의견에 의해 결정되더라도 혹 다른 의견이 있는지 확인하는 과정과 불편함이 생길 때는
따로 교사와 의논을 해 달라는 여지를 남겨야 할 것이다. 끝으로 합의한 해결 방법을 잘 실
천하기 위한 규칙을 한 번 더 확인하고 약속하는 단계로 마무리한다.

2. 심리검사로 아이의 마음을 살펴요

보통 '심리검사'라 하면 전문가들이 문제가 있는 아이들을 진단하고 치료하기 위하여 행하는, 어렵고 딱딱한 것이라는 인식이 많다. 하지만 간단한 심리검사는 아이들과 나누는 대화의 문을 열 유용한 열쇠가 되기도 한다. 뿐만 아니라 심리검사를 통해 얻은 자료는 아이들의 심리나 환경을 이해하는 데 유익한 정보가 되며 아이가 건강하게 성장하는 데 필요한 도움을 준다. 이 장에서는 담임교사가 교실에서 간단하게 실시하고 또 대화의 소재로 사용할 수 있는 대표적인 심리검사들을 소개한다. (이 책에서는 자세하게 다루지는 못하니 관심 있으신 분은 미술 치료와 상담 교육에 관한 자료를 통해 보충하기 바란다.) 교사가 상담이 필요하다 생각하여 부른 아이와 마주 앉았을 때 무슨 말부터 시작해야 할지 막막한 경우가 있다. 다짜고짜 교사가 생각한 문제점들을 얘기하다 보면 대화가 아니라 진단, 지시, 취조가 되고 만다. 이럴 때 심리검사를 이용하면, 자연스럽게 대화의 자료를 얻을 수 있으며 심리검사의 과정이나 결과에 묻어나는 아이의 마음에서 의외로 쉽게 답을 구할 수도 있다.

하지만 우리가 만나는 많은 아이들 중에 '대화'만으로는 도움을 줄 수 없는 아이들이 있다. 그 아이들에게는 전문가와의 빠른 연계가 중요한데 이 역할을 바로 우리, 담임교사가 해야 한다. 비록 전문 지식은 부족하더라도 특징적인 행동을 발견했을 때, 상담이 필요한 상태인지 치료가 필요한 상태인지 판단할 수 있어야 한다. 왜냐하면 치료가 필요한 아이임에도 불구하고 교사가 '대화'만으로만 해결하려 한다면, 도움을 주기는커녕 치료 시기를 놓치는 우를 범하는 것이기 때문이다. 그래서 본 장 맨 뒤에 교실에서 쉽게 접할 수 있는 문제 행동을 진단할 수 있는 체크리스트를 실었다. 이는 상태를 진단하는 데만이 아니라 전문가에게 아이의 상태를 전달할 때도 좋은 자료가 되므로 알아 둘 필요가 있다.

심리검사는 아동을 이해하는 여러 가지 방법 중의 하나이며 본 장에서는 이를 '대화'를 위한 도구로 사용해 보았다. 필자들은 심리검사와 대화를 통해 아이들의 문제 행동이 더 이상 문제 행동이 아닌 아픈 마음의 표현임을 알 수 있었다. 교사에게 아이의 마음에 가 닿고자 하는 진심이 있다면 심리검사는 유용한 도구가 되어 줄 것이다.

(1) '아이'의 모습 들여다보기

아이들의 부적응적인 행동은 때론 부정적인 자아상에서 비롯되기도 한다. 자신의 모습이 잘못된 것이 아니라 다른, 고유한 특성을 가졌기 때문이라는 사고의 전환만으로도 아이는 스스로 자신의 길을 찾아 갈 것이다. 자신의 존재 이유에서 오는 자신감은 아이를 일으켜 세우기에 충분한 에너지를 갖고 있기 때문이다. 교사와 함께 자신의 장점을 찾는 과정 속에서, 에릭슨이 말했듯 자신의 모습을 지지하는 중요한 타자인 또 한 사람이 곁에 있다는 것은 아이의 자신감의 든든한 발판이 될 것이다.

자아상 파악 : HTP 검사, KHTP 검사, 인물화 검사

스트레스에 대처하는 자신의 모습 파악 : 빗속의 사람 검사

자기 특성이나 적성 이해 : MBTI 성격 유형 간이 테스트, MI 검사

● 집 – 나무 – 사람 그림(HTP) 검사

준비물 : 도화지 4장, 연필, 지우개

① "종이를 가로로 놓고 집을 그리세요."
② "두 번째 종이는 세로로 놓고 나무를 그리세요."
③ "세 번째 종이도 세로로 놓고 사람을 그리세요. 사람의 전체 모습을 그리도록 하고 만화나 막대기처럼 그리면 안 됩니다."
④ "네 번째 종이에는 세 번째에 그린 사람과 성별이 다른 사람을 그립니다."

> 🔍 Tip.
> 그림 실력을 알고자 하는 것이 아님을 아이에게 충분히 알려 주시고 부담 없이 마음껏 그릴 수 있도록 분위기를 조성해 주세요. 그림을 보는 교사는 그것이 나타내는 '상징'에 얽매이거나 해석하는 데 빠지지 말고 아이의 대화에 더 집중하도록 합니다. '상징'은 교사와 아이와의 대화에서 방향등의 역할만으로 충분해요.

우진이는 올 초 우리 반에 전학 왔다. 160cm가 훨씬 넘는 키에 표정도 불만으로 가득 찬 것이 주변 아이들을 겁 주기 딱 좋은 '짱' 스타일이었다. 첫날부터 적대적이며 공격적인 말투, 교사에게 불손한 태도로 교실 분위기를 묘하게 만들었다. 그리고 부모님 두 분은 수업이 시작된 것은 아랑곳하지 않고 아들의 늠름한 모습에 빠져 우진이를 다정하게 바라보고 계신 것도 인상적이었다. 솔직히 조금 낯선 풍경이었다. 저렇게 애정이 많은 부모님 밑에서 이 아이는 뭐가 불만일까? 애정을 넘치게 받은 응석받이인가? 우진이의 행동을 찬찬히 지켜보다 한 달쯤 지나 우진이를 불렀다.

"선생님, 저 왜 부르셨어요?"
"우진아, 화가 난다고 그렇게 아무한테나 화풀이하면 안 돼. 당하는 사람은 얼마나 당황스럽겠니?"

우진이는 당황한 듯이 나를 바라보았다.

"우진이 마음이 편치 않은 것은 우진이가 다스려야 할 문제이지 친구한테 그런다고 해결이 될까? 너두 그 방법은 아니구나, 하는 것을 알고 있는 눈치인데…… 선생님이랑 방법을 같이 찾아보지 않을래?"

우진이의 HTP 검사지

집	나무
동성 인물	이성 인물

▸**우진이의 그림이 이렇게 말해요.**
① 집을 병원이라고 썼다가 지웠다. : 집에 대한 거부감
② 집은 마치 요새와 같이 단단히 닫혀 있다. : 외부와의 경계
③ 나무의 줄기에 상처가 많다. : 마음의 상처
④ 나무에 열매가 많이 달려 있다. : 애정 욕구
⑤ 마음속의 표창, 날카로운 눈매, 이 등 사람의 표현이 공격적이다.

그림 분석한 것을 염두에 두고 우진이와의 이야기를 시작했다.

"집을 병원이라고 썼다가 지웠네?"
"집에 있으면 답답해서 죽을 것 같아요."
"언제부터 집에 있는 것이 그렇게 힘들어졌니?"
"음…… 원래 좀 그랬는데요, 4학년 올라와서 더 그런 것 같아요. 아빠 집으로 오면서부터요."
"아빠 집?"
"네, 원래 엄마 집에 있었거든요."
"지난번에 같이 온 분은……?"
"새엄마……예요."
"아…… 그랬구나……. 그래서 니가 힘들었던 거구나. 엄마도 보고 싶구……."
"……."
"선생님은 너의 마음을 다 알진 못하지만 네가 그린 이 아이는 네 마음을 알까?"
"얘도 화가 나 있어요. 나처럼."
"화가 무척 나 보이는구나. 이 아이가 가장 바라는 것은 뭘까?"
"마음대로 하는 거요."
"마음대로 할 수 있다면 가장 하고 싶은 게 뭐야?"
"아빠가 일찍 오셨으면 좋겠어요. 술을 많이 먹고 길을 함부로 건너서 제가 잠을 잘 수가 없어요. 완
  전 개예요, 술 먹으면. 그러다가 어제는 차에 치일 뻔도 했어요. 하루 종일 집에 혼자 있는데……."
"아빠가 일찍 와서 너랑 함께 있으면 좋을 텐데……. 너랑 이야기도 하고 티비도 보고……. 그치?"
"네……. 난 그리고 돈 많이 벌어서 가난한 우리 엄마 우리 진짜 엄마한테도 갖다 줄 거예요. 우리 아
  빠는 부잔데 우리 엄마는 가난하거든요."
"엄마 걱정도 하는 착한 아들이네. 아직 네가 어려서 세상이 맘대로 안 되고 또 세상에 싫은 일만 가
  득인 것 같지만 그 속에서 우리 잘 견뎌 보자. 네가 힘들면 언제나 선생님한테 와서 불편한 마음 쏟
  아 놓고 갔으면 좋겠어."

우진이는 머쓱해하며 처음으로 꾸벅 허리 숙여 인사하고 갔다.
녀석의 뒷모습이 마음 한편을 짠하게 하면서도 대견스럽게 느껴졌다. 어른인 나도 감당하기 힘든 무
게를 그나마 잘 견디고 있는 그 아이가 한 뼘은 더 자란 듯 보였다.

어떤 질문부터 할까?

특별히 정해진 질문이나 형식, 순서는 없다. 교사가 알고 싶은 부분, 그림 중에서 궁금한 부분을 질문하다 보면 아이들의 마음에 닿게 되는데 이때 그렇게 대답한 이유를 묻는 것이 중요하다. 이유에 따라 해석이 완전히 달라질 수 있어서이다. 아래는 검사 후 일반적으로 묻는 질문이다.

● 집 그림

1. (특이하거나 궁금한 부분에 대하여) 이것은 무엇인가요? 자세히 설명해 줄 수 있어요?

2. 이 집에는 어떤 사람들이 살고 있지요?

3. 이 집의 분위기는 어떻지요?

4. 이 집은 어디에 있어요? (시내 혹은 시골)

5. 이 집에서 마음대로 할 수 있다면, 어떤 것을 가장 하고 싶어요?

6. 이 집을 고칠 기회를 준다면, 어디를 고치고 싶어요?

7. (특수한 집일 경우) 왜 이렇게 그렸나요?

8. 이 집을 보면 가장 먼저 생각나는 것이 무엇인가요?

9. 이 집을 보면 누가 생각이 나나요?

10. 이 집에서 ○○의 방은 어디에 있나요? 그리고 이유는 무엇인가요?

● 나무 그림

1. 이 나무의 나이는 몇 살쯤일까요?

2. 이 나무는 ○○에게 누구를 생각하게 하나요?

3. 한 그루만 있나요? 숲 속에 있나요?

4. 이 나무는 ○○보다 크나요? 작나요?

5. (줄기에 상흔이 있다면) 이것은 무엇인가요? 어떻게 생긴 것인가요?

6. 이 나무에게 필요한 것은 무엇인가요?

7. (특이하거나 궁금한 부분에 대하여) 이것은 무엇인가요? 왜 그렸는지 설명해 줄 수 있나요?

8. 이 그림에서 더 그리고 싶은 것이 있나요? 있다면 무엇인가요?

● 사람 그림

1. 이 사람은 몇 살인가요?

2. 이 사람은 기분이 어떤가요?

3. 가족은 몇 명이고 이 그림의 사람이 사는 가정의 분위기는 어떨까요?

4. 지금 이 사람은 무슨 생각을 하고 있을까요?

5. 이 사람의 성격은 어떨까요?

6. 이 사람의 친구 관계는 어떨까요?

7. 이 사람은 행복한가요?

8. 이 사람의 소원은 무엇일까요?

9. ○○은 이 사람이 좋습니까? 좋다면 어떤 점이 맘에 드나요? 싫다면, 어떤 점이 맘에 들지 않나요?

10. (그림에서 이해하기 어려운 부분이 있다면) 왜 이렇게 그렸나요?

이런 의미가 숨어 있어요.

그림이 갖는 일반적인 상징을 간단하게 소개한다. 하지만 이는 어디까지나 대체적인 내용일 뿐이며, 아이의 개인적인 성향과 처해 있는 가정환경에 따라 많은 차이가 있을 수 있으므로 아래 사항을 맹신하는 오류를 범하지 않아야 할 것이다.

그림을 처음 대할 때는 전체적으로 어떤 인상을 주는가, 이상한 곳은 없는가, 조화를 이루는가 등에 주안점을 둔다. 전체적인 평가에서 교사는 아이의 적응 수준이라든가 아이와 환경과의 소통 정도, 성숙도, 갈등에 대한 인지 수준을 파악할 수 있다. 다음으로 무엇을 그렸는지를 살핀다. 이때 눈에 가장 먼저 띄는 것을 우선시하는데, 그림 그리는 동안이나 그린 후에 질문을 통해 의미를 명확히 하면 상담에 도움이 된다. 마지막으로 어떻게 그렸는가를 분석한다. 그림을 그리는 순서, 크기, 위치, 필압, 선의 진하기 정도, 운동성, 원근법, 그림의 대칭성, 음영, 강화, 생략, 그렸다 지운 흔적 등은 아이의 상태를 파악하는 중요한 단서가 된다.

● 집 그림

자신의 가정 상황을 나타낸다. 가족 간의 관계, 가족 내에서 아이가 느끼는 감정, 전체적인 가정 분위기 등을 알아볼 수 있다. 이는 과거, 현재, 미래의 가정을 모두 포함할 수 있으니 그림을 그리는 동안이나 후에 질문을 통해서 더 접근하도록 한다.

그림 내용	상징적 의미
문	환경과의 직접적인 상호작용을 나타냄 대인 관계에 대한 아이의 태도
창문	문 다음으로 환경과의 (수동적인) 접촉을 나타냄 – 창문이 크다 : 환경과의 상호작용에 관심이 높음 – 창문이 작거나 없다 : 부정적이거나 타인에 대한 관심이 낮음 – 커튼이 닫혀 있다 : 환경과 접촉하지 않으려 함
벽	튼튼한 벽은 강인한 자아를, 얇은 벽은 약한 자아를 나타냄
지붕	생활에서의 환상적인 영역을 나타냄
연기	내적으로 상당한 긴장, 정서 혼란

● 나무 그림

나무는 자신에 대한 감정을 나타낸다. 자신이 알지 못하는 무의식적인 자아상과 근본적이고 지속적인 성격의 측면을 알 수 있게 해 주니 줄기, 가지, 뿌리, 잎, 열매 등 각 부분을 잘 살펴본다.

그림 내용	상징적 의미
나무의 종류	상록수는 능동적인 존재로 자신을 인식하며 낙엽수는 수동적인 존재로 자신을 인식함
줄기	성장에 대한 자아의 강도와 내적 힘을 나타냄
가지	환경이나 타인과 관계를 맺을 때 자신이 가지고 있는 자원에 대한 인식을 나타냄
뿌리	자기 자신에게 느끼는 내적인 안정감을 나타냄
열매	사랑과 관심을 갖거나 주고 싶어 함을 나타냄

● 사람 그림

의식에 가까운 자기관을 보여 준다. 일반적으로 아이들은 자신과 성性이 같은 사람을 먼저 그리는데 이때, 자신의 모습을 그리는 경우가 많다. 그 다음에는 먼저 그린 사람과 성별이 다른 사람을 그리도록 하고 질문을 통해 인물에 투영된 아이의 감정과 생각을 파악한다.

그림 내용	상징적 의미
사람의 크기	자아 존중감이나 자신감과 관련되어 있음
머리	지능, 공상, 자기통제, 대인 관심을 나타냄
얼굴	외부 세계와 어떻게 접촉하는가를 나타냄
눈	외부 세계와 어떻게 접촉하는가를 나타냄과 동시에 내면 생활을 보여 줌
코	성에 대한 관심이나 권력에 대한 관심을 나타냄
입	적극성, 공격성, 성적인 것을 나타냄
귀	타인의 의견에 대한 민감성을 나타냄
팔이나 손	환경이나 타인을 대하는 방식을 나타냄
다리	안정감을 상징함
목	지성과 정서의 연결을 나타냄. 자아통제와 충동을 연결함

(2) '가족'의 모습 들여다보기

때로 아이와 이야기를 하다 보면 아이의 가정이 궁금해진다. 아버지는 어떤 분일까, 어머니는 좋으신 것 같던데 내가 제대로 본 걸까, 집에서 아이 모습은 학교와 어떻게 다를까, 집안 분위기는 어떨까 등등. 하지만 고학년일수록 아이는 집의 일을 선뜻 이야기하지 않으려 하며, 교사 입장에서도 조심스럽다. 하지만 아이의 생활의 근원인 가족을 알지 못한 채로 아이의 마음에 다가갈 수가 없다. 모든 아이들의 문제는 우선 부모의 문제라고 하지 않던가.

활용 가능한 심리검사

동적 가족화 검사, 물고기 가족화 검사(어항 그림 검사), 가족에 대한 상징적 표현 검사,

동그라미 중심 가족화 검사, 색종이 가족화 검사, 문장 완성 검사

● 가족에 대한 상징적 표현 검사

준비물 : 가족 상징 표현 검사지, 연필, 색연필이나 사인펜

_______초등학교 _____반 ___번 이름_______

	나 (내 마음)	엄마 마음	아빠 마음	동생 마음	형(오빠, 누나)마음	우리 집
동물로 표현한다면	개	호랑이	오름		오름	거북
색으로 표현한다면	파랑	빨강	오름		분홍	회색
감촉으로 표현한다면	까칠하다	거 칠다	오름		까칠하다	부드럽
날씨로 표현한다면	비가온다	폭풍우가 몰아친다	오름		흐리다	화창해
꽃으로 표현한다면	카네이션 할미꽃		오름		붓꽃	해 바라기
맛으로 표현한다면	짜다	시다	오름		시다	달다

용주(초4, 남)의 가족에 대한 상징적 표현 검사

① "검사지에 적힌 주제를 보고 떠오르는 대로 써 보세요."
② "가족을 동물로 표현할 때 띠에 따라 적지 않도록 하세요. 그 사람에게 자신이 받
　은 느낌을 생각하여 표현하세요."

☕ 사례　용주 이야기 (초4, 남)

'가족 상징 표현 검사지' 는 학기 초 실시하는 기초조사표에서 알 수 없는 여러 가지를 나타내고 있
다. 검사지의 상징을 모르더라도 '이 아이가 가족 간의 문제로 힘들어하고 있다' 정도는 알아낼 수
있다. 아이와 이야기하기 전 아이의 반응이 나타내는 상징의 대강을 찾아 두고 만남을 갖는다면 좀
더 깊이 있는 대화를 나눌 수 있을 것이다.

▶용주의 검사지가 이렇게 말해요.
① 아버지에 대해서는 '모름' 으로 일관하고 있으며 대답을 회피했다. 아버지에 대한 강한 거부감이
　느껴졌다.
② 어머니를 '호랑이' 로 표현함으로써 권위적으로 느끼고 있음을 알 수 있고, 빨강과 할미꽃, 쓴맛의
　표현에서 미운 감정을 갖고 있음을 알 수 있다. 그리고 '거칠다' 나 '폭풍우' 의 날씨로 표현하는
　부분에서 어머니와 함께 살았을 때 체벌이 있었음을 추측해 볼 수 있다.
③ 자신을 '개' 로 표현함으로써 긍정적인 자아상을 가지고 있음을 알 수 있고 비가 오는 날씨로 보아
　우울하고 침울한 심리 상태임을 엿볼 수 있다.
④ 누나와의 관계에서 '까칠하다' '흐리다' '쓰다' 라고 표현한 것은 갈등 관계에 있음을 나타내고 있
　으나 분홍색을 표현한 부분에서 그래도 가족 중 친밀감을 갖고 있는 유일한 사람임을 알 수 있다.
⑤ 집안의 분위기는 회색으로 표현함으로써 정서적인 교류가 별로 없음을 보여 준다. 하지만 부드럽
　다, 화창하다, 달다 등의 표현을 쓴 것으로 보아 이는 (전체적인 검사에서 보여 준 용주의 반응을 참
　고하여 해석하면) '행복한 가정' 을 꿈꾸는 바람으로 해석해 볼 수 있다.

용주는 할머니와 누나와 살고 있다. 부모님의 이혼 이후 무기력해진 용주는 할머니의 건강
이 악화되자 다시 부모님 사이에서 갈팡질팡하고 있다. 아이가 방황하는 것이 아니다. 부모
님 중 어느 한쪽도 아이들을 맡고 싶어 하지 않으니 아이들은 튕기는 대로 힘없이 흔들리고
있는 것이다.
첫 시간부터 엎드려 있는 그 아이는, 터질 듯한 배를 안고 멍한 얼굴로 초점 없이 앉아 있던
그 아이는 만약 내가 그림을 통해 그 아이의 속마음을 알아챌 수 없었다면 나와의 갈등이 심
각했을 것이다. 아이가 게으르다 생각하고 부지런한 생활 습관 형성을 위해 교사로서 애를
썼을 테니 말이다.
이 검사지를 통해 아이의 이야기도 듣게 되고 집도 방문하게 되었다. '나의 아픔을 알아주는
한 사람만 있다면 세상은 참 살 만한 곳이다.' 라는 문구가 기억이 나는 친구, 용주. 교사는
특히 아이들에게 그런 존재여야 하지 않을까 생각해 본다.

가족에 대해 떠오르는 대로 표현해 보아요.

___학년 ___반 이름_____________

	내 마음	아빠 마음	엄마 마음	언니, 누나, 오빠, 형의 마음	동생 마음	우리 집
동물로 표현한다면?						
색으로 표현한다면?						
촉감으로 표현한다면?						
날씨로 표현한다면?						
꽃으로 표현한다면?						
맛으로 표현한다면?						

	그림 내용	상징적 의미
맛	맵다, 시다, 짜다, 쓰다, 톡 쏘는 맛 등	잔소리를 많이 하는 대상
	달콤하다, 구수하다 등	친밀함을 느끼는 대상
	아무 맛이 없다, 밋밋하다 등	부모와 긍정적인 교류가 별로 없는 가정의 아이
동물	호랑이, 사자, 고릴라, 뱀, 코끼리 등	권위적인 대상(주로 권위적인 아버지)
	원숭이, 강아지, 양 등	친밀함을 느끼는 대상(주로 다정한 아버지)
	여우, 망아지 등	미운 동생
꽃	장미, 할미꽃, 호박꽃, 식충꽃 등	체벌을 가하는 가정에서 생활하는 아이 또래와 갈등을 겪고 있는 아이 미운 누나나 여동생
촉감	아프다, 따갑다, 까칠까칠하다 등	체벌을 가하는 가정에서 생활하는 아이
	부드럽다, 포근하다, 따뜻하다 등	일반적인 어머니에 대한 표현
날씨	폭풍, 태풍, 흐림, 비, 눈 등	체벌을 가하는 가정에서 생활하는 아이 분노와 반항을 가지고 있는 아이
색깔	검은색, 빨강, 누런색 등	미움을 느끼는 대상
	분홍, 노랑, 연두 등	친밀함을 느끼는 대상

● 물고기 가족화 그림(어항 그림 검사)

준비물 : 어항이 그려진 종이, 연필

① "어항 안에 자신의 가족의 모습을 물고기로 그려 보세요."
② "어항 속은 자신이 원하는 대로 꾸미세요."

가족의 역동성이 좀 더 잘 드러나는 가족화 그리기 검사는 아이의 마음에 카타르시스를 제공함과 동시에 교사와의 레포 형성에 중요한 매개체가 된다. 또한 자신의 느낌이 가시화되어 나타난 그림은 아이로 하여금 가족에 대해 왜 그렇게 생각하게 됐는지를 생각하는 기회를 제공한다. 아이는 이를 시작으로 하여 변화의 방향을 모색할 수 있을 것이다.

은병이는 유쾌한 친구다. 학기 초에 "선생님 저 웃겨요?" 하기에 아니라고 했더니 일기장에 "자신은 웃긴데 왜 선생님은 안 웃기다고 할까?"를 주제로 한 바닥이나 글을 쓴 일도 있었다. '웃기다'는 소리를 '실없다'는 의미로 받아들인 나의 실수도 있었겠지만, 엉뚱한 부분이 있는 것만은 틀림이 없는 귀여운 녀석이다. 그래서 막연히 꽤 안정된 그림을 그리겠거니 생각하고 있었는데 요 녀석이 요즘 엄마한테 받는 스트레스가 만만치 않은가 보다.

▶은병이의 그림이 이렇게 말해요
① 자신과 누나가 물 밖으로 뛰쳐나가 있으며 둘 다 굉장히 고통스러워하고 있다.
② 엄마 물고기가 회초리를 들고 있으며 아빠 물고기는 이미 세 대나 맞아서 머리에 혹이 난 채 엉엉 울고 있다. 아빠는 텔레비전을 보던 중이었던 것 같다.
③ 어항 아래에 커다란 돌이 자리 잡고 있다.

"은병아, 힘드나?"
"어, 어떻게 아세요?"
"얼굴에 힘들다고 쓰여 있네."
"헤~ 공부는 별로 안 힘든데요, 엄마 잔소리가요 완전……."
"엄마 잔소리가 힘들어?"
"네, 우리 엄마 완전 독해요. 토요일에 애들 다 노는데 영재 시키죠. 집에 오는 시간 아깝다고 컵라면 사 먹으래요."
"아빠한테 SOS 요청해 보지?"
"에~ 우리 엄마가 아빠 이기는데요? 엄마가 뭐라 뭐라 하면 아빠는 그냥…… 그래요."
"아빠가 그러실 땐 넌 어떻게 하는데?"
"뭐…… 어쩔 수 없지요. 우리 엄마 화내기 시작하면 대피해야 해요. 아무도 못 이겨요. 좀 내 맘대로 했으면 좋겠어요."
"니 맘대로 하고 싶은 게 뭔데?"
"학교 끝나고 학원 안 갔으면 좋겠고, 토요일에 학교 끝나면 영재 교실 안 가고 놀러가고 싶어요. 티비 좀 봤으면 좋겠고. 또…… 없어요."

아이의 소원은 참으로 소박했다. 하지만 요즘 아이들에겐 소박하지 않은 소원일지도 모르겠다. 방과 후에 공부 안 하기. 어머니의 과도한 교육열이 아이에게 좋지 않은 영향을 주는 것 같다는 생각에 어머니에게 티타임을 제안했다. 상담 후에 어머니는 더 마음을 써 살피겠다고 했다. 은병이의 스트레스를 풀어 주려고 소원 하나 들어 주마 하니 한 시간만 선생님을 시켜 달란다. 꿈을 탐색하는 아이가 기특해 국어 한 시간을 내주었더니 제법 교사답게 수업을 이끌었다. 이후 은병이는 수업에 더 즐겁게 참여했다. 이젠 물 밖을 바라는 어린 물고기는 아닌 것 같아 다행스럽다.

어항을 꾸며 보세요

어항에 물고기 가족을 꾸며 보세요.
반드시 물고기 가족이 무언가를 하고 있는 그림을 그려야 합니다.
자신이 꾸미고 싶은 것을 최대한 표현해 보세요.

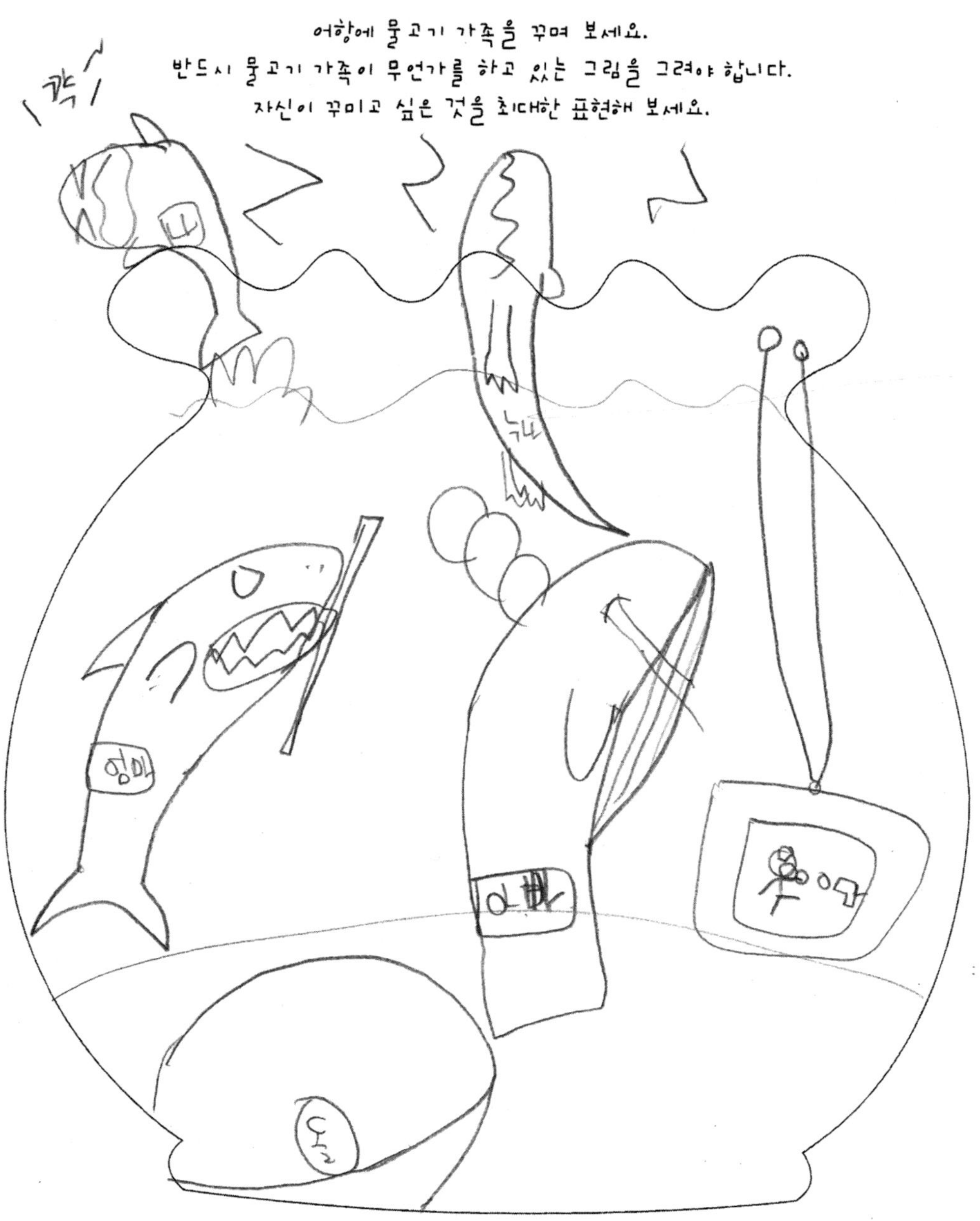

은병이(초4, 남)의 물고기 가족화 검사

그림을 보았을 때 전체적으로 조화롭고 잘 어울리면 정서적으로 안정적이라 해석한다. '나'를 기준으로 하였을 때 '나'와 수평이거나 나의 아래쪽에 그려져 있으면 편안하고 원만한 관계라 보면 되고, '나'의 위쪽에 그려져 있으면 권위적이고 지배적인 존재로 느낀다고 해석하면 된다. 그리고 학습지에 그려진 어항 그림에 손잡이나 받침을 그려 꾸미는 경우, 불안 심리 상태와 외부로부터 도움을 구하는 '안전에 대한 욕구'를 나타내니 주의가 요망된다.

그림 내용	상징적 의미
물고기의 크기	너무 크다 : 자기중심적이거나 외향적인 성격 너무 작다 : 자아가 위축되었거나 내향적인 성격
이빨이 날카로운 물고기	억압으로 인한 공격적인 심리를 나타냄
무성한 물풀, 많은 자갈	열등감을 나타냄
산소기의 거품	큰 거품 : 감정에 둔한 성격을 나타냄 작은 거품 : 타인의 반응에 민감한 성격을 나타냄
물고기만 그리는 경우	가족 관계에 치중한 관심도나 고민을 나타냄
주변 장식에 집중하는 경우	가족을 벗어난 인간관계에 대한 관심을 나타냄

(3) '학교생활' 모습 들여다보기

교실은 공부하는 곳이자 생활하는 곳이다. 수업 중에 공부하는 아이들의 모습은 파악하기가 다소 쉬우나 그 외 시간에 벌어지는 일들은 상세히 알기 어렵다. 가끔 내가 파악하는 모습과 다른 아이들의 세상을 볼 때마다 좀 더 주의를 기울여야겠다, 하는 마음이 든다. 그리고 미안함과 두려움이 뒤따른다. 아이들이 생활하고 느끼는 그들의 교실로 들어가 보자.

학교생활화 검사, 문자 완성 검사, 안경으로 본 세상, 소셜 아톰 검사(대인 관계 검사)

● 학교생활화 검사

준비물 : 도화지, 연필

① "학교에서 생활하고 있는 모습을 그리세요. 나, 선생님, 그리고 친구들은 모두 무언가를 하고 있어야 합니다. 사람을 그릴 때는 만화나 막대 인형처럼 그리면 안 됩니다."

② 그림을 그린 후 그림을 그린 순서와 그림 속의 인물이 누구며 그 사람이 무엇을 하고 있는지에 대해 질문하고 기록한다.

③ 그림을 보고 친구와의 관계, 교사와의 관계, 학교생활에 대해 질문을 하고 이야기를 나눈다.

> **Tip.**
> 보통 30~40분 정도 소요되나 시간적 제약을 두지 마세요. 아이가 그림에 대한 질문을 할 때에는 어떠한 단서도 주어서는 안 되며 비지시적이고 수용적인 태도를 취해야 함을 잊지 마세요.

사례 용준이 이야기(초6, 남)

'따르릉'

다 늦은 저녁, 한 통의 전화가 울렸다. 자기 아이가 두 아이의 괴롭힘 때문에 등교를 거부한다는 학부모의 전화였다. 새 학년이 된 지 열흘도 채 되지 않았는데 말이다.

다음 날 세 아이를 불러 어찌 된 일인지 물어봤다. 용준이 말에 따르면 영어 시간에 종호가 커터 칼을 꺼내어 용준이에게 "어떻게 죽여 드릴까요? 썰어 드릴까요?"라며 겁을 주었고, 옆에 있던 장우가 영어 선생님 몰래 때렸다는 것이다. 두 아이에게 사실 여부를 물었더니 심심해서 그랬다고 했다. 아래의 그림은 피해 학생의 '학교생활화'이다.

▶ 용준이의 그림이 이렇게 말해요

① 아이들은 모두 앞을 보고 있고 교사는 아이들과 다른 곳을 보며 얘기를 하고 있는 그림이다. 아이는 앞을 보고 있는데 교사는 옆을 보고 있다는 것은 용준이가 교사를 반긍정 혹은 반부정으로 지

용준아(초6, 남)의 학교생활화 검사

각하고 있음을 알 수 있다. 그리고 친구와도, 교사와도 상호작용이 없기에 전체적으로 경직되어 보인다.

② 학생들보다 교사를 크게 그림으로써 교사의 존재감을 상당히 느끼고 있는 학생이라 볼 수 있다.

③ 교사, 친구들과 일정의 거리를 유지하며 떨어져 있다. 이는 실제 생활에도 관계가 소원하다고 볼 수 있다.

④ 용지의 상부에 그린 선은 날카로운 불안, 산만한 걱정, 또는 공포감이 존재함을 의미하며 용지의 하부에 그린 선은 붕괴 직전에 놓여 있는 가정이라든가 강한 스트레스를 받는 아동이 안정을 강하게 필요로 하고 구조되고자 하는 욕구가 강할 때 나타난다고 한다. 그런데 용준이의 그림에서는 상하선뿐만 아니라 사방으로 선을 그은 것이 눈에 띈다.

⑤ 자신, 친구, 교사가 모두 무표정하다.

⑥ 아랫부분에 자기를 괴롭힌 친구의 이름을 적고 상황을 설명하고 있다. 이는 용준이에게 '그 상황'이 얼마나 심각하고 중요한지를 알리는 동시에 교사에게 도움을 요청하는 행위로 받아들일 수 있다.

피해 학생의 그림을 가해 학생에게 보여 주었다.

"용준이가 그린 그림인데 영어 시간을 표현했대. 이 그림을 보니 어떤 마음이 드니?"
"조금 불편해요."
"여기 용준이가 협박을 당하고 있는데 주변에 도움을 청할 사람이 있을까?"
"짝지도 있고 선생님도 있잖아요……."
"그런데 이 그림에서 선생님과 아이들의 표정을 봐. 누가 도와줄 것 같아?"
"아무도 안 도와줄 것 같아요."
"그래, 다들 용준이에게는 관심이 없다, 그치? 선생님까지도……. 이것은 물론 사실과 다를 수 있지만 중요한 건 용준이는 그렇게 느꼈다는 사실이야. 내 주변에는 아무도 도와줄 사람이 없구나, 생각했대. 용준인…… 그러니 학교가 얼마나 무서웠겠니?"

종호는 고개를 푹 숙였다.

"네가 그림 속의 용준이 옆자리야. 지금은 너만 움직일 수 있어. 그렇다면 너는 무엇을 하겠니? 심심해서 친구를 때렸던 거 대신."
"글쎄요…… 잘은 모르겠지만…… 이렇게 용준이한테 큰일이 될 줄은 몰랐어요."
"그래, 너는 심심해서 한 일이겠지만 용준이가 느낀 영어 시간은 이 그림 그대로였단다. 누군가를 대할 때는 우리 이 그림을 기억하기로 하자. 그 사람이라면 어떨까? 어떤 느낌을 받게 되고 또 어떤 것을 생각하게 될까? 그러면 좀 더 신중해질 테니까."

- 인물들 간의 거리: 친밀감을 나타낸다. 거리가 좁을수록 자신과 관계가 좋은 대상이고 멀수록 관계가 소원하다고 할 수 있다.
- 인물의 크기: 그 사람이 가진 힘의 크기나 중요도를 나타낸다.
- 인물의 위치: 가족 구성원의 지배력을 나타낸다. 위쪽에 있는 인물은 지배하는 입장, 아래쪽에 있는 인물은 지배를 받는 입장으로 해석할 수 있다. 그리고 왼쪽에 있는 인물은 소극적이고 침체적인 성향으로, 오른쪽에 있는 인물은 적극적이며 에너지가 많은 성향으로 이해할 수 있다.
- 인물 간의 역동성: 가정 내의 분위기를 파악할 수 있다.
- 인물의 생략: 갈등을 나타낸다.

다음은 학교생활화 검사의 일반적인 상징 해석이다. '동적 가족화'를 해석할 때에도 큰 맥을 같이하니 참고가 될 것이다.

그림 내용	상징적 의미
공	공격성이나 경쟁심을 나타냄
태양, 전등, 난로 등	희망이나 온화, 애정을 나타냄
칼이나 총 등 흉기나 무기	분노와 적개심, 거부 등 공격성을 나타냄
비	우울함이나 억울함을 나타냄
인물 아래쪽의 선	심한 스트레스로 불안해하는 심리를 나타냄
장애물로 둘러쌈	강한 공포나 불안으로부터 자신을 보호하는 것을 나타냄
신체의 부분적인 생략	집착이나 불안, 죄의식을 나타냄

● 문장 완성 검사

준비물 : 문장 완성 검사지, 연필

① "다음의 문장은 뒷부분이 빠져 있습니다. 각 문장을 읽으면서 맨 먼저 떠오르는

생각으로 뒷부분을 이어 문장이 완성되도록 하면 됩니다. 반드시 자기의 솔직한 마음을 그대로 말해야 하며 하나도 빠뜨리지 말고 모두 써 주세요."

② '내가 가장 행복했던 때는~' '내가 좀 더 어렸더라면~' '나는 친구가 ~' '내가 가장 싫어하는 사람은 ~' 등 교사가 자유롭게 문항을 만들 수 있다.

3월 초 문장 완성 검사를 반 전체에 실시하였다. 최고의 선생님에도 뽑힌 적이 있고, 또 나름대로 아이들과 잘 지낸다는 자부심도 있던 터였다. 문장 완성 검사 항목을 훑어보던 중 영준이의 대답이 눈에 박혔다. 세상에서 제일 싫어하는 사람은 선생님! 충격이었다.

12. 내가 가장 싫어하는 사람(은) 선생님

왜 이 아이가 나랑 맞지 않는다고 응답을 했을까? 서운한 마음도 들었지만 그보다 뭐 때문에 싫어할까? 궁금해졌다. 이 검사를 계기로 영준이와 궁합 맞추기 작전에 돌입했다. 분석 결과, 아이와 난 정반대의 성향을 가졌다는 것을 알아냈다. 아이는 정리가 안 되는 스타일인 반면 난 책상이 깨끗, 모든 물건에 각이 잡혀 있다. 그리고 아이들이 이동하는 시간마다 자리 정리정돈을 체크하니 그 아이는 특히 힘들 수밖에. 뿐만 아니라 영준이는 놀면서 공부하는 스타일이고 나는 공부 시간은 진지하게, 노는 시간은 활기차게 분리하는 스타일이다. 놀이로 공부를 대신할 때도 그 또한 공부 시간인 만큼 진지하게 임해야 함을 강조했던 것 같다. 또 영준인 책을 한꺼번에 여러 권씩 펼쳐 놓고 보는 편이고 나는 정리하여 하나씩 보는 것을 은연중에 권했다. 그리고 숙제를 안 해 온 날은 절대로 그냥 넘어가기를 않으니 아이에게는 정말 감옥 같았을 것이다.

아이와 내 모습을 쭉 살펴보니 아이가 참 갑갑했겠구나 싶었다. 모든 아이와 맞출 수는 없겠으나 이런 아이도 있는데 나 또한 융통성 없이 내 스타일을 고집하며 아이를 대했구나 하는 미안함이 들었다. 그때부터 아이의 숨통을 틔워 주려는 노력을 시작했다. 발표 중에 엉뚱한 우스갯소리를 하면 수업 방해한다고 나무라는 대신 살짝 받아쳐 주어 그 아이를 돋보이게 해 주었다. 그리고 그 아이가 불평할 때마다 귀담아 듣고 풀어 줄 수 있는 것은 기꺼이 들어 주었다. 물론 융통성 없는 나도 아이에게 맞춰 주는 것이 쉬운 일은 아니었다. 그런데 영준이가 편안해지도록 조금씩 풀어 주니 오히려 내 스타일에 조금씩 맞춰 오기 시작하는 것 같았다.

두 번째 문장 완성 검사에서 영준이의 응답이 달라졌다.

싫어하는 사람이 내가 아닌 다른 여학생으로 옮겨 간 것이 좋아할 일은 아니지만 나에 대한 아이의 감정은 조금씩 긍정적으로 변화하고 있다. 이처럼 문장 완성 검사는 전체 항목도 도움이 되지만 교사가 필요로 하는 한 항목으로 원하는 것을 얻어 낼 수 있다.

문장 완성 검사

이름 :   연령/성별 11 세 남 여

1. 내가 가장 행복한 때는 컴퓨터 탈때

2. 내가 좀 더 어렸더라면 좋겠다

3. 나는 친구가 좋다

4. 다른 사람들은 나를 좋아한다

5. 우리 엄마는 도깨비다

6. 나는 사람이다

7. 나에게 가장 좋았던 일은 방탈때

8. 내가 제일 걱정하는 것은 시험

9. 대부분의 아이들은 멍때린다

10. 내가 좀 더 나이가 많다면 죽는다

11. 내가 가장 좋아하는 사람(은)

12. 내가 가장 싫어하는 사람(은)

13. 우리 아빠는 방리다

14. 내가 가장 무서워하는 것은 나비

15. 내가 가장 좋아하는 놀이는 컴퓨터

16. 내가 가지고 있는 것 중에서 제일 아끼는 것은 돈

17. 내가 가장 가지고 싶어 하는 것은 돈

초4, 남학생의 문장 완성 검사지

알고자 하는 바가 있을 경우에는 교사의 의도를 활동지에 반영할 수 있다. 문장 완성 검사의 경우, 일반적으로 자아상, 또래 관계, 학교생활, 가족 관계 등이 비슷한 분량으로 섞여서 구성되어 있는데 목적에 맞게 각 항목을 구성하여 사용할 수 있다. 병원이나 전문 기관에서 쓰이는 검사지는 아이를 진단하고 치료하는 데 초점이 맞추어져 있어 검사지를 수정함에 따라 타당도와 신뢰도 역시 크게 변한다. 하지만 교실에서의 문장 완성 검사는 대화의 이음줄이기 때문에 교사가 얼마든지 적절하게 재구성하여 사용할 수 있다.

아이들의 행동에서 의미 없는 행동이란 없다. 검사지가 아니더라도 우리들은 아이들의 마음을 읽을 수 있다. 국어 수업 중의 글에서, 미술 시간의 작품 속에서, 무심코 그린 낙서 속에서 말이다. 관심을 가지고 아이의 흔적들을 따라가 본다면 그 어떤 것이든 아이의 말문을 여는 열쇠가 될 것이다.

이 그림은 6학년 남학생이 학습지 뒷면에 그린 것이다. 부리가 날카로운 새가 물고기를 사냥하는 그림이라 생각되었지만 그림의 내용이 궁금해서 아이를 불러 물었더니 의외의 대답이 나왔다. 물고기가 새를 공격하는 중이라는 것이다. 돌진해서 새를 박살 내 버리고 싶어 한다고 했다. 아래에 있는 물고기는 무엇이냐고 하니 공격하는 물고기의 친구들이라고 한다. 친구들이 보는 앞에서 새를 박치기 했으면, 그래서 물고기가 이겼으면 좋겠다고 했다. 물고기에 자신을 빗대어 자신의 마음을 말하고 있었다. 아이는 비록 힘이 약해서 자기를 괴롭힌 친구에게 웃으며 대하지만 그 마음속에는 분노와 공격성이 자리 잡고 있음을 읽을 수 있었다.

초6, 남학생의 낙서

(4) 전문가의 도움 구하기

아이의 마음을 알아주고 보듬어 주는 것만으로도 아이를 깨울 수 있는 상황이 있다
면 그것만으로는 부족한 상황이 있다. 바로 전문가의 손길이 필요한 경우이다. 이런
경우에는 시간을 지체하기보다는 빠른 판단만이 아이, 교사, 학부모 그리고 반 아이
들을 위한 현명한 선택이라 할 수 있겠다. 교사는 내가 맡은 아이가 보이는 행동이
다른 아이들과 다르다는 것은 경험상 금방 알아차릴 수 있다. 하지만 이 행동이 전

문가에게 보낼 상황인지 아닌지, 이런 제안을 학부모에게 했을 때 학부모는 과연 어떤 반응을 할지, 그리고 내가 한 판단이 맞는지 아닌지 많은 생각을 하게 된다. 이때 확실한 준거를 알고 이를 기준으로 판단을 한다면 여러모로 도움이 될 것이다

통계적으로 많은 비율을 차지하는 학습 장애, ADHD, 품행 장애, 그리고 요즘 자살과 관련하여 이슈가 되고 있는 우울증을 소개하고자 한다. 이 장 맨 뒤에 각각의 체크리스트를 실었으니 참고가 되길 바란다.

● 학습 장애

비정상적인 대뇌 발달로 인하여 선천적으로 학습 능력이 제대로 발휘되지 못하는 것을 학습 장애라고 한다. 우리나라 초등학생 400만 명 중 10%에 해당되는 40만 명이 학습 장애로 추산되고 있는데 기초학력 신장이라는 국책과 맞물리면서 그 중요성이 부각되고 있는 요즈음이다. 학습 장애는 외부적인 문제가 원인이 되어 학습에 어려움을 겪는 학습 부진과 다르다. 학습 부진은 교육 방법을 바꾸는 것만으로도 나아지는 경우가 종종 있으나 학습 장애는 치료나 특수교육을 받지 않고 나아지는 경우는 거의 없다. 따라서 교실에서는 학습 장애아를 학습 부진아와 구별하여 아이에 맞는 지도를 하는 것이 중요하고도 시급하다 하겠다.

☕ 사례 영석이 이야기 (초2, 남)

2학년 교실. 따스한 햇살이 스며드는 국어 시간이다. 조용한 아이들 틈에서 오늘도 영석이는 부산하다. 책을 읽을 생각도 하지 않고 칠판에 적힌 오늘의 공부도 공책에 없다. '이 녀석이 나를 무시하나?' 싶다. 그 다음 수학 시간. 아예 연필조차 꺼내지 않았다. 셋째 시간. 수업 시간에 딴짓……. 영석이를 불렀다. 못하는 것은 하면 되는데 너는 왜 아무것도 하려 하지 않냐고 다그쳤다. 상담을 공부해 온 나지만 이미 이성은 저만치 가 있고 그 아이를 이기고 싶은 욕심만이 나를 붙들고 있었다. 그렇게 아이와의 기 싸움은 시작되었고 아이는 시간이 갈수록 손가락 사이로 스르륵 빠져나가는 모래처럼 나의 의도와는 전혀 다른 길로 갔다. 인내심의 한계를 느낀 어느 날 "너랑 나랑 누가 이기나 해 보자. 오늘 너 이거 다 해야 집에 가. 대신 선생님이 도와줄 거니까 정신 똑바로 차리고 해 보자." 아이들이 모두 돌아간 교실, 영석이와 난 단둘이 그날의 과제를 하기 시작했다. 받아쓰기와 수학을 했는데 속에서 천불이 나기 직전이다. 그런데 이 녀석이 일부러 그러는 것이 아님을 어느 순간 알게 되었다. 정말 애를 쓰는데 안 되는 것이었다. 아, 학습 장애! 왜 그 생각을 못 하고 산만하다고만, 정말 말을 안

듣는 아이라고만 생각했었는지……. 미안했다. 좀 더 세심하게 관찰하고 미리 파악을 했더라면 너나
나나 괜한 맘고생은 하지 않았을 텐데. 선생님이 미안해, 영석아…….
어머니와의 상담 후 병원을 찾은 영석이는 예상대로 학습 장애, 중복 학습 장애 판정을 받았다. 어려
운 가정 사정으로 인해 무료로 치료를 받을 수 있는 복지관을 알아보고 신청을 했다. 신청자가 너무
많아 6개월 이상을 기다려야 하는 상황이지만 영석이와 나는 전보다 훨씬 사이가 좋다. 나에게 영석
이는 더 이상 반항아, 문제아가 아니기 때문이다.

● ADHD(주의력 결핍 과잉 행동 장애)

요즘 교실의 아이 30%가 이 증상을 보인다는 이야기를 할 정도로 ADHD는 산만하
고 충동적인 아이를 대표하는 말이 되었다. 실제로 초등학생의 3~8%인 25만 명 정
도가 가지고 있는 이 장애는 행동상의 문제를 특징으로 하긴 하지만 기타 소아질환
에서 나타나는 증상과 비슷한 부분이 많으므로 반드시 전문가의 진단을 필요로 한
다. 그러므로 교실에서 ADHD의 증상이 의심되는 아이는 체크리스트를 이용하여
간이 테스트를 한 후 전문가에게 의뢰하여 치료가 이루어질 수 있도록 도움을 주어
야 할 것이다. 또한 단순히 집중을 못하고 충동적인 아이의 행동만을 보고 ADHD로
낙인찍는 오류를 범하지 말아야 할 것이다. 아이의 행동의 원인은 하나로만 설명할
수 없는 경우가 허다하기 때문이다. 좀 더 다각적인 면을 볼 수 있는 교사의 열린 눈
이 필요하겠다.

● 품행 장애

품행 장애는 공격적이고 반사회적이며 폭력적인 성향이 반복적으로 나타나는 문제
행동이다. 교실에서 생활하다 보면 자기를 스쳤다는 이유로 상대방에 대한 화를 참
지 못해 씩씩거리며 주먹질을 하는 경우를 본다. 자신을 기분 나쁘게 쳐다봤다는 이
유로 그 친구의 미니홈피에 도배글을 남기거나 문자로 밤새 괴롭히는 아이도 있다.
물론 상대방으로 인해 기분이 상하거나 화가 날 경우 그에 대한 행동을 표하는 것은
자연스러운 것이겠으나 선생님이나 친구들 눈에 너무 지나치다 싶은 경우는 이 장
애에 해당된다. 여자아이(2~9%)보다 남자아이(6~16%)에게 발생 빈도가 높은 이 품
행 장애는 단순히 성장 과정에서 보일 수 있는 활동성과는 구별되어야 하며 시급한
치료가 필요한 일종의 장애이니만큼 교사의 날카로운 진단이 필요하다.

희정이는 얼굴도 하얗고 눈도 큼직하니 예쁘장하게 생겼다. 교실에서 희정이의 행동은 다른 친구들과 비슷하다고 생각했다. 그런데 친구가 없다. 수지만이 유일한 친구인데 요즘은 수지도 희정이와 어울리려 하지 않는다. 요리 팀을 꾸릴 때도 수지만이 희정이를 챙기는데, 무용 팀을 짤 때도 희정이를 자기 모둠에 데려가 주려고 중재하는 것도 수지인데, 그런 수지가 이젠 힘들어서 못 하겠단다. 물건이 없어지면 수지에게 가져갔다고 내놓으라며 윽박지르고 심지어 뺨을 때려 사건이 커진 적도 있었다. 물건은 다음 날 희정이 가방에서 나왔고 그 물건은 수지의 것이어서 상황을 이해하기가 참 힘들었다. 수지랑 친하게 지내고 싶어 하면서도 수지의 신발을 뒤뜰에 버려 실내화를 신고 집에 가게 만들고, 사물함의 물건을 화장실에 숨겨 놓아 수지를 울게 만들었다. 청소 시간에 수지가 다른 친구와 얘기한다고 수세미로 얼굴을 문지른 일도 있었다. 그래서 희정이를 불러 타이르기도 하고 친구와 사이좋게 지내기 위해서는 어떻게 해야 할까? 고민해 보기도 했다. 하지만 그런 행동은 반복되었다. 이런저런 방법들을 써 보다가 희정이 어머니를 만나기로 했다. 어머니는 아이들끼리 놀다 보면 싸울 수도 있다고 했다. 희정이의 행동이 과하긴 했지만 아이들은 그러면서 큰다는 것이었다. 그때 품행 장애 체크리스트를 보여 드렸더니 어머니의 태도는 달라지셨다. 그전보다는 조금 더 진지하게 대화에 임하는 어머니 태도에서 체크리스트가 진단에만 유용한 것이 아니라 학부모의 관심과 태도를 변화시킬 수도 있다는 것을 알게 되었다.

품행 장애를 효과적으로 치료할 수 있는 방법들이 최근에 많이 개발되었다고 한다. 품행 장애야말로 초기에 치료를 해야 효과가 높은데, 아이뿐 아니라 가족 치료를 병행한다면 더 좋을 것이다. 그리고 가족들이 행복한 가정을 위해 노력해야겠다는 인식을 갖고 함께 애쓴다면 품행 장애는 아마도 더 빨리 개선될 것이다.

● 어린이 우울증

사는 게 재미없다, 죽고 싶다는 8살의 무표정한 하음이. 하음이에게 친구는 단지 자신을 괴롭히는 존재요, 공부는 이유 없이 그냥 하는 것일 뿐이었다. 우울증은 저절로 나아지는 것이 아니다. 그냥 두었을 때는 자살의 원인이 될 만큼 아주 끔찍한 마음의 병이다. 우울증의 원인은 하나로 규정짓기는 어려울 만큼 다양하지만 치료법은 심리 치료, 약물 치료 등 의외로 많이 개발되어 있다. 그렇기 때문에 우울증이 의심되는 아이가 있다면 전문가에게 의뢰하여 아이에 맞는 맞춤 치료를 받게 하는 교사의 순발력이 요구된다.

아래는 이 네 가지 사항에 대한 체크리스트이다. 도움이 되길 바란다.

각 항목을 읽고 아래에 제시된 빈도 점수에 따라 모든 항목에 점수를 매긴다.
자주 그렇다 2점 / 가끔 그렇다 1점 / 그렇지 않다 0점 / 잘 모르겠다 0점

■ 읽기

1. 방금 읽은 책의 내용을 잘 기억하지 못하거나 이해하는 데 어려움을 느낀다.

2. 안내판이나 설명서를 잘못 해석한다.

3. 말하기를 배우는 속도가 늦었고, 단어를 읽거나 발음하는 데 어려움이 있다.

4. 여러 번 반복해서 배운 단어를 잘 읽지 못한다.

5. 책을 소리 내어 읽을 때 자주 막히거나 더듬는다.

6. 책을 읽을 때 글자를 빼놓고 읽거나 글자를 바꾸어서 읽는다.

■ 쓰기

7. 받아쓰기 점수가 노력에 비해 낮다.

8. 글을 쓰면 전개와 내용이 비논리적이며 단순하다.

9. 자기 생각을 글로 잘 옮기지 못하거나 생각나는 대로 적는다.

10. 맞춤법을 틀린다.

11. 글을 쓸 때 같은 단어를 다르게 적는 경우가 있다.

12. 처음 글자나 숫자를 배울 때 거꾸로 쓴 적이 있다.

■ 산수

13. 손가락을 꼽아 가며 숫자를 센다.

14. 추상적인 개념에 대한 이해가 느리다.

15. 단순한 계산을 잘 하지 못한다.

16. 오른쪽, 왼쪽을 자주 혼동한다.

17. 날짜와 시간, 요일 개념을 자주 혼동한다.

18. 장소나 위치를 혼동한다.

19. 숫자, 색깔, 도형을 배우는 데 곤란을 겪은 적이 있다.

■ 언어

20. 그날 일어난 일을 이야기하지 못한다.

21. 발음이 비슷한 단어를 혼동한다.

22. 특정 글자나 단어를 생각해 내는 데 어려움이 많다.

23. 남의 말을 잘 알아듣지 못하고, 생각을 말로 표현하는 것이 서툴다.

24. 학습 진도나 선생님의 지시를 따르는 데 힘들어한다.

25. 주관식 문제나 응용문제를 유독 어려워한다.

■ 운동

26. 자주 부딪치거나 넘어진다.

27. 손 글씨가 나이에 비해 가지런하지 않고, 공책 정리가 엉망이다.

28. 동작이 또래보다 느리다.

29. 나이에 비하여 가위나 연필, 크레파스 등을 다루는 데 서툴다.

30. 단추를 채우거나 지퍼를 채우는 일, 끈을 묶는 행위를 잘 하지 못한다.

31. 달리기, 제자리뛰기, 멀리뛰기 등의 동작이 부자연스럽다.

32. 과도하게 활동적이거나, 주의가 산만하고 충동적인 행동을 잘한다.

■ 정서

33. 수줍음이 많고 소심하다.

34. 공상을 하거나 생각 속에 빠져 있어서 멍해 보일 때가 있다.

35. 혼자 노는 시간이 많다.

36. 시간 계획을 잘 세우지 못하고, 계획대로 행동하는 경우가 드물다.

37. 친한 친구가 없거나 친구를 사귀는 것을 어려워한다. 또래와 잘 어울리지 못한다.

38. 모든 일에 무관심하고 무엇을 하고자 하는 의욕이 없다.

39. 정해진 놀이나 같은 질문을 반복하는 것을 좋아한다.

40. 필요 이상으로 긴장하고 사소한 주위 변화에도 놀라고 당황한다.

41. 칭찬이나 상을 받아도 별로 좋아하지 않는다.

■ 인지

42. 어렵지 않게 끝낼 수 있는 공부나 과제를 질질 끄는 편이다.

43. 새로운 기술, 과목을 싫어하고, 익히는 데도 시간이 오래 걸린다.

44. 학교생활이나 환경 변화에 적응하는 데 또래보다 오래 걸린다.

45. 과제물이나 준비물, 숙제를 잊는다.

46. 단순한 사실을 기억해 내는 데 시간이 오래 걸린다.

47. 읽기, 쓰기, 수학 등 특히 꺼리는 과목이 있다.

48. 자기 방이나 책상 정리 정돈을 잘 못한다.

49. 사고가 고정되어 있고 융통성이 없으며 문제 해결 방식이 답답한 편이다.

50. 성적이 들쑥날쑥하거나 과목 간의 성적 차이가 크다.

■ 총점 15~24

7항목 가운데 4점 이상인 항목이 4개를 넘지 않고, 점수의 총합이 15점을 넘지 않는 경우

행동이나 학습에 몇몇 문제를 보이기는 하지만 성장하면서 자연스럽게 교정이 될 가능성이 크다. 다만, 같은 문제가 오래가거나 또래와 비교하여 발달의 차이가 분명하다고 여겨질 때는 전문가의 상담을 받아 볼 필요가 있다.

■ 총점 25~34

7항목 가운데 4점 이상인 항목이 4개가 넘거나, 점수의 총합이 20점을 넘는 경우

학습 장애의 경향이 약간 있다고 할 수 있다. 가벼운 학습 장애는 학습의 한두 영역에서만 곤란을 겪는 경우로, 특별한 도움이 필요하긴 하지만 정상 수업을 따라갈 수 있다. 정확한 진단을 위해서 전문가의 상담을 권한다.

■ 총점 35점 이상

7항목 가운데 6점 이상인 항목이 5개가 넘거나, 점수의 총합이 30점을 넘는 경우

학습 장애의 전형적인 행동 특징을 보이고 있다. 여러 영역에서 지체를 보일 뿐만 아니라 사회적, 정서적, 품행의 문제를 동시에 가지고 있을 가능성이 크다. 전문가와의 상담이 꼭 필요하다.

출처_《신의진의 초등학생 심리백과》(갤리온), 〈부록〉 더 늦기 전에 알아야 할 우리 아이 문제행동 체크리스트 12

ADHD 체크리스트

아이가 보인 지난 일주일 동안의 행동을 생각하며 체크한다.
총점이 19점 이상이 되면 ADHD가 의심된다.

내　　　　용	전혀 그렇지 않다 0점	약간 혹은 가끔 그렇다 1점	상당히 혹은 자주 그렇다 2점	매우 자주 그렇다 3점
1. 학교 수업이나 혹 다른 일을 할 때, 집중을 하지 않고 부주의해서 실수를 많이 한다.				
2. 가만히 있지 못하고 손발을 계속 움직이며 몸을 꿈틀거린다.				
3. 과제나 놀이를 할 때 지속적으로 주의 집중하는 데 어려움이 있다.				
4. 수업 시간이나 가만히 있어야 할 상황에 일어나 돌아다닌다.				
5. 다른 사람이 말할 때 귀담아 듣지 않는다.				
6. 상황에 맞지 않게 과도하게 뛰어다니거나 기어오른다.				
7. 흔히 시키는 일을 끝내지 못하고 도중에 포기해 버린다.				
8. 조용히 하는 놀이나 오락 활동에 참여하는 데 어려움이 있다.				
9. 과제나 활동을 체계적으로 하는 데 어려움이 있다.				
10. 항상 끊임없이 움직이거나 마치 모터가 달려서 움직이는 것처럼 행동한다.				
11. 공부나 숙제 등 지속적으로 정신적 노력이 필요한 일이나 활동을 피하고 싫어하거나 하기를 꺼린다.				
12. 말을 너무 많이 한다.				
13. 과제나 활동을 하는 데 필요한 것들(공책, 연필, 장난감, 책 등)을 잃어버린다.				
14. 질문을 끝까지 듣지 않고 대답한다.				
15. 외부 자극에 의해 쉽게 산만해진다.				
16. 자기 차례가 올 때까지 잘 기다리지 못한다.				
17. 일상적인 활동을 잘 잊어버린다.(일기를 쓰지 않는다, 숙제를 하지 않고 학교에 간다, 준비물을 가지고 오지 않는다 등)				
18. 다른 사람을 방해하고 간섭한다.				

출처_《아이의 사생활》(지식채널), '조지 듀폴 평가 척도'

지난 12개월 동안 아래의 행동 가운데 3개 이상에 해당되고 6개월 동안 하나에 해당되면 품행 장애를 의심해 볼 수 있다.

1. 다른 사람을 괴롭히고 협박하고 위협한다.

2. 싸움을 자주 한다.

3. 싸울 때 몽둥이, 돌, 칼 같은 무기를 사용한 적이 있다.

4. 타인을 배려할 줄 모른다.

5. 동물에게 잔인한 행동을 한다.

6. 친구의 돈을 강제로 빼앗은 적이 있다.

7. 부모나 선생님에게 대들고 그들의 지시와 기대에 따르는 것을 거부한다.

8. 누구엔가 피해를 주려고 불을 지른 적이 있다.

9. 의도적으로 다른 사람의 기물을 파괴한다.

10. 다른 사람의 집이나 건물, 차에 침입한 적이 있다.

11. 거짓말을 잘 한다. 원하는 것이나 도움을 얻으려고 또는 의무를 피하려고 거짓말을 한다.

12. 가게 또는 친구들의 물건을 훔친 적이 있다.

13. 밤늦게까지 집에 들어오지 않은 적이 있다.

14. 가출을 한 적이 있다.

15. 학교에 무단결석을 한 적이 있다. 조퇴를 자주 하거나 무단 외출을 한다.

16. 잘못된 행위에 대한 죄책감이 거의 없다.

출처_《신의진의 초등학생 심리백과》(갤리온), 〈부록〉 더 늦기 전에 알아야 할 우리 아이 문제행동 체크리스트 12

어린이 우울증 체크리스트

내 용	전혀 그렇지 않다 0점	때때로 그렇다 1점	자주 그렇다 2점	거의 항상 그렇다 3점
1.슬퍼 보인다.				
2. 즐거워 보인다.				
3. 자기 자신을 좋아하지 않는다.				
4. 벌어지는 일들에 대해 자신의 탓을 한다.				
5. 울거나 눈물이 많아 보인다.				
6. 짜증을 부리거나 화를 잘 낸다.				
7. 사람들과 함께 있는 것을 좋아한다.				
8. 자신이 못생겼다고 생각한다.				
9. 학교 공부를 하려면 애를 써야 한다.				
10. 밤에 잠을 자기 힘들다.				
11. 지치고 피곤해 보인다.				
12. 외로워 보인다.				
13. 학교생활을 즐거워한다.				
14. 친구들과 어울려 시간을 보낸다.				
15. 전보다 학교 성적이 더 나빠졌다.				
16. 자신이 들은 대로 따른다.				
17. 주위 사람들과 의견 차이나 갈등을 보인다.				
합 계				

출처_국립서울병원

* 점수의 총합이 아래 표에 해당이 되면 전문가와의 상담이 필요하다.

	남 아		여 아	
나이	7~12세	13~17세	7~12세	13~17세
점수 총합	20점 이상	18점 이상	17점 이상	20점 이상

3. 공감하고 소통하는 교실 만들기

느낌이 통하고 마음을 나눌 수 있는 따뜻한 학급을 만들기 위해 선생님들은 늘 많은 고민을 하고 방법을 모색한다. 상담에서 이야기하는 존중, 공감, 소통과 같은 가치를 바탕으로 학생들이 자연스럽게 자신의 성장을 이룰 수 있는 학급 경영 방법들을 사용해 보자. 하루하루 서로 친밀감과 이해를 쌓아 가다 보면 문제나 갈등 상황이 발생할 여지가 적어질 뿐 아니라 발생했을 때라도 보다 짧은 시간에 안정적이고 긍정적인 해결책을 모색할 수 있을 것이다. 악수와 포옹 인사로 아이들과 친해지기, 점심시간을 쪼개 티타임 나누기, 친구를 격려하고 지지해 주기, 자기만의 비법을 급우들에게 전수하며 자신감 갖기 등 여러 가지 활용법을 통해 상담적인 가치를 학급 내에서 구체적으로 실천함으로써 서로 공감하고 소통하는 교실 만들기를 기대한다. 이 장에 제시된 활용법들은 학급에서 한 해 동안 일상적이고 지속적으로 사용할 수 있는 것으로, 긍정적이고 성장하는 학급 분위기를 형성할 수 있도록 도와줄 것이다. 작은 감동들이 모여서 교사와 아이들의 마음이 열리는 것이다.

수업 시작 전 이른 아침, 한자라든지 책 읽기 같은 간단한 아침 자습이나 과제를 마친 아이들이 떠들기 시작하고 소란스러운 놀이로 분주해진다. 흥미로우면서도 도움이 되고 지루하지 않은 활동이 있으면 좋겠는데……. 요즘 오락 프로그램에서 '미션'이란 이름으로 무언가를 수행하며 웃음을 주는 것을 보고 한번 시도해 보니 아이들에게 재미와 함께 도전 의지까지 심어 줄 수 있었다.

● 시작하기

▪ 한자 쓰기나 독서, 단어 외우기 등 아침 자습이나 독서를 마친 후 할 수 있는 것으로 10분 이내의 간단한 활동을 택한다.

▪ 그날의 수업과 관련 있거나 수업 내용을 복습하는 미션을 선택해도 효과적이다.

▪ 미리 목록을 만들어 두고 아침 활동 도우미를 선정해서 해당 요일에 활동명을 붙이게 하거나 점검표를 줄 수도 있다.

▪ 아이들에게 희망 미션을 미리 받으면 참여 의욕을 높일 수 있다.

● 활동하기

▪ 자습 내용과 미션 내용, 그리고 선생님이 학생들에게 하고 싶은 긍정적인 메시지를 칠판에 적어 놓는다. 아침 인사 문구는 그날의 상황과 분위기에 맞도록 적절하게 쓴다.

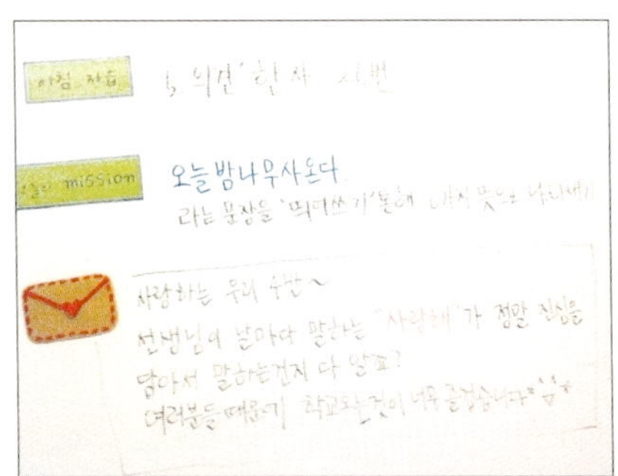

칠판에 활동 내용을 적은 예

친구들~ Good Morning!
다들 아침은 먹고 왔니? 선생님이 어제 집에 갈 때 청소 때문에 화낸 것이 마음에 걸려서 계속 맘이 편하지 않았어. 여러분에게 선생님의 미안한 마음을 전하고 흥분해서 화낸 것 사과하고 싶어요. 말로 직접 하기는 쑥스러워서 ^_^

아침인사 문구의 예

아이들은 교실 밖으로 활동을 하러 가는 것만으로도 신이 나는 모양이다. 교무실까지 가서 미션을 무사히 수행한 우리 아이들은 의기양양하게 교실로 들어온다. 미션 수행을 확인하려는 마음이 가득 차, 누구누구에게 인사했니? 그분이 뭐라 하시더냐? 등의 질문은 피하는 것이 좋다.

게임 형식으로 서로를 알 수 있도록 이름 알기 게임을 제안하면 부담 없이 다가가서 이름을 묻고 안면을 트게 된다. 빙고판(16칸/25칸)을 채우려면 꽤 많은 이름을 적어야 하므로 남녀 가리지 않고 말을 건네는 계기가 된다. 쑥스러움도 덜고 자연스럽게 얼굴도 익히며 친밀해질 수 있는 방법이다.
교사는 3줄, 5줄, ㄷ자, Z자 등 다양한 형태로 빙고판을 채우도록 부를 수 있다. 아침 시간에 다 채우지 못했더라도 일과 시간 동안 채울 수 있도록 한다.

- 그 밖에 '나도 쓸모 있을걸 : 친구에게나 교실에서 필요한 곳에 1가지 도움 주기' '누가 누가 힘세나? : 친구 3명과 팔씨름하기' '숟가락에 비친 내 얼굴(특정 부위) 그려 보기' '친구 2명의 어깨 주물러 주기' '친구 얼굴 몰래 관찰해서 기록지에 자세히 쓰기(흉터, 점, 보조개, 털 등)' '짧은 시 한 편 외우기' '교실 뒷문에 서서 친구 5명과 미소로 포옹하기' 등 다양한 미션이 가능하다.

● 마무리하기

- 일제히 점검하기보다는 미션을 마친 후의 반응을 보고 적절한 격려나 칭찬으로 피드백을 한다. "야아~ 오늘도 도전에 성공했구나." "오늘은 행운의 주인공이 누구였는지 궁금하네." "우와! 멀리까지 갔다 왔구나." "○○가 미션을 책임감 있게 수행하기 위해 노력하는 모습을 보니 좋구나."
- 아침에 다 못했다고 해도 하루 일과 동안 여유를 갖고 하도록 하면 시간에 쫓겨 다른 아이의 것을 베끼거나 따라 하는 경우가 없다. 일기나 알림장에 미션 결과를 알려 주는 아이들에게도 짧게나마 피드백을 해 주자.

아이들과 종일 지내다 보면 서로 마음이 상하기도 하고 오해도 생기지만 말할 기회도 없이 지나가 버릴 때도 많고 가벼운 눈인사 한 번 못 하는 경우도 있다. 돌아가는 발걸음이라도 가볍게 해 주고 싶은데……. 뒤늦은 말보다 스킨십을 통해 아이들의 지친 마음을 달래 주는 것은 어떨까. 매일은 어렵다면 마음의 여유가 생기는 주말에라도 아이들과 악수와 포옹과 하이파이브를 나누며 일주일간 잘 따라 준 아이들에 대한 고마움, 꾸중으로 힘들었을 아이나 손이 덜 간 아이들에 대한 미안함 등 이런 저런 교사의 마음을 표현해 보자.

"선생님은 모두와 좋은 관계를 맺고 싶고 친하게 지내고 싶은데, 하루 종일 말 한마디 나누지 못하고 목소리 한 번 들어 보지 못한 친구들도 있어요. 너무 바쁜 날에는 신경 써 주지 못해서 미안하고……. 가끔은 선생님 말을 잘 듣고 지켜 준 친구들에게 고맙다는 말도 하고 싶고, 야단 들어서 속상한 친구들에게 미안하다는 말도 하고 싶고, 특별히 칭찬하고 싶은 친구도 있어요. 그래서 우리 마칠 때 한 명씩 선생님과 따로 따뜻한 인사를 나누고 가면 어떨까요? 여러분들도 미처 선생님한테 하지 못한 말이 있다면 간단하게라도 할 수 있고 서로 오해가 생겼다면 풀 수도 있는 좋은 기회가 되었으면 좋겠어요."

● 시작하기

▪ 포옹 인사를 하는 취지를 설명하며 가볍게 시도한다. 처음에는 한 명 한 명과 눈을 마주치고 악수를 한다.

▪ 한 명씩 줄을 서서 나올 때 선생님과 껴안는다. 아이가 다가올 때는 이산가족 상봉하듯이 아이의 이름을 크게 부르며 기쁘게 맞는 것이 좋다.

▪ 스킨십이 어색하거나 불편한 아이들에게

> **Tip.**
> 동성의 교사나 아이들끼리는 포옹하기에 무리가 없지만 이성이거나 고학년에게는 선택하도록 해 주세요. 아이들의 특성에 따라서 악수나 하이파이브, 힙합 식 인사도 좋아요. 그리고 한 아이에게 말이 길어지지 않도록 조절해 주세요. 긴 대화를 나누어야 할 때는 따로 시간을 마련해 주세요.

는 악수, 하이파이브, 등 두드리기 등 편한 방법을 택하게 하고 레포가 충분히 형성되거나 특별히 더 교사가 마음을 전달하고 싶은 일이 있을 때 "선생님은 너랑 더 가까워지고 싶은데 안아도 괜찮겠니?"라고 묻고 나서 시도해야 무리가 없다.

● 활동하기

- 긍정적인 말을 간단하게 한다. "수고했다." "오늘 선생님 도와줘서 고마워." "아까는 선생님이 너무 화가 나서 혼을 냈는데 미안하다." "오늘 발표 짱!" 등 아이들의 하루 생활을 떠올리며 인사한다.
- 주말에는 "○○ 야, 한 주일 동안 열심히 생활해 줘 고마워." "주말 동안 ○○ 를 못 봐서 어쩌지?" "○○ 야, 이번 주 선생님에게 꾸중 많이 들어 서운했지? 다음 주는 더 잘 지내 보자." "주말 잘 보내고 월요일에 즐겁게 만나자." 등의 인사로 아이들을 사랑하고 가까워지고 싶은 교사의 마음을 솔직하게 보여 준다.

● 마무리하기

- 매일 하는 것도 좋고 이틀에 한 번씩도 좋지만 1회에 그치지 않고 꾸준히 실천하여 서로에게 익숙해지도록 한다.
- 아이들이 다시 악수하러 오기도 하고 장난을 치는 경우도 있다. 장난은 장난으로 넘기면 된다. 너무 규칙(악수는 한 번만 한다든지)을 강요할 필요는 없다. 아이들이 선생님을 좋아해서 하는 장난은 너그러이 장난으로 이해하고 받아 준다.
- 교사도 실수도 하고 정을 나누고 싶어 하는 사람이라는 인간적인 모습으로 아이 각자에게 다가갈 때 아이들은 교사와 더욱 가까이 느끼고 신뢰하게 된다. 신체로 교감할 때 아이에게서 받은 여러 가지 느낌도 정보가 된다.

학기 초에는 아이들을 파악하느라 교사의 마음이 바쁘다. 유난히 교사를 화나게 하는 아이, 도무지 속을 알 수 없는 아이, 매사에 무관심한 듯 초점 없이 멍한 아이……. 저 아이들을 앉혀 놓고 어떻게 이야기를 시작해야 할까? 이럴 때 차나 음식이라는 매개체는 말문을 열 계기가 되어 주고 자연스러운 아이스브레이킹 효과를 발휘한다.

"선생님은 우리 반 친구들과 차 한잔 하면서 데이트를 하고 싶은데…… 데이트 신청 받아 줄 거죠? 이 작은 앨범을 여러분이 좋아하는 것들 사진으로 채워 주세요. 가족이나 친구, 재미있는 책이나 게임, 기르고 있는 강아지나 좋아하는 연예인 무엇이든 OK예요. 친구들과 데이트할 생각을 하니 선생님은 벌써 기분이 좋아지는데요?"

● 시작하기

- 티타임의 순서를 정할 수도 있고 그때그때 교사가 아이에게 데이트를 신청할 수도 있다.
- 전체 학생과 고른 대화를 원할 경우, 사진을 10장 정도 꽂을 수 있는 미니 앨범을 미리 하나씩 나눠 준다. 아이들에게 티타임 전에 가족이나 친구, 좋아하는 연예인이나 애완동물 등 다양한 형태로 앨범을 채워 오도록 이야기한다.
- 교사도 미니 가족 앨범이나 학교 행사 앨범 등을 미리 준비해 둔다.

● 활동하기

- 교사용 휴게실이나 빈 교실(지나치게 넓지 않은 단독 공간)에서 함께 만난다.
- 다양한 차 종류를 준비하고 선택하도록 한다.
- 마주 앉기보다는 편안하게 느끼도록 서로 옆으로 앉으면 좋다.
- 10~15분 정도 대화를 진행한다. 경청과 공감의 대화법을 잊지 않고 활용한다. 아

이가 대답을 머뭇거릴 때는 강요하지 않는다.

- 교사가 먼저 가족사진이나 행사 앨범을 보여 주면서 아이의 긴장감을 풀어 주는 것도 좋다.

- 아이의 앨범을 보면서 일상생활, 좋아하는 음식, 즐거운 추억 등의 이야기를 이어 나간다. ("넌 누구를 많이 닮았니?" "이건 언제 찍은 사진이야?" "이 가수 좋아하는 구나. 어떤 점이 제일 마음에 들어?" "기회가 생기면 어딜 가 보고 싶니?" "○○와 사진 찍었구나. 친한가 보다. 다른 반에도 절친 있는지 궁금해.")

- 아이에게 고마운 마음을 전달한다. ("가족들 사진 보여 줘서 고마워." "부모님 인상이 참 좋으시다." "이렇게 만나서 얘기하니까 좀 더 가까워진 것 같아서 좋구나.")

● 마무리하기

- 서로의 소감을 나눈다. ("선생님은 ○○와 너무 즐거운 시간을 보냈어. 다시 어린이가 된 것 같구. ○○는 어땠니?")

- 아이의 반응을 보고 다음 만남의 여지를 둔다. ("선생님은 이후에도 ○○와 이야기를 나누는 시간을 갖고 싶어." "슬픈 일이 있거나 기쁜 일이 있거나 선생님에게 와서 말해 줄래? 선생님도 함께 나누고 싶다.")

- 쪽지나 일기에 댓글을 남겨 준다.(만남에 대한 교사의 긍정적 반응 보이기)

"쌤, 뭐 마셔요?"

남학생인데 유달리 나한테 관심이 많은 건지, 내가 뭘 먹는지에 관심이 있는 건지 매번 책상 앞을 기웃거린다. 간혹 슬쩍 지나가는 척하면서 교사 휴게실도 들여다본다. 수업 시간에는 주로 '멍 때리며' 앉아 있는 지훈이. 그룹 활동도 비협조적이어서 여학생들의 원성이 이만저만 아니다. 내 책상 주변에서 어슬렁거리는 지훈이를 교사 연구실로 불렀다.

"지훈아, 뭐 마실래?"
"예? 저도 커피 줘요?"
"왜, 커피 줄까? (웃으며) 커피만 빼고 뭐 마시고 싶은지 말하면 줄게."
"진짜 줄 거예요? 그럼 이거 주세요."

종이컵에 차 한잔 받아 든 지훈이.

"어때? 맛있어?"
"아니요, 그런데 괜찮아요."
"내가 정말 궁금해서 그러는데 뭐 하나 물어봐도 되나? 왜 수업 시간에 그렇게 멍 때리는 거냐? 재미가 없어? 아니면 모르는 거냐?"

일방적인 내 질문에 지훈이가 그냥 웃는다. 평소 같으면 입을 딱 닫고 사람 열을 끝까지 올리는 편인데, 차 한잔에 감동한 건지.

"오늘 국어 시간에 멍하게 있었던 거 기억나지?"
"(머뭇거리며) 네."
"선생님은 니가 수업 시간에 그런 태도를 보일 때 영문을 몰라서 황당할 때가 있거든. 때로는 수업에 집중하지 않는 것 같아 화가 나기도 해."

너의 행동에 대한 선생님의 감정을 이야기하고 싶다는 뜻을 슬쩍 전달했더니 긍정적이다. "선생님 찻값 안 주나?" 웃으며 말하면서 아이에게 미니 앨범을 하나 건넸다. 가족이든 친구든 좋아하는 연예인이든, 무엇이 되었든 간에 아이가 모은 사진이나 그림이 있으면 여기에 담아 오면 된다고 했다.

"내일이든 언제든 이번 주 내로 준비되면 차 한잔하고 싶다고 말해 주라."
"앨범 다 채워 와야 해요?"
"아니, 그냥 되는 대로 원하는 만큼. 그런데 솔직히 말해서 많으면 좋겠다."

이틀 후 지훈이가 앨범을 들고 내게 왔다.

"우와, 벌써 준비한 거야?" 가급적 환한 웃음으로 찾아와 준 것에 고마움을 표시한다. 소파나 의자에 앉을 것을 권유한다.

"몇 장밖에 없어요."

"(주스, 제티, 녹차 라떼를 보여 주면서) 이번엔 나도 준비 좀 했다. 뭐 마실래?" 고학년은 좀 색다른 종류에 흥미를 보인다. 차를 고르는 과정에서도 자연스럽게 대화가 시작되므로 일방적으로 정하지 않도록 한다.

"이건 뭐예요?"

"녹차 라떼라고 녹차랑 우유를 섞은 건데 부드럽고 달콤한 맛이 더해진 거야. 이걸로 할래?"

"네."

"(앨범을 보며) 어떤 사진인지 좀 설명해 줄래? 소개해 주면 더 좋고."

"엄마랑 동생이랑 누나예요." 아빠는 어디 계시니? 같은 민감할 수 있는 질문은 섣불리 하지 않는다.

"어디 갔었나 보네."

"네, XX에요."

"이 사람은 선생님이 모르는 연예인인가 보다."

"프로게이머예요."

"어? 프로게이머구나. 지훈이도 게임에 관심이 좀 많은 것 같더니, 혹시 프로게이머가 되고 싶은 거니?" 게임과 관련된 이야기를 시작할 실마리가 된다. 게임 아이템, 레벨, 게임 종류 등

"그럴 때도 있고, 확실히는 잘 몰라요."

"저번에 보니까 꿈이 부자라고 되어 있던 것 같은데, 그때도 좀 궁금하더라."

"그냥 돈을 많이 벌고 싶어요."

"아, 난 로또 당첨이 꿈인데." 왜? 또는 단답형의 질문은 가급적 삼가고 유머나 제스처를 잊지 않는다.

"진짜요?"

"응. 가끔 나도 돈도 많이 벌고 싶다. 가족들한테 좋은 것도 사 주고 내가 갖고 싶은 것도 다 사고 싶을 때가 있어. 꿈까지는 아니지만 지훈이처럼 생각할 때도 솔직히 있거든." 교사 역시 적절한 수준의 '공감'과 '자기 노출'을 하는 것이 필요하다.

"네…….'"

"오늘 너의 사진도 보여 주고 이야기해 줘서 고맙다. 지훈이에 대해서 조금은 알게 돼서 기뻤고 다음에 다시 한 번 이야기 나눌 기회가 있었으면 좋겠다. 선생님은 티타임이 즐거웠어. 지훈이는 어땠어?"

"(씩 웃는다) 그냥 뭐…… 괜찮아요."

"(등을 한 번 쓸어 주며 또는 머리를 쓰다듬으며 문 앞까지 배웅) 다음에 또 데이트 한번 하자."

우리 반 1주 1선행표

아이들은 으레 남을 도우면 칭찬을 받아 마땅하고 무언가 보상이 있을 것이라고 기대를 한다. 하지만 이것은 보상을 바라고 행하는 일종의 목적 행동이며 진정한 선행이라고 하기에는 모자란 면이 있다. 선행을 하여 보상을 받을 수는 있지만 보상을 위해 선행을 행한다면, 남을 위할 때 느낄 수 있는 진실한 따스함을 알지 못할 것이다. 작은 일부터 스스로 행하고, 타인의 칭찬이 아닌 스스로의 기쁨으로 또다시 선행을 실천하게 되는 방법이 없을까? 아이들 자신이 누군가에게 도움이 되는 가치 있는 사람임을 느끼게 해 주고 싶다.

● 시작하기

- 아이들에게 책이나 사전 등을 통해 선행의 의미를 생각해 보고 정의 내리게 한다.
- 0점에서 100점까지 자신의 선행 지수를 매겨 보도록 한다. 점수 자체의 높고 낮음보다 어떤 이유에서 자신에게 이 점수를 주었는지 긍정적인 행동을 중심으로 이야기를 나눈다.
- 웃는 표정의 캐릭터와 찡그린 표정의 캐릭터를 그린 후, 두 캐릭터를 마주 붙여 아이들 수만큼 선행표를 만든다. 앞뒤로 아이들의 이름을 쓰고 코팅한다. 이때 웃는 표정 캐릭터는 밝고 예쁜 색으로, 찡그린 표정 캐릭터는 무채색으로 그려 느낌을 달리하면 더 좋다.
- 부직포나 우드락 등으로 선행표를 붙일 수 있는 판을 제작하여 교실 뒤쪽에 부착한다.

나의 선행 지수 매겨 보기

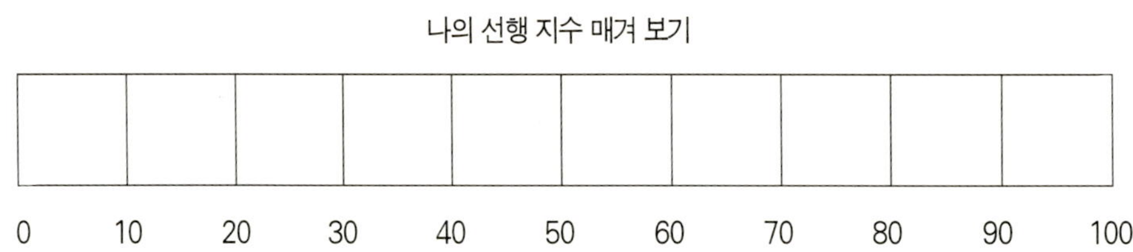

Tip.
선행을 실천하지 않는 아이가 있어도 독려
할 필요 없어요. 관심이 없던 아이라도 친구
들의 행동을 통해 동기를 얻을 수 있으니 여
유롭게 지켜보세요.

선행을 했다고 생각한 아이는 자기 선행표를 웃는 얼굴이 보이도록 뒤집어 놓는다.

● 활동하기

- 처음에는 '찡그린 얼굴'이 보이도록 선행표를 붙여 둔다.
- 1주일 동안 생활하면서 남을 위해 한 가지 일을 하도록 한다. 아이가 생각하기에 그 행동을 하고 나서 마음이 뿌듯할 경우 선행표 카드를 '웃는 얼굴'로 뒤집는다.
- 요일을 정하여 수업이 시작하기 전 선행표에 관한 이야기를 나눈 후 다시 찡그린 얼굴로 뒤집어 놓고 한 주를 시작한다. 선행표 담당 도우미를 두면 관리가 편하다.

● 마무리하기

- 지우개를 주워 주는 일, 먼저 사과한 일, 화분에 물을 준 일 등 아주 작고 사소한 일도 선행이라는 것을 깨닫도록 한다. 선행이란 것이 큰 칭찬을 받아 마땅한 커다란 일이 아니라는 것, 선행에는 반드시 보상이 따르는 것이 아니라는 것을 알아야 작은 일부터 자발적으로 행하면서 기쁨을 느낄 수 있다.
- 스스로 뿌듯함을 느낄 수 있도록, 1주일이 끝난 후 느낌을 나누고 서로의 이야기를 듣는 시간을 반드시 갖는다.
- 교사는 "~을 하니 마음이 어땠니?" "다른 친구들의 행동을 보고 새로 알게 된 선행은 어떤 것이 있니?" "기회가 된다면 내가 해 보고 싶은 선행은 어떤 것이 있을까?" 등을 물어본다.

격려의 마법 비밀 요원

소외되고 무시당해 힘들어하는 아이들은 교사의 사랑과 관심도 필요하지만, 그에 못지않게 친구들로부터 인정과 격려를 받고자 열망한다. "애들아, ○○와 친하게 지내라"는 교사의 백 마디 말보다 "○○야, 여기 와서 같이 하자!"라는 급우의 한마디가 더 효과적이다. 게다가 학급에서 인기가 많거나 특별히 닮고 싶은 친구에게 인정을 받았다면 그 기쁨은 배가될 것이다. 그 아이들에게 든든한 힘이 되어 줄 수 있는 학급의 비밀 요원 프로젝트를 실행해 보자!

● 시작하기

- 인정과 격려가 필요한 아이에게 학급에서 닮고 싶은 친구나 친해지고 싶은 친구가 누구인지 물어본다.
- 인정과 격려가 필요한 아이에게 호의적인 아이가 누구인지 알아낸다.
- 인정과 격려는 누구에게서 받느냐에 따라 그 기쁨의 강도가 달라지므로 학급에서 인기가 많은 친구나 해당 학생이 닮고 싶어 하는 친구를 위주로 선정한다.

● 활동하기

- 인정과 격려가 필요한 아이가 닮고 싶은 친구나 친해지고 싶은 친구, 호의적인 아이 중에서 교사가 비밀 요원으로 2명(서로 친한 사이면 더욱 좋음)을 선정한다.
- 학급 아이들 몰래 교사용 휴게실이나 빈 교실로 아이들을 부른 후, 비밀 요원으로 선정한 배경에 대해 설명해 주고 활동할 수 있겠는지 의사를 물어본다.
- 인정과 격려가 필요한 아이의 현재 상황에 대해 비밀 요원에게 알려 준다.
- 비밀 요원 활동 기간과 계획에 대해 논의한다.

● 마무리하기

- 비밀 요원으로서 알게 된 친구의 장점을 정리해 보도록 한다.
- 친구의 장점을 인정하고 격려해 주면서 느낀 점을 말하도록 한다.

사례 정욱이에게 '몰래 격려'를 보내 주었어요

교사 　"현석아, 선생님이 너랑 재훈이한테 아이들 몰래 긴히 부탁할 게 있어서 그러는데, 점심 먹
　　　　고 선생님들 휴게실에서 잠깐 볼 수 있겠니?"
현석 　"괜찮아요."

점심시간

교사 　"선생님이 몰래 불러서 조금 놀랐지? 무슨 부탁을 하려나 궁금하기도 하고 말이야."
재훈 　"네. 무슨 일이세요?"
교사 　"우리 반에 너희들처럼 학교생활하면 참 좋겠다고, 너희들을 닮고 싶어 하는 아이가 있거든.
　　　　선생님이 현석이와 재훈이가 학교생활을 잘하고 아이들이 좋아하는 것은 알았지만, 어떤
　　　　친구가 닮고 싶어 할 정도라고 생각하니까 너희들이 더 대단해 보이더라. 그래서 고민하다
　　　　가 너희들이라면 그 친구가 학교생활을 잘할 수 있도록 도움이 될 수 있을 것 같아서 이렇
　　　　게 부탁하려고 불렀어. 너희들이 비밀 요원이 되어 도움을 주었으면 해서 말이야."
현석 　"누군데요?"
교사 　"정욱이."
재훈 　"정욱이요? 정욱이를 어떻게 도와줘요? 우리 반에 정욱이 좋아하는 아이들 별로 없어요. 힘
　　　　만 세고 툭하면 아이들 때리고 그래서 아이들이 다 싫어해요."
교사 　"재훈이가 정욱이한테 맞은 적이 있어서 많이 억울했었나 보구나." _{비밀 요원인 아이가 해당 아이로}
　　　　_{인해 속상한 일이 있었다면, 공감을 통해 충분히 감정을 풀어 준 후에 이야기를 진행한다.}
재훈 　"지금은 아닌데, 4학년 때까지는 정욱이가 덩치가 크니까 이유도 없이 한 번씩 때렸어요. 힘
　　　　세다고 그러더니 잘됐죠. 5학년 되니까 아이들이 이젠 정욱이랑 안 놀아 주거든요."
교사 　"아~ 그랬구나. 지금도 재훈이는 정욱이가 무서운 거니?"
재훈 　"지금은 아니에요. 우리끼리 놀면 되니까요."
교사 　"재훈이가 정욱이 때문에 지금도 많이 힘든 게 아닌가 걱정이 되었는데, 그렇다면 다행이구
　　　　나. 재훈이 말처럼 요즘 아이들이 정욱이랑 놀아 주지 않아서 정욱이가 많이 힘들어해. 정
　　　　욱이가 닮고 싶어 하는 너희들이 비밀 요원이 되어서 정욱이가 아이들과 잘 생활할 수 있도
　　　　록 도와주었으면 좋겠다. 도와줄 수 있겠니?"

현석 "네. 한번 해 볼게요. 재훈아, 해 보자!"

교사 "재훈이는 어때?"

재훈 "현석이가 하면 저도 해 볼게요. 그런데 어떻게 해야 하는 건데요?" 비밀 요원으로 사이가 좋은 두 명
을 선정하면, 역할을 맡길 주저하는 아이를 하고 싶어 하는 아이가 독려하기도 한다.

교사 "아이들이 정욱이한테 다들 싫다, 하지 마라, 하니까 정욱이는 어떻게 해야 아이들이 좋아하
는지 잘 모르겠다고 하더라구. 너희들처럼 정욱이도 아이들과 잘 지내고 싶은데, 어떻게 하
면 아이들이 자기를 좋아하는지 잘 모르겠다고 힘들어하니까, 너희들이 보고 정욱이가 아
이들이 좋아하는 행동을 할 때, 또는 정욱이가 잘하는 것을 보면 그것을 정욱이에게 알려
주면 좋겠어. 대신 선생님이 부탁한 것은 정욱이가 몰랐으면 좋겠다."

현석 "어떻게 알려 줘요?"

교사 "정욱이가 골키퍼로 공을 잡은 후에 공을 적당히 멀리 차면 현석이가 그렇게 하는 거야, 잘
했어! 라고 말해 주면 돼. 뭐 하지 말라가 아니라 어떻게 해라라고 말해 주고. 그리고 현석
이와 재훈이가 보다가 정욱이가 잘하는 행동이 있으면 잘한다고 이야기해 주면 되고 선생
님에게도 그런 행동을 알려 주면 고맙지."

재훈 "매일 해야 하나요?"

교사 "네가 보고 있다가 정욱이가 그런 행동을 할 때만 말해 주면 되고, 우선 앞으로 일주일 동안
정욱이를 관찰해 보고 인정해 주고 격려해 주렴. 그리고 너희들이 알게 된 정욱이의 장점들
을 선생님에게 알려 주면 선생님도 정욱이를 더 잘 도와줄 수 있을 것 같다. 어떻게 해야 하
는지 알겠니?"

아이들 "네!"

일주일 후

교사 "현석아, 재훈아 일주일 동안 비밀 요원으로 활동한다고 수고 많았다. 힘들었지?"

현석 "처음에는 진짜 정욱이 장점 못 찾겠던데, 계속 보다 보니까 한두 개는 보여서 정욱이한테
알려 주었어요."

교사 "어떤 걸 알려 주었는데?"

현석 "모둠 활동할 때 정욱이가 웃으면서 아이들에게 무슨 역할 하고 싶다고 말하니까 애들이 그
걸 받아 주었어요. 그래서 저도 정욱이에게 웃으면서 말하니까 좋네라고 해 주었어요."

교사 "또 있었니?"

현석 "3반이랑 축구할 때 골키퍼 시켰는데, 태호가 차라는 곳으로 공을 차서 잘했다고 했어요."

재훈 "자기가 맡은 청소는 잘하던걸요. 그래서 정욱이보고 청소 열심히 잘한다고 말해 줬어요."

교사 "우와~ 너희들이 비밀 요원으로서의 역할을 충실히 잘했네. 그리고 선생님은 정욱이가 웃
으면서 말할 때 아이들이 잘 받아 주는지, 청소를 열심히 하고 있는지 잘 몰랐는데, 너희들
덕분에 모르던 것을 알게 되어 흐뭇하고 기분이 좋다. 고맙다. 이번에 비밀 요원으로 활동
해 보면서 어떤 생각이나 느낌이 들었어?"

현석 "처음에는 진짜 정욱이 장점 찾는 게 힘들었는데, 계속 보니까 정욱이도 다 못하는 게 아니
라 잘하는 게 있다는 걸 알게 되었어요."

재훈	"제가 칭찬해 주니까 정욱이가 기분 좋아하는 거 보면서 저도 기분이 좋아졌어요."
교사	"그랬었구나. 정욱이도 너희들 덕분에 학교생활하는 데 힘이 났나 보더라. 선생님이 요즘 학교생활 어떠냐고 물었더니 누가 자기 칭찬해 주었다고 행복해하며 말하더라구. 일주일 동안 정말 수고 많았고, 혹시 앞으로 일주일 동안 더 해 볼래, 아니면 이제는 좀 그만하고 싶니?" 비난하던 아이들이 아이의 장점을 찾아 칭찬해 주려고 노력한 것에 대해 교사가 인정해 주도록 하며 그러한 비밀 요원 활동이 해당 아이에게 도움이 되었음을 알려 준다.
재훈	"계속 정욱이 신경 쓰면서 보는 게 힘들어서 그만하고 싶어요."
현석	"저도 그래요."
교사	"그렇구나. 그럼 너희들이 생각하기에 정욱이에게 비밀 요원으로 도움을 줄 수 있는 친구들이 누가 있을 것 같니?"
현석	"지현이요. 여자애긴 한데, 정욱이랑 짝지이기도 하고 착하니까 잘 도와줄 것 같아요."
교사	"그래? 알겠다. 그럼 지현이에게 한번 부탁해 봐야겠다."

내 맘 좀 알아줘!

아이들 사이에 갈등이 있고 그것이 해결되지 않을 때, 교사 입장에서는 서로의 마음을 조금만 이해해 보려고 하면 어떨까 안타까운 생각이 든다. 여우와 두루미처럼 서로 생각이 다르고 표현하는 스타일이 다른데, 차이만 인정하면 될 것을 옳고 그름으로 판단하려고 하니 풀릴 리가 없다. 다른 사람의 마음에 좀 더 가까이 갈 수 있다면 오해도 없고 다툼도 줄어들 텐데……. 무언의 활동을 통해 오해받을 때의 답답함과 이해받을 때의 후련함을 경험해 보도록 하자.

● 시작하기

- B4 용지를 몇 장 준비한다. 색깔은 관계없고 A4 이상의 크기가 좋다.
- 4~6인이 한 조를 이루어 책상을 모으고 둘러앉는다.
- 순서를 정하고, 조별로 종이를 한 장씩 받는다.
- 누구도 말을 해서도 안 되고 재촉하거나 눈짓이나 몸짓 등의 힌트를 줘도 안 된다는 규칙을 당부한다.
- 조원이 한 사람씩 돌아가면서 종이를 찢어 동물을 만드는 것임을 알려 준다.

아이들이 돌아가며 종이를 찢어 동물 모양을 만들고 있다

● 활동하기

▪ 첫 번째 친구는 이 종이로 어떤 동물을 만들고 싶은지 머릿속으로 정하고 종이를 찢어서 그중 한 부분(머리, 다리 등)만 만든 다음, 뒷사람에게 넘겨준다.

▪ 종이를 받은 사람은 앞 친구가 무엇을 만들려고 했었는지 최대한 마음을 읽으려고 노력하면서 이어서 다른 부분을 만든다.

▪ 특별한 시간제한은 두지 않는다. 대부분 5분 이내에 종료된다.

▪ 마지막 친구의 활동이 끝나면 박수를 쳐서 알리도록 한다.

● 마무리하기

▪ 교사가 마지막 친구에게 이 형태가 무엇이라고 생각하는지 물어본다.

▪ 각 모둠에게 첫 번째 친구부터 무엇을 만들려고 했었는지 순서대로 모둠 내에서 이야기한다.

▪ 친구들이 자신의 생각과 다른 것으로 만들어 갈 때 어떤 심정이 들었는지, 어떻게 하고 싶었는지, 무엇을 느꼈는지 이야기를 나눈다.

- 교사가 "서로의 생각은 이처럼 달라요. 내 생각처럼 안 될 때, 지금 느꼈던 그 답답함을 친구들도 똑같이 느끼고 있답니다. 서로 다른 것은 틀린 것이 아닙니다. 옳고 그름이 아니라 서로의 생각 차이일 뿐이에요. 서로 입장을 바꿔서 친구의 마음을 읽으려고 느끼려고 노력해요." 같은 내용으로 마무리한다.
- 활동 결과물을 교실에 붙여 아이들에게 서로의 입장에 대해 더 생각할 기회를 준다.

☕ 사례 — 토끼가 멧돼지가 되었어요

"둥글게 둘러앉으세요. 지금부터 선생님이 주는 종이를 한 번씩 찢어 가면서 어떤 동물을 만들 거예요. 활동 중에는 말을 해서도 힌트를 주는 몸짓을 해서도 안 됩니다. 가장 먼저 할 사람을 정하고 어떤 방향으로 돌아가면서 할지 정하세요."

"친구가 어떤 동물을 생각하며 종이를 찢고 있는지, 내가 어떻게 찢으면 동물의 모습이 명확해질지를 생각하고 자기 순서가 오면 하세요. 혹시 어떻게 해야 할지 막막하다면 찢지 않고 다음 사람에게 넘겨도 돼요. 동물의 모습이 다 완성되었다고 생각되면 자기 차례에서 멈추고 박수를 쳐서 알려 주세요."

"다 만들었으면 여러분이 만든 동물에 제목을 붙여 보세요. 1모둠은 어떤 동물인가요? 제목도 말해 주세요."
"왕눈이 아기 멧돼지입니다."
"자, 그러면 각자 무슨 동물이라고 생각하고 만들었는지 말해 봅시다. 1모둠에서 첫 번째 종이 찢은 친구는 무슨 동물을 생각하면서 찢었나요?"
"토끼의 다리를 표현하려고 했는데, 영 다르게 변해 버렸어요."
"그랬군요. 아기 멧돼지가 완성되기 전의 여러 과정과 중간 중간 들었던 생각들을 이야기해 보세요."
"저는 친구가 찢은 종이를 보고 뭔지 몰라서 막막했는데요, 이 부분이 귀가 아닐까 하는 생각으로 찢었어요. 제가 찢었던 부분은 결국 멧돼지의 머리 부분이 되었지만요."
"중간에 나영이가 구멍을 뚫어서 눈 부분을 만드니까 머리가 확실해져서 다음에 찢기가 쉬워졌어요. 나영이가 눈을 만든 걸 보고 현희가 입을 만들었어요."
"이번 활동을 통해 느낀 점을 얘기해 보세요."
"친구와 제가 생각하는 것이 참 다르다는 생각이 들었어요. 말을 하지 못해서 답답했구요. 완성이 될까 걱정이 되기도 했는데, 눈과 입, 다리가 완성되니까 마음이 놓였어요."

"선생님은 이번 활동에서 여러분에게 옳고 그름을 따지는 것보다 서로의 생각에 차이가 있음을 인정하려는 노력이 중요함을 알려 주고 싶었어요. 이 동물 작품은 게시판에 붙여 놓을 테니, 이것을 보면서 앞으로도 여러분들이 서로 입장을 바꿔 친구의 마음을 읽어 주려고 노력했으면 좋겠어요."

나를 이해하는 '화' 일기

다툼과 갈등이 많은 만큼 반성문도 많이 쓰게 된다. 반성문으로 안 되니 명심보감도 써 보고, 앞으로 잘하겠다는 다짐을 100번 쓰기도 하고 별별 방법을 다 동원해 본다. 그렇지만 반성문을 여러 장 써도 같은 행동을 반복하기 일쑤인 것을 보면 그다지 효과가 없는가도 싶다. 마음속에 있는 분노의 앙금을 해소하지 못한 채 형식적으로 쓰기 때문일 것이다. 아이가 부글거리는 감정에서 한 발 물러나 자기 행동을 돌아볼 수 있으면 좋으련만.

● 시작하기

- 무슨 일로 다투었는지, 무엇 때문에 화가 났는지를 먼저 간단히 이야기 나눈다.
- 화가 많이 났거나 우는 경우, 크게 천천히 심호흡을 하게 하고 문제 상황에서 빠져 나올 수 있도록 복도로 나간다든지, 물을 한 잔 주어 감정을 추스르도록 돕는다.
- 잘잘못을 가리지 말고, 마음이 진정되었는지 살핀다.

● 활동하기

- 화가 난 아이들에게 '생각하는 자리'(조용하고 단절된 곳)에 가서 '화' 일기를 쓰도록 제안한다.
- 화 일기 형식을 주고 쓰게 하거나 "화가 났던 상황을 써 보세요." "화가 난 정도는 어느 정도인지 수치로 표현해 보세요." "그때 내가 한 행동을 상세히 써 보세요." "또 이런 일이 생기면 어떻게 하고 싶은가요?" 등 쓸 내용을 불러 준다. 자신의 행동을 돌아보고 감정을 정리할 수 있도록 충분한 시간을 준다.

● 마무리하기

- 평온을 찾은 아이가 감정이란 지속되는 것이 아님을 스스로 느낄 수 있도록 한다.
- 지금은 화가 난 정도가 수치로 얼마나 될지 물어본다.("아까보다 화가 많이 없어졌구나. 남은 화는 어떻게 하면 풀릴 수 있을까?")

- 사과를 강요하지 말고 아이와 이야기하여 사과를 할지 여부를 결정한다.
- 마음을 표현한 느낌을 나눈다. 속내를 표현해 준 것에 고마움을 표하고, 큰 용기가 필요한 일을 해냈음을 일깨워 준다.("써 보고 나니 마음이 어떠니?" "화 일기를 쓰면서 힘든 점이 있었니?" "오늘 네 마음을 표현해 줘서 고마워. 너는 스스로를 용서할 수 있는 대단한 사람이야.")

☕ 사례 용칠이와 한수가 화 일기를 썼어요

교실에서 물건을 들고 장난치던 두 남자아이들. 처음에는 웃고 즐기면서 먼지떨이로 칼싸움을 하더니 갑자기 상황이 반전된다. 주먹으로 때리고 목을 누르고 뒹굴더니 한 녀석은 코피가 터지고 한 녀석은 눈이 부어올랐다. 친구들이 잡으며 말리는데도 마주 본 채 주먹을 휘두르며 욕을 한다. 코피로 더 흥분한 용칠이와 눈이 시퍼렇게 부은 한수는 선생님 앞에 서서도 분을 이기지 못하고 으르렁댄다.

교사 "둘 다 큰일 날 뻔했다."
용칠 "(선생님의 말이 끝나기도 전에) 니가 먼저 때렸다 아이가?"
한수 "(주먹을 들며) 이 씨!"
교사 "둘 다 아직 뭘 잘못했는지 모르는 거니?"
용칠 "제가 잘못한 거 아니거든요? 한수가 먼저 때렸고 너무 심하게 눌러서 진짜 아팠다구요."
한수 "세게 때린 것도 아닌데 갑자기 제 머리를 때렸어요."
용칠 "니가 먼저 더 아프게 때렸다 아이가?"
교사 "용칠아, 처음에는 둘이 장난치다가 너무 많이 아파서 한수를 세게 때렸다는 뜻이니?"
용칠 "네."
교사 "한수는, 먼저 때린 적이 없는데 용칠이가 갑자기 아프게 때려서 화가 났던 거란 말이니?"
한수 "네."
교사 "그럼 처음엔 기분 나쁘거나 싸운 것은 아니었는데 중간에 어떤 오해가 생긴 것 같구나. 서로 잘 지내는 사이인데 이렇게 주먹다짐까지 한 걸 보니 둘 다 많이 놀란 것 같다."
아이들 "(여전히 씩씩대며) ……."
교사 "너희 둘이 아직도 화가 많이 나서 씩씩거리고 서로 쳐다보는 것만으로도 감정이 안 좋은 것 같으니, 함께 대화를 나누는 것이 지금은 적당하지 않은 것 같아. 서로 어떤 부분에서 큰 오해가 생긴 건지도 궁금하지만, 일단은 너희들 자신이 흥분된 마음을 가라앉히고 나서 이야기를 나누었으면 좋겠어."
교사 "(화 일기 양식을 주며) 어떻게 해서 화가 났는지, 결정적으로 주먹을 쓰게 된 계기, 상대의 어떤 행동 때문에 내가 그렇게 화가 났는지를 자세히 말해 주면 좋겠어. 말로 하는 것보다 직접 처음부터 있었던 일과 자신의 감정을 쓰다 보면 지금보다는 훨씬 안정이 될 것 같구나. 각자 다른 곳에서 조용히 이 싸움에 대해 되돌아보았으면 좋겠다."

화(火) 일기

이름_______________

화가 났던 상황을 자세히 써 보세요.

언제 / 어디서 / 누구랑 / 어떻게 생긴 일인지 있었던 일을 일기처럼 적어 보세요.

화가 난 정도는 얼마입니까?

평소의 기분을 '0'으로 생각했을 때, 수치를 눈금으로 표현해 보세요.

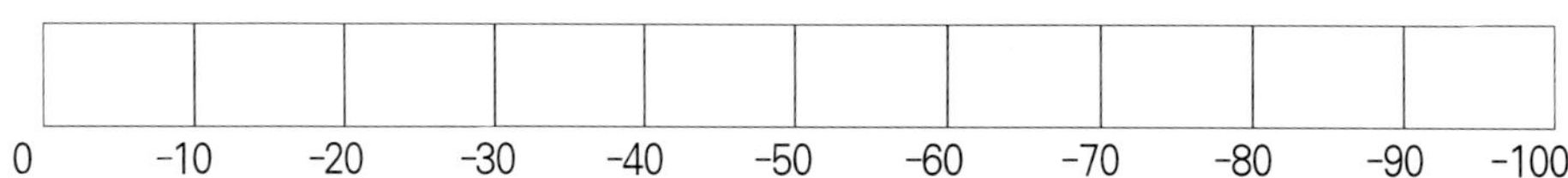

화가 났을 때 내가 한 행동이나 말을 써 봅시다.

또 이런 일이 생긴다면 어떻게 하고 싶은지 써 볼까요? (말 or 행동)

아이들도 다 자존심이 있다. 다툼이 있을 때 이야기를 해 보면 잘못의 원인을 모두 상대나 외부 상황에서만 찾고자 한다. 인정하게 하는 데 시간이 많이 걸린다. 다른 사람들과의 관계를 배우는 기회가 줄어서일까? 이런 아이들을 중재하고 화해시키는 것이 교사의 몫이나 매일같이 반복되는 고충에 점점 지쳐만 간다. 게다가 한쪽에서 사과를 하면 수용할 줄도 알아야 하는데 너그럽게 사과를 받을 줄도 모르니……

● 시작하기

▪ 화가 많이 난 상태의 아이들은 일단 격리시켜서 시간을 지연시킨다. 흥분된 감정이 진정되었다고 판단될 때 화해의 시간을 만든다.

▪ 다투었을 때 무슨 일로 다투었는지, 그때의 감정은 어땠는지 서로 간단히 나누게 한다. 말하는 동안 자신의 감정을 풀 수 있고 듣고 있는 동안에는 상대의 감정에 대해서도 알게 된다. 중재 과정에서 감정 표현이 잘되지 않는 아이들에게는 교사가 감정을 짐작하여 읽어 주고 물어봐서 확인하도록 할 수도 있다.

▪ 서로에게 오해가 조금씩이나마 있었음을 확인하고 인정한 다음 카드를 제시한다.

● 활동하기

▪ 각자 빨강, 노랑, 초록으로 된 세 장의 화해 카드를 쓰게 한다.

1. 마음 전하고 받기	2. 사과하고 용서하기	3. 부탁하고 약속하기
________야, 나는 네가 ____________했을 때 내 마음이 ______했어.	____________야, 내가 너에게 __________ __________해서 미안해.	________야, 앞으로 네가 나에게 __________ ______해 주면 고맙겠어.
♥ 마음을 주고받을 때는 진실하고 솔직하게 합니다.	♥ 사과를 받은 사람은 같은 말로 용서의 말을 합니다.	♥ 부탁을 받은 사람은 같은 말로 약속의 말을 합니다.

▪다 쓴 카드를 들고 마주 보게 선다.

▪한 명이 먼저 자신의 빨강 카드(마음 전하기 카드)를 읽고 친구에게 준다. 받은 친
구는 나와 너, 주어만 바꾸어서 반복해서 그것을 읽는다.

▪다른 친구도 반복한다.

▪두 번째 노랑 카드(사과와 용서 카드)를 읽고 친구에게 준다, 받은 친구는 그대로
한 번 더 반복해 읽으며 "사과할게" 부분을 "용서할게"로 바꾸어 말한다.

▪세 번째 초록 카드(부탁과 약속 카드)를 읽고 친구에게 준다. 받은 친구는 그대로
한 번 더 반복해 읽으며 "부탁할게" 부분을 "약속할게"로 바꾸어 말한다.

● 마무리하기

▪활동 후, 자신의 감정을 솔직하게 말해 본다.

▪남아 있는 감정이 있으면 한 번 더 해 보겠냐고 물어
본다.

▪교사가 제시했지만 그것을 정리하고 실행한 것은 아이
들이 한 것임을 인정하고 격려한다.

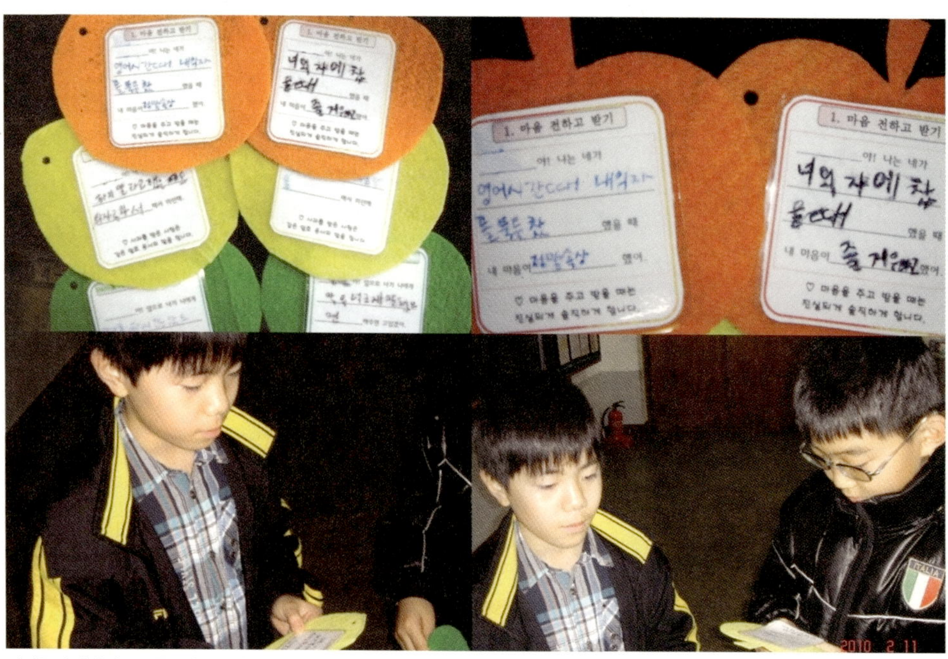

아이들이 화해 카드를 주고받으며 읽는 모습

지연	"선생님. 민철이가 저를 때렸어요!"
교사	"민철아, 이리 와 봐. 지연이 때린 거 사실이야?"
민철	"아니에요. 지가 먼저 욕하잖아요! 이 미친 강도야라면서요."
지연	"때렸잖아. 니가 왜 아무 말도 없이 내 인형 필통 만지는데?"
교사	"자, 그만! 같이 정리해 보자. 민철이가 필통을 말없이 만질 때 지연이가 많이 속상했니?"
지연	"네."
교사	"그래, 지연이가 속상해서 화난 마음에 민철이한테 이 미친 강도야라고 말했구나."
지연	"네."
교사	"미친 강도라는 말을 들은 민철이는 어땠어?"
민철	"진짜 억울하잖아요. 열 받잖아요."
교사	"그래, 친구를 때리기까지 할 만큼 화가 났나 봐."
민철	"네."
교사	"그럼 화가 나서 너희들이 그런 일을 한 것은 사실이구나."
아이들	"네……."
교사	"그래, 너희들이 솔직히 한 일을 인정해 주니 고마워. 먼저 잘못을 인정해야 더 나은 방법으로 나아가는 다음 길이 보인다고 그랬잖아. 이번 일로 친구랑 화해하는 방법을 공부하는 기회로 삼아 보자. 화해 카드를 쓰며 각자 자기 마음을 정리해 볼 수 있겠니?"
아이들	"네."

각자 작성한 카드를 들고 마주 선다. 먼저 마음 전하기 카드를 읽는다.

지연	"민철아, 나는 네가 말없이 내 필통을 만져서 속상했어. 내가 아끼는 거라서." ^{민철이에게 말하며 마음 전하기 카드를 건넨다.}
민철	"지연아, 너는 내가 말없이 네 필통을 만져서 속상했구나. 네가 아끼는 거라서." ^{지연이의 카드를 보며 주어를 바꾸어 그대로 읽는다.}
민철	"지연아, 나는 네가 미친 강도라고 말했을 때 억울했어. 그냥 궁금해서 만진 건데."
지연	"민철아, 너는 내가 미친 강도라고 말했을 때 억울했구나. 그냥 궁금해서 만진 건데." ^{사과와 용서 카드(노랑)를 읽으며 주고받는다.}
지연	"민철아, 내가 너에게 미친 강도라고 말해서 미안해."
민철	"지연아, 내가 말없이 네 필통 만져서 미안해."
지연	"민철아, 네가 말없이 내 필통 만진 거 용서할게."
민철	"지연아, 네가 미친 강도라고 말한 거 용서할게." ^{부탁과 약속 카드(초록)를 읽으며 주고받는다.}
지연	"민철아, 앞으로 내 물건 만질 때 물어보고 하면 좋겠어."
민철	"지연아, 앞으로 내게 좋은 말로 ~하지 마라고 해 주면 좋겠어."
지연	"민철아, 앞으로 네게 좋은 말로 ~하지 마라고 말할게."
민철	"지연아, 앞으로 네 물건 만질 때 물어보고 괜찮다고 하면 만질게."

공부를 잘하는 아이들은 학습에서 두각을 나타내거나 모둠 활동에서 리더 역할도 하지만 학습 면에서 다소 미흡하거나 별 흥미가 없는 아이들은 숨은 재주가 있어도 묻히기 마련이다. 노래를 잘 부르거나 춤을 잘 추는 거나 하는 두드러진 특기가 없다면 말이다. 그런데 속속들이 살펴보면 재주 하나 없는 아이는 없다. 단지 드러나지 않았을 뿐.

묻혀 지내는 아이들이 자신이 가진 강점, 특히 자기만이 가진 소소한 특기를 찾고 나누면서 도움을 주는 경험을 했으면 싶다. 그리고 자기에게도 누군가를 도울 자원이 충분하며, 도움의 방법에는 여러 가지가 있다는 것을 깨닫게 해 주고 싶다.

● 시작하기

▪ 마술을 잘하는 친구, 강력한 딱지를 잘 만드는 친구, 콧바람으로 찌그러진 페트병 펴는 친구, 알까지 1인자, 공기 대장…… 아이들 수만큼 개성도 다양한 우리 반. 내가 가진 작은 재주, 비법을 반 아이들에게 공개한다. 소소하고 독특한 것일수록 재미있다. 예를 들면, 딱지 많이 따는 비법, 늦게 일어나도 등교 준비 빨리 하는 비법, 만능 딱지 만드는 비법, 가위바위보 이기는 비법, 언니랑 싸울 때 엄마한테 야단 안 맞는 비법, 밸런타인데이 나만의 초콜릿 만드는 방법, 라면 맛나게 끓이는 방법, 게임에서 아이템 얻는 방법 등 무엇이든 관계없다.

● 활동하기

▪ 전수자와 전수할 비법들을 모아 표로 만들어 교실에 붙여 둔다. 그 비법을 전수받고 싶은 사람은 수제자 칸에 자기 이름을 적는다.

▪ 재량활동, 특별활동 시간을 일부 할애해 '비법 전수' 시간을 갖는다. 또는 각자 약속을 정해 자투리 시간이나 친구의 집에 모여 할 수 있도록 한다.

▪ 특별한 도구가 필요하거나 학교에서 하기에 여의치 않은 비법의 경우, 집에서 동영상을 찍어 활용하는 방법도 있다.

▪ 전수자와 수제자의 소감을 듣는다.

▪ 전수받은 기술을 친구들 앞에 자랑하고, 전수자와 수제자가 칭찬과 격려의 메시지를 서로에게 전할 수 있도록 한다.

▪ 첫 시간에는 담임교사가 몇몇 아이들을 선정하여 성공 경험의 기회를 맛볼 수 있도록 준비한다. '풍선 터지지 않게 크게 불기' '알까기 3번 만에 이기는 법' '나무 젓가락 마술' 등 아이들에게 배운 비법을 교사가 직접 보여 주면 동기 유발 효과가 만점이다.

번호	전수자	나만의 비법	수제자	약속 정하기 (장소, 날짜, 준비물)
1	신짱구	알까기 1분 안에 승리하는 비법	흰둥이	6일 점심 먹고 교실에서, 바둑알
2	손가인	라면 짱 맛있게 끓이는 비법	조권	
3	빅토리아	○○ 게임 아이템 단시간에 부풀리는 비법	닉쿤	

나의 자화상

다른 사람의 모습은 내 눈으로 쉽게 관찰할 수 있지만, 나의 모습은 거울이 없으면 보기가 쉽지 않다. 아이들은 친구에게 많은 것을 바라지만, 정작 자신이 친구들에게 어떤 친구인가에 대해서 생각해 보는 경우는 드물다. 친구들이 해 주길 바라고 기대하는 많은 행동들을 과연 나 자신은 얼마나 실천하고 있을까? 나의 자화상 활동을 통해 나의 모습을 점검해 보자.

▪ 먼저 선생님이 좋아하는, 또는 친해지고 싶은 친구들의 모습에 대해서 아이들로

하여금 알아맞히게 하고 칠판에 목록을 적어 본다. 예를 들면 이런 친구들이다.

*시간 약속을 잘 지키는 친구

*나의 단점보다는 장점을 말해 주는 친구

*좋아하는 가수의 노래를 함께 부르는 친구

*나를 보면 반갑게 인사해 주는 친구

*내가 좋아하는 음식을 같이 먹는 친구

*나의 이야기를 들어 주는 친구

*필요한 물건을 빌려 주는 친구

*말할 때 웃으면서 말하는 친구

*조언과 충고를 해 주는 친구

*내 생일을 기억해 주는 친구

● 활동하기

▪ 이번에는 아이들에게 자신이 좋아하는, 또는 친해지고 싶은 친구의 모습을 떠올리
  게 한다.

▪ 떠올린 친구의 모습을 10가지 쓰게 한다.

▪ 모든 아이들이 다 쓴 것을 확인한 후, 자신이 좋아하는 친구의 모습 중에 자신이 해당되는 것에 동그라미를 쳐 보고 몇 개가 해당되는지 확인하게 한다.

● 마무리하기

▪ 자신이 좋아하고 친해지고 싶은 친구의 모습과 현재 자신의 모습은 얼마나 닮아 있는지에 대해서 이야기해 보게 한다.

▪ 이번 활동을 통해 자신이 친구들에게 어떤 친구로 기억되고 싶은지 말하게 한다.

▪ 앞으로 친구들에게 어떤 행동을 하고 어떤 모습을 보여 줄 것인지 다짐을 써 보는 것도 좋다.

☕ 사례   나도 내가 바라는 친구가 될래요

"자, 오늘은 여러분이 좋아하는 친구의 모습에 대해서 이야기를 해 보려고 합니다. 선생님도 좋아하는 친구, 친해지고 싶은 친구가 있겠죠? 선생님은 어떤 친구를 좋아할까요?" 처음 시작할 때 아이들에게 친구 관계에서 자신의 모습을 보게 하는 활동이라는 사실을 숨기고 자신이 좋아하는, 친해지고 싶은 친구의 모습을 살펴보는 시간이라고 말해야 더 솔직하게 쓴다.

"이야기를 잘 들어 주는 친구를 좋아하실 것 같아요."

"그렇죠. 선생님은 선생님의 이야기를 잘 들어 주는 친구를 좋아한답니다. 또, 선생님은 시간 약속을 잘 지키는 친구, 나의 단점보다는 장점을 말해 주는 친구, 거짓말하지 않는 친구를 좋아합니다." 교사가 좋아하는, 친해지고 싶은 친구의 모습을 칠판에 적어서 아이들이 볼 수 있게 한다.

"자, 그러면 지금부터 여러분도 선생님처럼 여러분이 좋아하는, 또는 친하게 지내고 싶은 친구의 모습들을 10가지 써 보세요."

"선생님! 10가지 다 쓰고 거기에 해당되는 친구 이름 쓰라고 하실 거죠? 저는 미리 써 놓을래요."

"네가 친구들의 이름을 써 보고 싶으면 그렇게 해 봐도 괜찮아."

"이제 다 썼나요? 그러면 지금부터 여러분이 쓴 친구의 모습 10가지 중에 여러분 자신에게 해당되는 것에 동그라미 쳐 보세요."

"자신이 좋아하고 친해지고 싶은 친구의 모습과 현재 자신의 모습은 얼마나 닮아 있나요? 앞으로 여러분은 친구들에게 어떤 친구로 기억되고 싶은가요?"

English
학원

Ⅱ.
상담 기법을 적용하여 문제 해결하기

1. 담임교사가 쉽게 할 수 있는 상담 기법

2. 교실에서 실천하는 학급 상담

교사가 아동의 변화를 위해 노력하는 과정 중에서 가장 어려운 부분 중 하나가 직접적인 상담 활동일 것이다. 입을 다문 채 비협조적인 아이, 자신의 문제를 인식하지도 못하는 아이, 노골적으로 불신과 적대감을 드러내는 아이, 솔직하지 않고 회피하려는 아이……. 이 아이들과 어디서부터 풀어 가야 할지 난감하기만 하다. 아이와 감정과 생각을 주고받는 상담, 아이가 원하는 것을 찾아 주는 상담, 긍정적인 메시지를 전하는 상담, 그리고 아이 스스로 변화하려는 의지를 갖게 해 주는 상담이 되려면 어떻게 해야 할까?

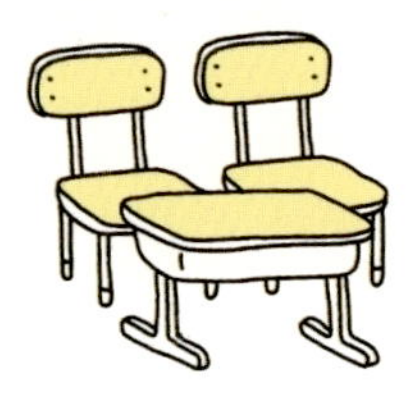

두 번째 영역은 학급에서 일어나는 사건이나 문제들을 상담 기법을 활용하여 심도 있게 접근하고 함께 해결해 나가는 단계이다. 긍정적인 학급 분위기를 통해 조성된 신뢰는 고스란히 상담 장면으로 이어질 수 있고, 학생이 더 적극적으로 문제 해결에 협조하고 참여할 수 있게 한다.

학생들에게 직접적으로 도움을 줄 수 있는 교사들이 교실에 적용할 수 있는 상담 기법을 배우는 것은 매우 유용하다. 그러나 많은 다양한 상담 이론과 기법 가운데 학교 현장에 꼭 맞는 상담 기법은 그리 많지 않고 배우는 데도 많은 시간과 훈련이 요구되어 교사들이 어려움을 겪고 있다. 학교라는 특수성에 따라 장시간 상담이 어렵고 문제 해결에 중점을 두어야 하는 학교 실정에 맞으면서 동시에 담임교사가 쉽게 배워서 활용할 수 있는 상담 기법이 필요한 상황이다.

이 문제를 해결하기 위해 몇 년 동안 현실요법과 해결 중심 상담을 중심으로 학급에 적용하고 교실 현장에 맞게 재구성했다. 이론적인 부분은 제외하고 실제로 활용할 때 필요한 질문법과 사례를 통해 상담의 과정을 보여 줌으로써 교사들이 쉽게 적용하는 데 도움을 주고자 하였다.

이 장의 첫 부분에는 담임교사가 일반적으로 쉽게 적용할 수 있는 상담 기법에 대한 이해와 적용이, 두 번째 부분에는 현장에서 다루기 힘든 아이들의 경우에 상담 기법을 적용하여 문제를 해결하는 과정과 사례가 제시되어 있다.

1. 담임교사가 쉽게 할 수 있는 상담 기법

교사가 아동의 변화를 위해 노력하는 과정 중에서 제일 어려운 부분이 직접적인 상담 활동인 것 같다. 아이와 마주 앉아 이야기하다 보면 어느새 훈계나 설득 위주로 흘러가고, 아이와 감정과 생각을 주고받기보다 교사의 생각과 감정을 전달하게 되기 때문이다. 그러나 이렇게 되면 아이는 이해받기보다 강요당한다는 느낌을 가지게 되고 자기 의지가 낮기 때문에 그만큼 변화의 가능성 또한 낮아지게 된다. 교사와의 좋은 관계 형성도 어려워져서 담임과의 상담도 기피하게 된다.

그럼 어떻게 하면 좋을까? 아래의 순서를 따라 상담해 보자. 서로의 생각과 마음이 공감을 받고 아동 스스로 변화하고자 하는 의지를 보이며 선생님과의 만남을 즐겁게 받아들이는 새로운 경험을 제공해 줄 것이다.

(1) 상담 과정 익히기

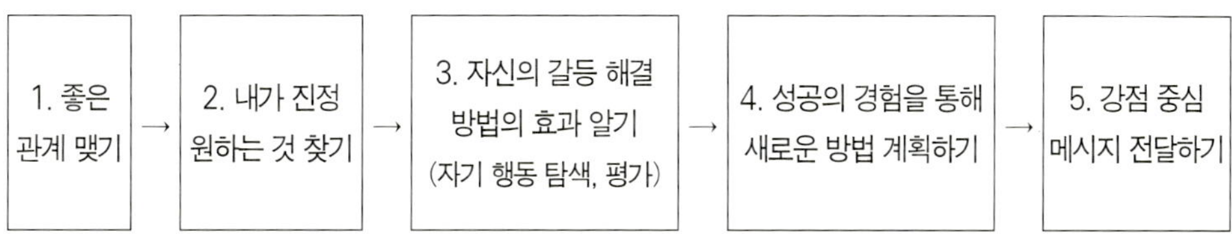

step 1. 좋은 관계 맺기

처음 상담을 시작하기 전 학생들과 친밀감과 신뢰감을 형성할 수 있도록 한다. 학생의 마음을 여는 경청과 따스한 말로 시작할 수 있다.

· 철수가 많이 힘들어 보이네.

· 밥은 먹었니?

· 오늘 선생님하고 어떤 이야기를 해 보고 싶니?

· 선생님이 철수에게 도움이 되었으면 하는데 선생님과 어떤 이야기를 하면 상담이 끝나고 상담하길 잘했구나라는 생각이 들까?

· 철수가 제일 힘든 일이나 걱정되는 일이 있다면 한번 이야기해 볼래?

· 철수가 요즘 겪고 있는 가장 힘든 일이나 꼭 해결하고 싶은 일이 있으면 이야기해 볼래?

step 2. 내가 진정 원하는 것 찾기

상담자에게 가장 중요한 것은 내담자가 무엇을 원하는가이다. 목표가 분명하게 설정되면 그것에 대한 계획 수립도 쉬워질 수 있다. 목표를 구체화하고 진정으로 자신이 무엇을 원하는가를 보게 하는 것이 중요하다. 이를 위해서 다음의 단계와 필요한 질문들을 구조화하여 진행하면 도움이 된다.

- 네가 보기에 현재 상황은 ~하구나.
- 그동안 정말 많이 답답하고 힘들었겠구나. 그렇다면 철수는 어떻게 되면 지금보다 마음이 편안하고 행복해질 것 같니?
- 철수는 이 상황에서 어떻게 되길 바라니?
- 네가 말한 것 중 해결되기를 가장 바라는 것은 무엇이니?
- 그래, 그러니까 철수는 ~가 해결되면 마음이 편안해지고 힘이 생길 것 같다는 뜻이구나.

step 3. 자신의 갈등 해결 방식의 효과 알기(자기 행동 탐색 및 평가)

행동이 있으니 느낌이 따라오는 것이다. 일요일, 친구랑 즐겁게 운동하면 기분이 좋고 종일 집에서 아무것도 안 하고 있으면 지루하다는 느낌이 드는 게 당연하다. 그러므로 갈등 상황에서 아동이 어떤 활동을 선택하느냐, 그 선택이 어떤 행동으로 실천되느냐 하는 것을 아동이 스스로 깨닫게 하는 것은 매우 중요하다. 원하는 것을 얻기 위해 아동이 하는 행동을 구체적이고 정확하게 파악하게 함으로써 그것이 자기가 원하는 것을 얻는 데 도움이 되는지를 선택의 결과와 연결시켜 보게 한다.

- 이렇게 마음이 불편하고 힘들 때는 보통 철수는 어떻게 행동하니?
- 또 어떤 행동을 하였니?
- 그러니깐 철수가 주로 하는 행동은 ~라는 뜻이지?
- 그랬구나. 참 힘들었겠구나. 마음이 ~하기도 하고…….공감
- 네가 오죽 힘들었으면 그렇게 했겠니……. 그동안 그 힘든 걸 지금껏 견뎌 내며 살아왔구나. 듣고 있으니 선생님 마음이 아프구나.공감
- 철수가 이렇게 마음을 열고 선생님께 이야기를 해 주니 '선생님을 믿고 있구나' 하는 생각이 들어서 정말 고맙다.
- 네가 주로 하는 ~행동을 했을 때 어떤 결과가 나올까?

· 네가 ~행동을 했을 때는 ~한 결과가 나올 거란 말이구나.

· 네가 ~한 행동은 네가 원하는 것을 얻는 데 도움이 되었니?

· 네가 ~한 행동이 네가 원하는 것을 얻는 데는 도움이 되지 않았다는 말이구나.

· 철수는 자신이 한 일을 제대로 바라보고 인정하는 힘이 있구나.

step 4. 성공의 경험을 통해 새로운 방법 계획하기

행동 탐색과 평가를 통해 아동은 기존의 행동 방법들이 문제 해결에 도움이 되지도 않고 그 행동의 결과로 진짜 자기가 원하는 것은 얻지 못하게 된다는 것을 알게 된다. 그런 다음 진정 원하는 것을 어떻게 하면 얻을 수 있는지를 교사와 함께 찾아보게 하면 갈등을 해결할 수 있는 길로 들어서게 되는 것이다. 이때 아동이 평소에 했던 행동들 중에서 지금과 같거나 비슷한 상황에서 성공한 경험이나 긍정적인 부분을 끌어내서 확대하고 강화시켜 보자. 그러면 자기 스스로 상황을 해결할 수 있다는 것을 알게 되고 잘할 수 있다는 마음이 들어 실천 의욕이 높아진다.

· 네가 원하는 것을 얻을 수 있는(네 문제를 해결할 수 있는) 다른 방법은 없을까 생각해 보자.

· 철수가 갈등을 해결하기 위해 할 수 있는 다른 행동은 무엇이 있을까?

· 네가 다르게 해 본다면 어떻게 해 볼 수 있겠니?

· 으음, 그럼 철수가 ~를 해 볼 수 있겠단 말이지?

· (잘 모르겠다고 대답하는 경우) 과거를 돌이켜 생각해 보렴. 지난날 언제든 네가 원하는 대로 된 때가 혹시 있었니?

· 그때는 지금과 무엇이 달랐기에 원하는 대로 되었을까?

· 철수야, 네가 ~와 같이 다르게 행동했을 때 그 결과는 어떨까?

· 네가 그렇게 행동했을 때 네가 원하는 것을 얻는 데 도움이 될까?

· 네가 잘 해낼 수 있도록 좀 더 구체적으로 행동을 해 본다면 어떻게 하면 좋을까?

· 옳지! 그렇게 하면 좋을 것 같구나.

· 좋은 방법을 생각해 내 주었구나.

· 그럼 그렇게 하기로 선생님과 약속할 수 있겠니?

한 회기가 끝날 때마다 상담을 통해 보인 아동의 강점을 말해 주면 아동의 긍정적인 행동을 강화하고 실천 의지를 북돋을 수 있다. 또 자존감 및 스스로 행동하고 실천하려는 의지도 높여 준다. 이때의 메시지는 칭찬과 연결 진술 그리고 다음 과제로 구성하면 된다.

· 나는 네가 엄마와 친구들과 정직한 관계를 맺는 것을 매우 중요하게 생각하는 것을 보고 놀랐단다. 네가 집에서 엄마를 도와드리고 싶어 하는 것이나 엄마의 속을 상하지 않게 하려는 마음을 통해 철수가 얼마나 엄마를 사랑하고 있는지 알 수 있었단다. 칭찬
· 그리고 네가 집에서 상황을 더욱 좋게 만들기를 원하니까 연결 진술 나는 네가 아까 제시했던, 집에 오면 어머니께 '다녀왔습니다'라고 인사하는 것을 계속하기를 제안한단다. 또 더 좋은 관계가 되기 위해 철수가 실천할 수 있는 것이 어떤 것이 있을지 생각해 보고 오길 바란다. 과제

학교 현장에서 강점 중심 메시지 전달은 다음 회기와의 연결이라는 점에서도 중요하다. 과제의 경우에는 간단하면서도 구체적인 것이어야 하고, 수행이 어려워서 다음 회기 상담에 부담을 느낄 만한 것은 제안하지 않도록 한다. 아동이 성공 경험을 할 수 있는 것으로 선정하고 그전부터 잘해 왔던 것을 강화하는 차원이어야 한다.

(2) 사례로 익히는 상담 과정

앞에서 단계적으로 살펴본 상담 기법의 과정을 이해하기 쉽도록, 친구들과 잘 지내고 싶은 은주의 사례를 통해 구성해 보았다. 단계별로 각각의 목적을 효과적으로 달성할 수 있도록 세부적인 방법들을 제시하였고, 다른 상황에서도 사용할 수 있게 예시 자료도 제공하였다. 담임교사가 학생의 변화를 포착하고 상담을 제안하면서 아이 스스로 원하는 바를 깨닫고 문제를 해결해 가는 과정으로, 당장은 주변 사람들이나 기관의 도움까지는 요하지 않는 상태이다.

"은주야, 어서 와. 선생님이 보자고 해서 놀랐지?"

"예…… 무슨 일이신데요?"

"요즘 네가 기운이 없는 것같이 보여서 무슨 일이 있나 해서 물어보려고 만나자고 했단 다." 관심 기울이기

"…… 아무 일도 없어요."

"그래? 그럼 무슨 고민이라도 있니?"

"아뇨. 고민도 없어요."

"그래. 그렇다면 정말 다행이구. 그런데 은주야."

"예……."

"네가 말하기가 힘들거나 하기 싫다면 안 해도 돼. 그러나 선생님은 네가 요즘 잘 웃지 도 않고 발표도 잘 안 하는 모습을 보니 평소와는 달라서 많이 걱정이 되는구나." 마음 전달 하기

"……."

"그래서 선생님은 은주가 어떤 이유에서든 마음이 힘들다면 도와주고 싶단다. 마음 전달하기 선생님과 이야기를 해 보지 않을래?" 아동의 의사 묻기

● 관심 기울이기

교사가 처음 아이를 접할 때 가장 중요한 것은 마음을 편하게 가질 수 있도록 해 주 는 것이다. 아이를 비난하지 않고 진심으로 걱정하는 선생님의 마음을 그대로 전달 하는 과정이 가장 중요한 부분이다. 특히 비언어적인 표 현, 즉 표정, 어조, 몸짓 등이 언어적인 표현과 병행되어 야 아이에게 진심으로 전달될 수 있다.

● 교사의 마음 전달하기

자발적이지 않거나 마음을 열 준비가 안 된 아이들과 상 담할 때 아이의 처음 태도는 대부분 '아니요' '네' '모르

> **Tip.**
> 우리가 아이에게 말을 했을 때 말 의 내용은 7%, 목소리는 38%, 태도 나 어조 표정, 몸짓은 55%로 기억된 대요. 아이는 선생님의 관심 있는 동작, 존중하는 분위기, 편안한 표 정으로 신뢰를 판단하니 비언어적 인 표현은 정말 중요해요.

겠는데요'가 주를 이룬다. 이럴 경우 교사가 적극적으로 자기의 감정을 솔직히 표현
하는 것이 도움이 된다. 앞에서 배운 '나 전달법'을 통해 자신의 감정 특히 걱정되는
부분에 관하여 솔직히 표현해 주는 것이 좋다.

다음의 경우는 학급에서 자주 발생하는 상황인데 이런 아이와 상담을 시작할 때 야
단이나 훈계보다 선생님의 걱정스러운 마음을 전한다면 아이는 마음을 열고 선생님
과 이야기 나누고 싶어 할 것이다.

아동의 상황에 따른 교사의 마음 전달하기

아동의 상황	교사의 마음 전달하기
지각이 잦은 아이	네가 요즘 들어 일주일에 세 번 이상 지각하니 네게 무슨 일이 생긴 것은 아닌지 선생님이 마음이 쓰이고 걱정이 되는구나.
숙제를 안 해 오는 날이 많은 아이	지난주에 숙제 안 한 날이 세 번 이상이 되어 선생님께 자주 지적을 받으니 학교 오기가 싫고 선생님도 싫어질까 봐 걱정이 되는구나.
수업 시간 짝과 소리 내어 이야기하며 노는 아이	네가 수업 시간에 짝지와 소리 내며 이야기하니 선생님이 신경이 쓰여서 수업에 집중해서 가르치기가 힘들구나.

● 아동의 의사 묻기

결국 상담은 아이의 의지가 중요하다. 억지로 상담을 이어 가다 보면 오히려 교사가
훈계를 하게 되거나 답답한 나머지 아동의 태도를 두고 화를 내고 만다. 좋은 상담
으로 이어 가기 위해 아동이 상담을 하고자 하는 의지가 필요하므로 아동에게 교사
와 이야기를 더 하고 싶은지 의사를 묻는 것이 중요하다. 이는 아동에 대한 존중의
의미도 된다. 선택할 의사를 물었는데 '아니요'라고 할 경우, 교사가 화를 내거나 불
편한 마음을 표현하면 그것은 진심으로 아동의 의사를 묻는 것이 아니라 강요에 가
깝다. 그렇게 될 경우 아이는 솔직한 자기의 마음을 표현하기 어렵다. 아동이 상담
요청을 거절했을 때에는 "그래, 은주가 지금은 선생님과 이야기하는 것이 어려운 모
양이구나. 오늘은 이것으로 끝내자. 그럼 언제 은주가 선생님과 이야기하면 좋을
까?"라고 다음에 편하게 이야기할 수 있는 시간을 정해 놓도록 한다.

"어떠니? 선생님과 한번 이야기할 수 있을까?"

"네."

"마음을 열어 줘서 고맙구나. 그래. 은주가 요즘 고민되거나 힘든 일이 있니?"

"그냥…… 학교 다니기가 싫어요."

"어? 학교 다니기가 싫다구? 그 이유에 대해서 물어봐도 될까?"

"재미가 없어요. 공부하기도 싫고 친구하고 이야기하기도 싫어요."

"공부가 싫고 친구하고 이야기하는 것도 싫어질 정도로 학교 다니는 게 많이 부담되고
 싫었던 모양이구나. 공감하기

"예…… 그래요."

"그래. 학교를 다니지 않으면 어떤 점이 달라질 것 같으니?"

"그냥 마음이 편할 것 같아요."

"학교를 다니는 게 마음이 많이 불편한가 보구나." 공감하기

"예……."

● 공감을 그때그때 해 주는 것은 아이의 대화를 촉진한다.

아동의 말 속에 있는 감정을 그대로 읽어 주는 것이 대화의 시작이다. 아이가 "재미
가 없어요. 공부하기도 싫고 친구하고 이야기하기도 싫어요."라고 했을 때 교사가
아동의 말을 그대로 받아 주면서 그 말에 포함된 아동의 마음을 말로 표현해 주고
있다. "공부가 싫고 친구하고 이야기하는 것도 싫어질 정도로 학교 다니는 게 많이
부담되고 싫었던 모양이구나."라고 수용한 다음 궁금한 부분을 질문으로 이어 간다.
수용하는 표현 없이 바로 다음 질문으로 넘어갈 때와는 달리 아동이 받아들이는 자
세나 태도가 달라질 수 있다.

이후의 대화에서도 아동이 이야기할 때 아동의 말을 그대로 수용하고 나아가 그러
한 말을 하는 아이의 마음까지 이해하는 표현을 한 다음 교사가 자기의 궁금한 점을
물어보면 점점 아이가 자기 이야기를 꺼내기 시작한다는 것을 느낄 수 있을 것이다.
아동의 말을 경청하고 질문하는 것이 매우 중요하다.

아이의 말에 대한 공감 표현하기

아동의 말	공감 표현
아빠께 용돈 달라고 하기 싫어요. 아빠 내가 돈 가치를 모른다고 설교부터 하세요.	아빠가 돈 가치를 모른다고 말씀하셔서 아빠께 섭섭하겠구나.
부모님께 시험 점수를 거짓말했어요. 사실대로 말하면 절대 용서 안 하실 거예요.	시험 점수를 사실대로 말하면 용서하지 않으실까 봐 불안한가 보구나.
내일 학교 안 갈 거예요. 주사 맞는 날이라서 싫어요.	주사 맞는 것이 두려워서 내일 학교 가기가 싫은 모양이구나.

"너의 이런 상황이나 마음을 부모님은 알고 계시니?" 관계성 질문

"아니요. 말씀드리지 않았어요. 아시면…… 많이 걱정하실 거예요."

"부모님이 네 마음이나 상황을 아시면 걱정하실까 봐 두려운가 보구나."

"예…… 저 때문에 힘드실까 봐요."

"부모님을 염려하는 네 마음이 느껴지는구나. 그럼, 친구들은 너의 이런 마음을 알고 있니?" 관계성 질문

"아니…… 모를 거예요."

"친구도 부모님도 모르신다면 마음 터놓을 곳이 없어서 그동안 은주가 너무 힘들었겠구나. 그런데 언제부터 그런 마음이 들었니?" 중요한 시점 묻기

"한 일주일쯤 된 것 같아요."

"일주일 전에 무슨 일이 있었니?" 중요한 시점 묻기

"사실은…… 경진이가 저랑 놀지 말라고 다른 아이들에게 이야기하고 다닌대요. 저를 왕따 시키고 있어요."

"경진이가? 경진이와 혜영이랑 너랑은 단짝이지 않았니?"

"맞아요. 그랬어요. 그런데 일주일 전부터 무슨 일인지는 모르겠는데 경진이와 혜영이가 제 욕을 하면서 다녀요. 너무 속상해요."

"그런 일이 있었구나. 친한 친구들이 네 욕을 하면서 다니니 왕따를 당한 느낌이 들어 은주가 정말 외롭고 속상했겠구나."

상담을 하다 보면 아동이 자기 자신의 욕구나 바람을 잘 모를 때가 많다. 그럴 경우 관계성 질문, 즉 부모나 친구, 선생님 등 주변 사람들이 아이의 마음이나 이러한 상황을 이해하고 있는지를 물어봄으로써 아동이 바라보는 주변 사람들의 시선이나 생각을 간접적으로 파악할 수도 있고 그들의 감정을 생각해 볼 수 있는 기회를 가지게 된다. 특히 부모와 같이 아동에게 직접적이면서 중요한 위치에 있는 사람과의 관계나 그 사람의 생각을 묻는 것은 빠져서는 안 되는 부분이다. 아동에게 발생하는 갈등의 대부분이 관계에 의한 것들이기 때문에 관계성 질문을 통해서 갈등의 원인이나 해결책을 찾아낼 확률이 높다.

> **Tip.**
> 이렇게도 물어보세요.
> · 부모님은 너의 이런 모습에 대해서 뭐라고 하실 것 같니?
> · 친구들은 네 행동을 보고 뭐라고 이야기하니?
> · 만약 언니(오빠)가 너의 말을 듣는다면 뭐라고 이야기할 것 같니?
> · 선생님께 이 상황에 대해서 말씀드리면 무슨 말씀을 하실 것 같니?

그러한 생각이나 마음이 들기 시작한 시점에 대한 정보 수집은 중요하다. 또한 그전까지는 괜찮았는데 어떤 계기를 통해 그러한 마음이 생겼는지를 생각해 보게 하는 것은 아이의 고민을 찾을 수 있는 중요한 실마리가 된다.

내가 진정 원하는 것 찾기

"경진이랑 혜영이랑 함께 즐거운 시간 보내다가 혼자 남겨진 것 같아 은주가 많이 외롭고 쓸쓸했을 것 같구나."
"예. 그 친구들이 왜 그러는지 정말 모르겠어요. 이유도 말해 주지 않고 따돌리기만 해요. 다른 친구들에게 나랑 놀지 말라고 그렇게 말하고 다니구요." 적극적으로 반응하는 부분 찾기
"이유도 모르는데 다른 친구들에게 그렇게 말하고 다니니 더 답답하고 속상하겠구나. 그래서 학교에 다니기도 싫었던 거구?"
"예. 너무 속상해서 학교 오기도 싫어요. 그 둘이가 우리 반 친구들에게 자꾸 그런 말을

해서 제가 진짜 왕따 당할 것 같아요."

"그럼 네가 두려운 것은 경진이와 혜영이가 아니라 왕따를 당하는 일이니?" ^{진정으로 바라는 것} 알기

"예. 친구들이 경진이랑 혜영이 말을 들어줄 것 같아요."

"왕따를 당할까 봐 두려워서 학교 오기가 싫었나 보구나. 그러니?"

"예."

"은주의 마음고생이 느껴져서 선생님 마음도 너무 아프고 안타깝구나."

"……."

"그럼 은주가 진짜 원하는 것은 다른 친구들과 멀어지지 않고 사이좋은 관계를 유지하는 거니?" ^{진정으로 바라는 것 알기}

"맞아요. 경진이랑 혜영이와는 어쩔 수 없지만 다른 친구들과의 관계까지 나빠질까 봐 너무 걱정돼요."

● 학생이 적극성을 띠는 부분 찾기

탐색적인 질문을 할 때 아동이 적극적으로 반응을 보이는 부분이 있다. 그 부분을 조금 확대해서 이야기를 해 보는 것이 좋다. 혹여 그것이 조금은 상담에서 벗어난 주제라고 할지라도 그러한 대화가 이어질 경우 선생님과의 신뢰가 쌓인다. 또한 이 부분이 아동의 강점이나 아동의 문제를 함께 해결할 수 있는 자원이나 에너지의 역할을 할 수도 있다.

● 진정으로 바라는 것 알기

처음에는 은주가 학교를 다니기 싫은 것이 자기가 원하는 것인 것처럼 이야기했지만 탐색 과정을 거치면서 진짜 원하는 것은 친구들에게 왕따를 당하지 않고 좋은 관계를 유지하는 것임을 알 수 있었다. 처음과는 확실히 달라졌다. 상담을 할 때 제일 중요한 것은 아동이 정말 원하는 것이 무엇인지를 알아 가는 과정이다. 그것이 처음 말한 내용일 수도 있고 아닐 수도 있다. 아이가 진정으로 원하는 것이 무엇인지 분명해지면 그 다음부터는 그것을 중심으로 대화를 진행할 수 있다.

아동의 바람을 찾아 주는 질문하기

아동의 바람	아동의 바람을 찾아 주는 교사의 질문
난 학교에 다니고 싶지 않아요.	학교에 다니지 않으면 무엇이 달라질 것 같니?
부모님이 잔소리 안 하셨으면 좋겠어요.	부모님이 잔소리를 안 하시는 대신 무엇을 해 주셨으면 좋겠니?
공부하기 싫어요.	공부를 하지 않는다면 뭐가 달라질 것 같니?

 **자신의 갈등 해결 방식의 효과 알기(자기 행동 탐색 및 평가)**

"그런데 은주야. 그 친구들이 널 왕따 시키자고 다른 친구들에게 말하는 것을 직접 들은 적이 있니?" 행동 탐색

"예. 제 앞에서 들으라는 듯이 다른 친구들에게 그렇게 말해요."

"그럴 때 마음은 어떠니?" 행동 탐색

"너무 속상하고 눈물 나요. 그래서 운 적도 있어요."

"그렇지. 그랬을 거야. 그런데 네가 그렇게 울 때 경진이와 혜영이의 표정은 어땠니?"

"내가 우니까 아무렇지도 않게 그냥 가 버렸어요. 마치 관심 없다는 듯이 또는 고소하다는 듯이요."

"그럼 네가 속상해서 우는 행동은 경진이랑 혜영이의 행동을 바꾸는 데 도움이 될까?" 행동 평가

"아니요. 내가 울어도 계속 내 흉을 볼 것 같아요."

"왜 그렇게 생각하지?"

"날 속상하게 만들고 싶을 테니까요."

"그래 어떤 이유에서 비롯되었는지 모르지만 경진이와 혜영이는 널 속상하게 만들고 싶은 것 같고 은주는 원하지 않았지만 그 아이들이 바라는 대로 계속 속상한 상태로 있게 된 것 같구나." 행동 평가

"맞아요. 그래요."

은주가 원하는 것을 이루기 위해 어떤 행동을 했는가를 탐색해 보는 활동이다. 여러 가지 행동이 나올 수도 있고 한 가지가 나올 수도 있다. 아니면 아무것도 한 일이 없다고 할 수도 있다. 중요한 것은 은주 스스로 자신이 어떤 시도를 하고 있는가를 알게 하는 것이다. 왕따를 당할까 봐 걱정하면서 은주가 한 행동은 울거나 두려워하는 것뿐이었고, 그것은 결국 왕따 문제에서 자기를 구해 주지 못했으며, 오히려 상대방의 바람을 충족시킨 것에 지나지 않았다는 것을 알게 되도록 아이의 행동을 탐색해 주어야 한다.

행동을 탐색하고 나서 스스로 자기의 행동을 평가하도록 한다. 즉, "너의 그 행동이 네가 원하는 것을 얻는 데 도움이 되었니?"라고 묻는다. 자신의 행동이 자기가 원하는 것을 얻는 데 효과가 없었다는 것을 깨닫는 순간 다른 행동을 선택하기가 쉬워지기 때문이다.

성공의 경험을 통해 새로운 방법 계획하기

"우는 네 모습을 본 다른 친구들의 반응은 어땠니?" 긍정적 상황 찾기

"불쌍하게 쳐다보는 친구들도 있었고 경진이와 혜영이 편을 드는 친구들도 있었어요."

"그래? 불쌍하게 쳐다보는 친구들이 있었다고 하는 걸 보니 네 마음을 이해하는 친구들도 있었나 보구나." 긍정적 상황 찾기

"예."

"아까 이야기할 때 은주는 친구들이 모두 널 왕따 시킬까 봐 두렵다고 했는데 네 마음을 이해하는 친구들도 있다는 거구나."

"예. 하지만 그 친구들도 나중에는 혜영이와 경진이 말을 듣게 될지도 몰라요."

"그런 걱정이 든다면 정말 두려울 것 같구나. 그러면 네 마음을 이해하는 친구들과 계속 좋은 관계를 유지하게 된다면 어떻게 될까?" 긍정적 관계에서 해답 찾기

"그렇다면 그 친구들은 제 편이 되어 주겠죠."

"그래, 선생님도 그럴 수 있을 것 같아. 그러면 모두에게 왕따 당할까 봐 학교 오는 게

두려운 이 상황에서도 벗어날 수 있을 거야."

"그래요. 그러면 훨씬 마음이 편해질 것 같아요."

"그러면 우리, 은주와 좋은 관계를 유지해 줄 친구들과 잘 지내기 위해서는 어떻게 하면

좋을지 방법을 찾아보면 어떨까?" 긍정적 관계에서 해답 찾기

"좋아요."

"너를 이해하는 친구들과 잘 지내기 위해 하고 싶은 행동이 있으면 말해 볼래?" 긍정적 관계

에서 해답 찾기 / 서로에게 좋은 방법 찾기

"음…… 이제까지 경진이와 혜영이랑 지낸다고 다른 친구들과는 별로 말을 안 해 봤는

데 다른 친구들과도 이야기를 나누어 볼래요."

● 예외 상황 질문으로 긍정적인 상황을 찾아내기

"하루 종일 힘이 없고 힘든 것은 아닐 텐데 다른 때보다 그래도 조금 힘이 나는 시간
이 언제니?" "은주가 그래도 마음을 터놓고 이야기하는 친구가 있다면 누굴까?"와
같은 질문은 좌절된 상황 속에서 에너지를 얻게 해 주는 좋은 질문이 된다.

● 긍정적 관계에서 해답을 찾기

문제를 해결하기 위해 상담을 하다 보면 그 문제에 너무 집착한 나머지 다른 방법이
있다는 생각을 하지 못할 경우가 많다. 왕따를 시키거나 당하는 아이와 상담을 할
때는 더욱 그러하다. 왕따의 이유를 찾거나 왕따 시킨 아이에 대한 훈계를 고려하게
되는 것도 그러한 이유에서다. 그러나 어긋난 관계를 다시 회복시키려면 많은 에너
지가 요구되기 마련이다. 그러므로 잘 안 되는 관계에서 해결을 찾기보다 잘되는
관계, 발전 지향적이고 희망적인 관계에서 방법을 찾는다면 성공 가능성이 더 높아
진다.

● 갈등 상황에서 서로 좋은 방법 찾기

갈등 상황에서 방법을 찾을 때 나만 좋은 방법이 아닌 상대도 좋은 방법을 찾는 것
이 중요하다. 교사와 학생 간의 갈등으로 시작된 상담에서 꼭 짚고 넘어가야 할 것
은 선생님도 좋고 학생도 좋은 방법이어야 한다는 것이다. 한 사람은 좋은데 다른

사람의 욕구는 충족이 되지 않는 방법은 분명히 누군가의 불만을 발생시킨다. 이 과정은 또 다른 사람의 욕구도 존중되어야 함을 알아 가게 하는 소중한 과정이 될 수도 있다. 은주의 경우에는 자기를 따돌린 친구들을 역으로 공격하거나 삼자대면 식의 방법을 쓰기보다 우호적 관계의 친구들과 잘 지낼 수 있는 방법을 찾았다. 따돌린 친구들도 어떤 측면에서는 나름의 이유가 있었을 것이고 은주의 입장만 전적으로 수용한다는 것은 또 다른 갈등을 낳을 수 있기 때문이다.

"참 좋은 생각이야. 근데 이야기를 나눈다는 게 좀 더 구체적이면 좋겠구나. 언제 어떤 이야기를 나누면 좋을까?" 실천 가능하고 구체적인 계획 세우기

"글쎄요……. 그냥 쉬는 시간에 가서 이야기하면 안 될까요?"

"그것도 좋지. 그러나 구체적일수록 실천하기가 좋으니까 미리 자세히 생각해 보자. 음, 아침에 등교하면 친구들과 인사하니?"

"요즘엔 마음이 힘들어서 인사도 말도 별로 안 했어요."

"그랬겠네. 그럼 이런 건 어떠니? 아침에 만나는 친구들에게 안녕, 하고 인사해 보는 거야. 그러고는 숙제 다 했는지, 어제 본 TV 이야기라든지, 아침에 등굣길에 본 거라든지 자연스럽게 이야기를 나누어 보는 거야." 방법 제안하고 선택하게 하기

"그것도 좋은 것 같아요."

"그럼 좀 더 실천력을 높이기 위해 이야기 나누고 싶은 친구를 몇 명 정해 보는 건 어떠니? 그래도 너랑 좀 통하는 친구를 찾아서 이야기를 나누면 더 편하게 할 수 있을 것 같은데……." 실천 가능하고 구체적인 계획 세우기

"그게 좋을 것 같아요. 음…… 지민이랑 은영이, 수정이랑은 좀 친해요. 내가 힘들어 보인다고 괜찮냐고 물어봐 줬거든요."

"그래? 정말 잘되었구나. 그럼 그 친구들과 내일부터 수다를 좀 떨어 볼래?"

"예."

● 교사는 조언하고 학생은 선택하기

대화에서 교사는 아동을 돕는 역할이다. 아동이 현명한 선택을 할 수 있도록 돕는다는 점에서 그러하다. 아직 다양한 사고가 힘든 초등학생이므로 교사가 좋은 방법을

조언하는 것이 문제 해결에 도움을 줄 수 있다. 그러나 그 방법이 강요가 되면 차후에 그 방법으로 잘 해결되지 않았을 때 교사에게 모든 책임을 돌릴 수 있으므로 아동이 선택할 수 있도록 하는 것이 좋다. 그러므로 아동에게 "너는 어떻게 하고 싶니?"라고 물어서 자기가 할 수 있거나 하고 싶은 방법을 찾아낼 수 있다면 그 방법을 구체화하는 것이 더 성공 확률이 높다.

● 구체적이고 실천 가능한 계획 세우기

계획을 세울 때는 꼭 실천 가능한 것이어야 한다. 교사는 아동이 계획을 세울 때 아동이 실천할 수 있도록 구체적이고 간단한 계획을 세울 수 있도록 돕고, 실천하고자 하는 의지가 생길 수 있게 해 주어야 한다.

결과나 목표 중심적인 계획	진행 중심적이고 구체적인 계획
모둠 친구들과 잘 지내고 싶다.	모둠 친구들과 매일 아침 인사를 나누겠다.
성적을 올리겠다.	문제집을 사서 매일 2쪽씩 풀겠다.
수업 태도가 좋아지도록 하겠다.	수업 시간마다 발표를 2번 이상 하겠다.
음식을 골고루 먹겠다.	밥 먹을 때마다 밥상 위에 있는 반찬을 한 번씩은 다 먹겠다.

 강점 중심 메시지 전달하기

"은주가 처음 이야기할 때보다 표정이 밝아 보이는 것 같아 선생님도 기분이 좋구나. 네 마음은 어떠니?"

"많이 편해졌어요. 다른 친구들과도 이야기 나눌 수 있다는 것을 생각하지 못했어요."

"친구들과 싸우지 않고 잘 지낸다면 얼마나 좋을까마는 때론 어긋나기도 하고 나빠지기도 하지. 그럴 때 너랑 통할 수 있는 다른 친구가 있다고 생각하면 상처 받는 것을 줄이고 마음을 위로하는 데 도움이 될 거야."

"예."

"견디기 힘든 어려운 상황이었을 텐데도 부모님 힘드실까 봐 혼자서 이겨 내려고 했던 네 행동이 놀라워. 은주가 마음이 따뜻하면서도 의지력이 강한 친구인 것 같아. 지금의 이 상황도 너의 그 의지력으로 잘 이겨 내서 네게 좋은 성공 경험이 되었으면 좋겠구나." _{강점 말해 주기}

"감사합니다. 선생님."

"그럼 우리 은주가 새로운 친구들과 수다 떨기 미션을 어떻게 수행하고 있는지 선생님이 궁금할 것 같은데 언제쯤 만나서 들어 볼 수 있을까?" _{약속 시간 정하기}

"음…… 금요일 오후가 좋아요. 5교시라서 시간이 여유로울 것 같아요."

"그래. 나도 그날이 좋구나. 그럼 우리 잘 지내고 3일 후에 만나자." _{약속 시간 정하기}

● 강점 말해 주기

대화 중에 아동이 보여 준 태도나 자세, 말을 참고로 아동의 강점을 이야기해 줌으로써 아동에게 자긍심을 가지고 실천할 힘을 줄 수 있다. 아이들이 많은 잘못과 실수를 반복하는 모습을 보인다 해도 그 속에서 보석같이 빛나는 모습을 찾을 수 있다. 그 부분을 찾아서 전해 준다면 아이는 존중받는 느낌을 받게 되고 잘하고 싶은 의욕이 생기게 된다.

상 황	아이의 강점을 바탕으로 한 메시지
청소 시간에 도망가다가 들킨 성수. 그동안 잦은 거짓말로 도망친 것을 변명했는데 오늘은 딱 걸렸다. "지금 청소 시간인데 왜 여기 있니?"라고 물으니 머뭇거리며 "도망가려구요."라고 말한다.	네가 네 잘못을 인정하고 솔직하게 말해 주니 정말 고맙구나. 솔직한 네 태도가 앞으로의 태도도 달라지게 만들 것 같은 생각이 들게 하는구나.
상담을 하자고 할 때마다 학원 시간 때문에 안 된다던 희진이. 오늘은 꼭 남아야 된다고 말해서 앉히니 질문에 가끔 짧은 답을 할 뿐 울기만 한다.	학원 시간 때문에 바쁠 텐데도 남아 줘서 고맙고 속상한 마음이 커서 말하기가 어려운 것 같은데도 질문에 답해 주는 걸 보니 너도 네 문제를 해결하려는 의지가 있어 보여 참 다행스럽구나.
잦은 지각에 자습 시간 벌점이 생활이 된 유미. 그러나 상담을 해 보니 저녁에 알람을 세 개씩 맞춰 놓고 잔단다.	네 스스로 습관을 바꾸기 위해 알람을 세 개씩 맞춰 놓고 잔다니, 결과와 상관없이 너의 변화를 위해 노력하는 모습이 놀랍고 잘될 거라는 믿음이 생기는구나.

대화를 마치면서 다음 모임에 대한 약속을 함으로써 확인 및 추수 지도로 연결할 수 있다. 한 번의 만남으로는 행동의 변화에 대한 추진력이 약하다. 행동 변화를 위한 계획을 함께 세우고 아동이 노력하는 과정을 지켜봐 준다. 두 번째 만남 때는 변화에 대한 이야기를 나누고 격려해 주면 아이들은 새로운 선택으로 인한 성공 경험을 하게 된다. 성공 경험으로 인한 기쁨과 선생님의 인정으로 다음엔 더 잘하려고 노력하게 된다.

2. 교실에서 실천하는 학급 상담

새 학기 첫 만남에서 특별해 보이는 아이들을 만나는 순간, 담임은 걱정이 앞선다. 사랑으로 감싸고 지속적인 관심으로 변화를 이끌어야 하겠지만, 수업 시간에 교실을 돌아다니거나 모둠 활동에서 갈등을 일으키고, 눈에 초점도 없이 무기력해 있는 아이들을 대할 때면 도대체 어떻게 해야 할지 몰라 속이 타고 난감하다. 그런데 이런 아이들이 교실에서 점점 늘어나고 있다. 아이들 간의 갈등이나 문제들은 대화법으로 해결이 쉬우나 이것으로 해결이 되지 않는 경우는 집중적인 상담과 장기적인 도움이 필요하며 주변 사람들의 도움도 요청해야 한다.

이번 장에서는 학급에서 다루기 힘든 아이들을 학급 담임 상담 과정에 따라 상담하고 도왔던 사례를 제시하고자 한다. 교사들이 마음이 아픈 아이들과 어떻게 소통하고 새로운 변화를 꿈꾸었는지 그 과정을 통해 다른 선생님들도 우리와 함께 꿈을 꾸었으면 좋겠다.

(1) 초등 학급 상담의 절차

초등 학급은 담임이 생활지도와 학습지도를 모두 책임지는 체제로서 아이들의 인적, 물리적 교육 환경에 중요한 영향력을 발휘할 수 있으며 아이들과 생활하는 모든 시간이 상담과 결부될 수 있다. 아이들의 미세한 변화를 옆에서 지켜보면서 꾸준히 도와줄 수 있을 뿐 아니라 즉각적인 피드백이 가능하기 때문이다. 상담 시간 자체보다도 상담 전과 상담 후의 활동이 더 중요할 수도 있다. 이러한 점에서 초등 학급 상담에서의 전체적인 과정, 즉 '상담 전 – 상담 활동 – 상담 후'의 전체적인 맥락을 이해하고 담임교사가 점검하고 알아 두어야 할 부분을 인식해야 한다.

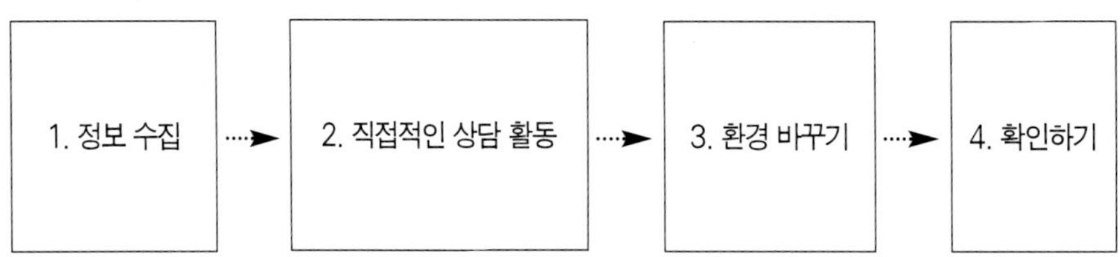

긴 시간을 담임에게 노출되어 있는 초등학생이기 때문에 담임교사의 선입견이나 편견 없는 행동 관찰은 중요한 정보가 된다. 자신의 모습에 솔직하고 활동식 수업이 많은 시기이므로 단짝, 놀이 활동, 모둠 친구들 간에서 생긴 일들도 아동의 생각을 읽을 수 있는 정보를 제공해 준다. 성격 형성에 가장 중요한 역할을 하는 학부모, 형제자매와 같은 가족 관계에 대한 정보는 필수적이고 이전 담임을 통해서도 정보를 얻을 수 있다.

step 2. 직접적인 상담 활동 단계

아이와의 공감과 경청을 바탕으로 한 주기적인 상담 활동은 교사와 아동 간의 신뢰를 형성하는 중요한 시간이다. 아이가 진심으로 원하는 것이 무엇인지를 알아내고 그 바람을 충족시키기 위한 새로운 행동 계획을 짜서 실천하게 하는 활동을 통해 아이는 조금씩 변화된다. 상담 시간에 해야 할 활동, 유의점, 과정에 대해서는 다음 장의 사례 적용에 자세히 소개되어 있다. 여기에 제시된 초등 학급 상담 기법은 여러 상담 기법 중에서 학교 현장에서 가장 유용한 단기 상담 기법을 참고로 하고 수년간의 학급 현장 경험을 바탕으로 학급 현장에 간단하게 적용할 수 있게 구안해 낸 것이다. 그 외 수업 시간, 쉬는 시간, 방과 후 시간을 이용한 생활 속에서의 상담적 접근은 초등학교 담임교사만이 할 수 있는 중요한 역할이라고 할 수 있다.

step 3. 환경 바꾸기 단계

여기에서 환경은 아이의 행동을 변화시킬 수 있는 효과적인 인적·물리적 환경을 의미하는 것이다. 인적 자원을 활용한 인적 협조 체제는 친구와 학부모, 교사 등의 주변 인물의 변화로 이루어지며 역할 활동, 학원과 같은 주변의 물리적 환경을 바꾸어서 변화를 도모하는 물리적 협조 체제가 있다. 직접적인 상담으로 아이의 실천 의지를 북돋울 수 있지만 변하지 않은 환경 속에 다시 들어갔을 때 아동은 다시 원래의 모습으로 되돌아가기가 쉽다. 상담의 효과를 최대화하고 변화를 통해 성공 경험을 얻기 위해서 환경 바꾸기는 선택이 아닌 필수이다.

이제까지의 상담 활동과 환경 바꾸기를 통해 아이의 변화와 성장을 도모했던 계획들이 효과적이었는지를 평가해 보는 단계이다. 아이의 행동이 어떻게 달라졌는지, 지금까지의 과정이 도움이 되었는지 평가해 보고, 효과적이었다면 계속 유지하기 위해 어떻게 해야 할지, 그렇지 않았다면 어떻게 다르게 시도해 볼지 재평가에 의한 새로운 계획을 세우는 단계이다.

4단계를 거쳐 진행되는 이 모형은 아이의 상황과 갈등 정도에 따라 단기간이 될 수도 있고 1년이라는 시간을 필요로 할 수도 있다. 그러나 이 방법이 초등 학급이라는 특수성을 살린 가장 효과적인 방법이라는 것만은 확실하다.

(2) 사례별 초등 학급 상담의 적용

앞에 제시한 4단계 모형을 바탕으로 강한 성취욕으로 다툼이 잦은 민서, ADHD 증상을 보인 진수, 집단 놀림으로 괴로워한 성호, 이유 없이 가출하는 혜리의 사례를 통해 인적, 물리적인 협조 및 많은 시간이 요구되는 상담의 실제를 구성해 보았다.

사례 강한 성취욕구로 다툼이 잦은 민서 이야기

"선생님~ 자습 시간에 숙제해도 되나요?"
"당연히 안 되지!"
"영수 자습 시간에 숙제했어요."

모르는 것처럼 질문하지만 대답하고 나면 다른 친구에게 화살을 돌려서 야단맞게 만드는 민서는 다른 친구들에게는 무서운 존재였다.

"니 이거 왜 안 하는데? 이거는 그렇게 하면 안 된다."
"아이~ 니 때문에 우리 모둠이 졌다. 책임져라."
"니 진짜 선생님이 내 준 과제 했나? 거짓말 아니가? 내가 한번 보자."

지는 것을 절대 못 참고 다른 친구가 무엇을 하는지 시시콜콜 물어보고 잘못을 지적도 한다.

심지어는 교사 대신 자발적으로 검사까지 하고 다닌다.

"이번 주에 있을 줄넘기 대회에 참가할 사람?"
"제가 할래요."
"다음 주에는 영어 말하기 대회를 한다는데 참가하고 싶은 사람?"
"그것도 제가 할래요!"

무조건 다 하겠다고 안 끼는 곳이 없다. 그런데 너무도 많은 일을 하다 보니 시간에 쫓기고 마음은 급해서 늘 짜증스러운 얼굴이다. 특히 모둠으로 주어진 활동이나 과제가 있는 경우에는 자기의 뜻대로 하기 위해 아이들에게 명령과 위협을 하기도 하고 뜻대로 안 되면 친구들에게 화를 쏟아붓기도 하였다.

민서에 대한 상담 단계

구분	과정	내 용	설 명	
1단계	정보 수집	교사가 관심을 가지고 보기	· 작은 것 하나도 놓치지 않아요. · 동생처럼 사랑받고 싶어요. · 학원만 안 다닐 수 있다면 뭐든 다 참을 수 있어요. · 그래도 학원을 다녀야 해요.	
		친구들에게 듣기	· 자기 뜻대로만 하려고 해요. · 내 것을 자꾸 검사하려고 해요.	
		학부모 및 중요 인물 만나기	· 힘들어도 학원을 끊지 않겠다고 해요.	
2단계	상담 활동	상담 시간에	· 공감해 주기 · 정말 원하는 것 찾기 · 실천 가능한 계획 세우기	
		일상생활 속에서	· 강점 찾아 주기 · 강점을 긍정적으로 사용하도록 만들기 · 친구들의 마음 알기	
3단계	환경 바꾸기	효과적인 환경 바꾸기	인적 협조 체제	· 모둠 바꾸기
			물리적 협조 체제	· 학급 보상 체계에서 제외하기 · 학원 줄이기
4단계	확인 하기	평가하기	· 생활이 즐거워요. · 시간이 많아져서 여유 있어요. · 평범한 어린이가 되었어요.	
		재평가에 의한 새로운 계획 세우기	· 봉사 활동을 다니고 싶어요.	

① 교사가 관심을 가지고 보기

● 작은 것 하나도 놓치지 않아요

교사조차도 자기가 말한 규칙을 잊어버리고 넘기기 쉬운데 민서는 귀신같이 찾아내서 "선생님이 이거 내일까지라고 하셨어요." "이거는 해 오면 모둠 칭찬이 아니고 개별 칭찬표 주신다고 하셨어요."라고 말하곤 했다. 세세한 것을 놓치지 않고 유난히 잘 챙겼다.

● 동생처럼 사랑받고 싶어요

수업 시간에 우리 집 꼬마들 목욕 이야기를 하게 되었다. 큰아이가 스스로 목욕할 때가 되었는데 동생처럼 목욕을 시켜 달라고 한다는 이야기를 하면서 "아마 목욕을 시켜 주면 사랑받는다는 느낌이 드나 봐."라고 이야기하니 유독 고개를 끄덕이며 "맞아요." 하며 공감을 표시했다. "나도 동생처럼 사랑받고 싶어요."라고 하는 것으로 보아 동생과의 갈등도 있다는 생각이 들었다.

● 학원만 안 다닐 수 있다면 뭐든 다 참을 수 있어요

고아원 아이들의 생활과 사육장을 뛰쳐나간 동물의 야생 생활에 대해 이야기할 때에 "학원 안 다녀서 정말 좋겠다." "난 돌아다니고 하고 싶은 거만 하면서 생활할 수 있으면 안 먹어도 좋고 밖에서 잠을 자도 좋아요."라고 강하게 이야기했다. "그렇게까지 학원이 싫으면 부모님께 이야기해 보지 그러니?"라고 하니 "소용없어요." 하고 고개를 저었고 하교 시간만 되면 교실을 뱅뱅 돌면서 "휴…… 또 학원 가야 되네……."라고 되뇌곤 했다.

● 그래도 학원을 다녀야 해요

그런 민서가 보기에 안쓰러워 상담을 하면 "그래도 내게 도움이 되는 거니까 그냥 학원을 다니는 게 나아요. 부모님께 말씀 안 드릴래요." 하고는 가 버리고 다음 날이 되면 다시 학원 이야기에 한숨을 쉬었다.

내가 본 민서는 타고난 성취 욕구가 강한데 동생보다 더 사랑받고 인정받고 싶은 마음까지 겹쳐져 힘들고 지치면서도 많은 학습량을 감당하고 있는 것 같았다. 그러나 실제 마음과 다르다 보니 짜증이 나고 불만스러워 그 감정을 친구들에게 표출하고 있다는 생각이 들었다.

② 친구들에게 듣기

● 자기 뜻대로만 하려고 해요

모둠이 된 친구들이 한결같이 민서가 모둠 활동을 모두 자기 뜻대로만 하려고 한다고 말했다. 내용을 정할 때도 다른 친구들의 의견은 무시하고 자기가 내용과 방법을 제시하고 누가 무엇을 하고 무엇을 준비해야 하는지도 정해 준다는 것이다. 싫다거나 거부를 하면 짜증을 내거나 목소리를 높여 다른 친구들을 말하기 어렵게 만든다고 한다. 마음 여린 친구들은 이런 민서 태도에 기가 죽어서 민서가 무섭다고까지 표현했다.

● 내 거를 자꾸 검사하려고 해요

경쟁 관계에 있거나 한번 잘못한 것이 눈에 띈 아이는 계속 민서의 감시망에 있어야 했다. 개인 활동 기록표를 빼앗아서 보기도 하고 맞게 기록되었는지 확인하기도 했다. 다른 친구들에게 "저 애는 거짓말 한 적이 있으니 잘 챙겨 봐야 된다." 하고 말하여 상처를 주기도 했다.

민서는 다른 친구들과 선의의 경쟁을 하기보다 친구를 깎아내려서 이기려고 하는 왜곡된 행동 체계를 가지고 있었다. 그러니 민서와 친구들의 갈등은 계속될 수밖에 없었다.

③ 학부모 만나기

또래 아이들에 비해 동생에 대한 질투심이 강해서 엄마도 마음이 너무 힘들다고 하소연을 했다. 다니고 있는 학원도 민서가 원해서 다니고 있으며 힘들면 끊자고 해도 이건 이래서 도움이 되고 저건 저래서 도움이 되니 계속 다니겠다고 해서 보낸다고 한다. 어머니가 보기에도 학원을 너무 많이 다니는 것 같다며 걱정했다. 워낙 질투심도 욕심도 많아 계속 야단을 치게 되니 어머니 마음도 힘들어서 부모 역할 훈련도 받았다고 한다.

가정에서 동생과의 갈등이 많고 학교에서는 싫다고 표현하고 집에서는 열심히 다니고 싶다고 표현하는 민서의 모순적인 행동을 통해 내면 갈등이 많음을 알 수 있었다. 민서와의 의사소통을 위해 어머니가 노력하고 있어 상담의 효과가 있을 것으로 기대되었다.

 상담 활동

① 상담 시간을 통해서

● 친구를 돕고 싶은 마음에 공감해 주었어요.

친구들과의 반복되는 갈등 상황에 대해 어떻게 생각하는지를 민서에게 물었다. 민서는 억울하다면서 울기 시작했고 자기는 아무런 잘못이 없다고 했다. 민서의 감시망에서 힘들어하던 친구의 이야기를 들려 주기보다 먼저 민서의 마음을 긍정적으로 표현해 주었다. 그런 다음 민서의 마음을 친구들에게 전하기에 좀 더 효과적인 방법을 찾아보도록 했다. "니 그거 했나?"라고 말하는 대신에 "조금 있으면 선생님이 검사하실 것 같아. 다 됐는지 한번 봐."라고 표현하고, "이거 니가 해라." 대신에 "나는 이걸 할게. 대신 너는 이걸 좀 해 주면 좋겠어."라고 말할 때가 상대에게 훨씬 기분 좋게 들린다는 것을 민서가 이해했다. 말보다 말투, 목소리 크기, 표정 등이 더 큰 느낌을 준다는 것도 이해하기 시작했다.

"억울해요. 난 그냥 혜은이가 그 과제를 다 했는지 물어봤을 뿐인데…… 선생님이 그 과제 곧 검사할 거니까요."

"그렇구나. 민서는 혜은이가 그 과제를 혹시 잊었을까 봐 물어봤던 거니?"

"예. 고자질하려고 했던 거는 아니에요."

"그래. 민서는 혜은이를 사실은 도와주고 싶었던 거구나." ^{공감하기}

"맞아요. 그거예요."

"그런데 친구가 그 마음을 몰라줘서 섭섭했겠네." ^{공감하기}

"예. 왜 내가 이야기하면 다들 그렇게 생각하는지 정말 억울해요."

"네 진심을 몰라주니 정말 그런 생각이 들 만해. 그런데 민서야. 친구들에게 네 진심을
전달하기에 지금의 그 방법이 효과가 있는 것 같니?"

"아뇨. 그런 것 같지 않아요."

"그렇지? 선생님도 민서가 오해를 받는 상황이 안타까워. 그럼 우리 친구들을 도와주고
싶은 마음을 오해받지 않을 다른 방법을 찾아보면 어떨까?"

● 원하는 것을 찾아 주었어요.

학원 스트레스는 그 어떤 것보다 민서를 힘들게 했다. 재미는 없으면서 힘들기만 한
학원을 계속 다녀야만 하는지 물어봤다.

"그렇게 싫은데 계속 다니는 이유가 있니?"

"부모님이 자꾸 가라고 하시잖아요."

"부모님께 말해 보면 어때?"

"……."

"학원을 계속 다니면 뭐가 달라지지?"

"내가 원하는 사람이 될 수 있어요."

"그럼 지금 배우는 공부가 네 미래에 도움이 되니?"

"당연히 도움이 되죠."

"도움이 되고 해야 된다고 생각하는데 하기는 싫은 거구나."

"맞아요."

"그럼 민서는 지금 상황에서 무엇이 달라졌으면 좋겠니?"

"하고 싶은 공부만 했으면 좋겠어요. 영어랑 한자는 정말 다니기 싫어요."
"다니기 싫은 걸 억지로 하니 정말 힘들겠구나."
"예."

말로는 지금 배우는 모든 공부가 도움이 된다고 하지만 마음으로 느끼는 저항은 컸다. 잘하고 싶고 인정받고 싶은 마음에 억지로 다니고 있고 스스로 부모님께 끊고 싶다는 표현을 하지도 않는 민서. 심지어는 부모님께 계속 다니고 싶다고 말한다는 사실이 놀라웠다. 상담을 마치고 나서 그래도 스스로에게 필요한 공부라는 생각에 반감 수위는 낮아진 듯했지만 몸이 지치면 다시 같은 마음을 표현했다. 자기가 원하는 것과 말하는 것이 다르다는 것을 민서도 느끼게 되었다. 그러나 민서가 결정하기에는 다른 심리적인 요소가 얽혀 있다는 생각이 들어서 부모님의 결단이 필요하다고 판단되었다.

● 실천할 수 있는 계획을 세웠어요.

방과 후 특기 적성 영어 수업을 다니는 민서는 수업이 시작되기 전에는 친구들이 가고 없는 빈 교실에 앉아 영어 단어를 쓰곤 했다. 영어 단어를 쓰면서 휴~ 하는 한숨 소리가 내 자리까지 들려왔다. 뭔가 풀리지 않는 모양이었다. 반복되는 소리에 힘들어진 나는 민서를 불렀다.

"계속 한숨을 쉬는구나. 영어 단어 외우기가 힘드니?"
"예."
"어떤 점이 힘든데?"
"잘 안 외워져요."
"그래? 늘 영어 단어를 쓰는 것 같던데?"
"예. 수업 시간마다 단어 시험을 쳐요."
"시간마다 단어 시험을 친다고? 그럼 단어가 안 외워지면 너무 힘들겠구나."
"예. 너무 힘들어요."
"근데 단어가 늘 잘 안 외워지니? 아님 잘 외워질 때도 있니?"

"대체로 잘 안 외워져요."

"그럼 항상 단어 시험 점수가 낮았니?"

"아니요. 항상은 아니에요."

"오호~ 그래? 그럼 단어 시험 점수가 좋았을 때도 있었니?"

"가끔 그럴 때도 있지요."

"그때는 점수 낮을 때와 뭐가 달랐을까?"

"음…… 한꺼번에 단어를 외우지 않았던 것 같아요. 보통 이틀에 한 번 20개 정도 치는데 하루에 10개씩 외웠던 것 같아요."

"그렇게 10개씩 외우면 마음이 어떻게 다른데?"

"10개씩 외우면 힘들지 않으니까 짜증이 덜 났던 것 같아요. 20개를 한꺼번에 외우면 너무 힘들어서 짜증도 나고 하기 싫다는 생각이 자꾸 들어요."

"그래. 그럴 것 같아. 하기 싫은 마음이 들면 더 잘 안 외워질 것 같아. 그럼 하기 싫은 마음이 안 들도록 하려면 어떻게 하면 좋을까?"

"아하~ 하루에 10개씩 외우면 되겠네요."

"그래. 그러면 좋겠지? 근데 10개씩 외우지 못하고 요즘 들어 20개를 한꺼번에 외우게 된 데는 사정이 있을 것 같은데?"

"맞아요. 사실은 시간이 없어요. 영어 마치면 피아노랑 한자 학원에 가야 해서요."

"정말 시간이 없겠구나. 그럼 어쩌지? 다른 방법은 없을까?"

"음…… 아침에 제가 학교에 8시 20분 되면 오는데 자습 시간까지 시간이 좀 남아요. 그때 몇 개 외울 수 있을 것 같아요."

"좋은 생각이구나. 자투리 시간을 활용하는 거네. 또 다른 자투리 시간을 찾아볼 수 있을까?"

"청소 마치고 영어 수업 가기 전에 지금처럼 20분정도 남잖아요. 그때 또 외울 수 있어요."

"숨어 있는 시간을 정말 잘 찾아냈구나. 그럼 자습 시작 전 20분, 영어 수업 시작 전 20분 이렇게 40분이 생긴 거네. 그 시간이면 10개 외울 수 있을까?"

"그럼요. 충분하죠."

하기는 싫고 주어진 과제는 해야 하는 상반된 감정 속에서 민서는 줄타기를 하고 있었다. 마음이 저항하니 결과가 좋을 리 없었다. 결과가 좋지 않으니 영어 공부는 더 싫어졌고. 그렇게 민서는 힘든 시간을 보내고 있었다. 그러나 이날의 상담 후 민서의 영어 단어 시험은 좀 수월해졌다. 자투리 시간을 활용해서 단어 외우기가 생각보다 쉽지는 않았지만 이전의 벼락치기 단어 암기에서 벗어날 수 있는 방법을 찾았다는 게 도움이 된 것 같았다. 2주 정도 지났을까? 남아서 단어를 외우고 있는 민서를 발견하고 물었다.

"민서야. 단어 외우기는 좀 어때?"
"좀 나아졌어요. 한꺼번에 외우지 않으니 이젠 짜증이 덜 나요. 점수도 오르니까 기분도 좋구요."

② 일상생활 속에서 조금씩

● "민서는 참 예리한 눈을 가졌구나."

주위에서 받는 비난은 민서를 변화시키지 못했다. 그래서 제일 처음 한 것이 모두가 싫어하는 부분을 강점으로 바꾸어 주었다. 수업 중에 또 무엇인가를 찾아내서 눈을 반짝거리며 지적하는 민서에게 나는 이렇게 말했다.

"민서야! 넌 뭐든지 유심히 보고 잘 찾아낸다. 참 예리한 눈을 가졌네. 나중에 판사나 검사하면 정말 잘 어울리겠다. 그런 직업에는 너와 같은 특별한 능력이 필요하거든. 참 특별한 능력이구나."

민서의 눈이 순간 빛나면서 부드러워졌다.

● 강점을 긍정적으로 사용하도록 만들어요.

칭찬을 받은 민서는 그날 이후 더욱더 친구를 고자질하기 시작했다. 더 예리하게 찾아냈다. 그래서 나는 쉬는 시간에 민서를 조용히 불러 이렇게 다시 말했다.

"민서의 예리한 눈이 참 부러운데 난 민서가 그 특별한 능력을 긍정적으로 사용했으면 좋겠구나. 잘못을 찾아내는 데 쓰기보다 우리가 몰랐던 사실이나 꼭 기억해야 하는 일 같은 것을 찾아서 일깨워 준다면 정말 도움이 될 거야. 그러면 우리 모두 네게 고마워하게 될 거야."

민서에게 잘못을 찾아내지 않는다는 것은 참 힘든 일이었지만 전체 앞에서 내게 고자질하는 것은 확실히 줄어들고 있었다.

● 친구들의 마음을 알고자 해요.

무의식적으로 나오는 자기의 행동과 말이 어떠하고 그 말을 들은 친구들의 반응이 어떠한지 명시적으로 느끼게 해 주고 싶어서 함께 표를 만들어서 열흘간 기록하게 하였다.

날짜	관계를 좋게 한 말이나 행동	친구의 반응	관계를 힘들게 한 말이나 행동	친구의 반응

열흘 정도 매일 오후에 그 표를 보면서 이야기를 나누었다. 민서는 전에 보지 못했던 친구들의 얼굴 표정에 관심을 가지게 되었고 기록을 의식하고 나서는 충동적으로 내뱉던 명령어나 비난하는 말을 줄이려고 노력하게 되었다.

"어떤 경우에 친구들의 표정이 편안했니?"
"내가 화내거나 짜증 내지 않고 말하니 친구들이 그냥 알았어, 응, 하고 말하던데요."
"네 기분은 어땠는데?"
"나도 친구들이 싫은 표정 안 하니까 좋았어요."

자기 욕구가 강한 아이들은 상대방의 감정을 눈여겨보지 못한다. 감정은 일방통행이 아니라 서로 전달되는 것이라는 것을, 내가 어떻게 말하느냐에 따라 반응도 달라지고 결국 내 감정이 달라진다는 것을 느끼게 해 준 활동이 되었다.

① 인적 협조 체제

● 모둠 활동에서 책임감을 내려놓도록 했어요

모둠 활동에서 유독 짜증과 공격적인 말투가 많았던 어느 날 민서를 불러 그 이유를 물어보았다.

"걔들은 아무것도 안 해요. 내가 말 안 하면 아무것도 하려고 안 해요. 정말 짜증 나요."

실제로 그 모둠 아동들 중 반이 그런 성향이었다. 그래서 다음 번 자리 이동 때 모둠 활동의 책임을 나누어 질 수 있는 아이들과 모둠을 만들어 주었다. 며칠 후 "모둠 생활은 어떠니?" 하고 묻는 내게 "편해요."라고 웃으며 대답하였다.

② 물리적 협조 체제

● 경쟁적인 학급 보상 체계에서 제외했어요

남보다 잘하고 싶은 욕구가 강한 아이에게 경쟁은 발전의 원동력이 될 수도 있지만 자기 욕구가 충족이 되지 않을 때는 왜곡된 방법으로라도 이를 채우고자 하는 문제가 생길 수 있다. 민서가 반 친구들을 대상으로 감시망을 형성하는 것도 강한 성취 욕구를 왜곡된 방법으로 충족하고자 했기 때문이었다. 그래서 학급 보상 체계에 참여하지 않는 게 어떻겠느냐고 물었다. 계속적인 친구들과의 갈등으로 본인도 힘들었던지 아쉬워하면서도 수용했다. 그러나 시간이 지날수록 민서의 표정은 한결 편안해 보였다. 그렇다고 게을러지거나 학급 활동에 비협조적이지도 않았다. 이전과 다름없이 열심히 참여하였으나 자기가 가지지 못해 애태우거나 속상해하는 모습이 현저하게 줄었다.

● 학습 중심 학원에서 원하는 학원으로 바꾸었어요

민서의 인정받고 싶은 욕구와 학원 스트레스로 인해 교우 관계에 갈등이 생긴다는 것을 민서 어머니께 알리고 민서가 스스로를 절대로 학원을 그만두겠다는 말을 할 수 없을 거라는 걸 말씀드렸다. 학원을 다니는 것이 부모님께 동생처럼 사랑받는 길이라고 생각하는 한 그럴 것이기 때문에 부모님의 결단이 필요하다고 도움을 요청했더니 민서 어머니는 긍정적으로 이를 수용했다. 다음 날 좋아하는 학원만 다니자는 부모님의 제안을 받았다는 민서는 이렇게 말했다.

"컴퓨터는 내가 좋아하니까 계속 다닐 거구요. 겨울방학 때는 수영을 배우기로 했어요. 아 참! 영어도 계속 다닐 거예요."
"엉? 영어를 엄청 싫어했잖아."
"이젠 괜찮아요. 영어는 중요하고 꼭 해야 되는 거니까 할 거예요."

확인하기

① 도움이 되었는지 평가하기

학원을 정리하고 나서 민서의 변화는 눈에 띌 정도였다. 부모님이 자신의 마음을 알아주었다는 느낌이 들어서일까? 표정이 밝아졌고 동동거리며 뛰어다니지도 않으니 편안해 보였다.

"요즘은 어떠니?"
"요즘은 너무 편해요. 집에서 빈둥거리기도 하고요, 책도 보기도 해요. 동생과 게임도 하고요. 시간이 많아요."
"학교생활은 어때?"
"당연히 재미있죠."

여기저기서 삐죽삐죽 날을 세우며 나타나던 민서의 모습이 친구들 속에 묻혀서 보이지 않게 되었다. 모둠에서의 책임감을 내려놓고, 원하는 학원 중심으로 공부하고, 남을 이기기 위해 노력하지 않아도 되니 민서가 평범해졌다. 경쟁적으로 발표하던 모습도, 친구들과 다투던 모습도, 누군가의 잘못을 찾아내던 모습도, 억울하다고 울먹이던 모습도 사라지고 다른 친구들처럼 주어진 과제에 성실히 참여하고 친구들과 살구 받기, 딱지놀이에 정신이 없는 평범한 아이가 되어 있었다. 민서가 평범해지니 내 마음이 편안해졌다.

② 더 나은 변화를 위해 새로운 계획 세우기

민서의 변화로 친구들과도 별 마찰 없이 지내고 내 마음도 편해졌지만 숙제처럼 남은 일이 있었다. 그건 나눔에 대한 소중함을 느끼지 못하는 민서에 대한 걱정이었다. 요즘 같은 시대에 나눔의 가치를 안다는 것이 쉽지 않은 일이긴 하지만 성취욕이 강한 성향 탓인지 친구들과 나누자는 제안에 민서는 "왜요?"라는 질문부터 앞세웠다. 질문에 대한 답을 들으면서도 얼굴 표정은 수용하기가 힘든지 불편해 보였다. 가진 것에 대한 감사함보다 못 가진 것에 대한 원망을 표현하고 나눔보다는 내 것을 키우고 더 많이 가지는 것에 관심이 많았던 민서의 성향이 지금까지의 변화를 처음으로 되돌릴까 봐 걱정이 되었다.

그래서 민서 어머니와 다시 만남을 갖고 나의 걱정을 전했다. 이전의 민서의 모습에 대해 자세히 들었던 터라 민서 어머니는 나의 걱정을 이해해 주었다. 우리는 대화의 끝자락에 고아원이나 양로원과 같은 단체의 봉사 활동을 하는 것이 민서에게 도움이 될 거라는 결론에 도달하였다.

마침 친척 중에 봉사 활동을 하는 분이 있으니 방학 때가 되면 함께 꼭 보내겠다는 민서 어머니의 다짐으로 상담을 마무리했다. 민서가 이전에 경험하지 못한 특별한 경험으로 편안함을 넘어서서 마음이 따뜻한 아이로 자랐으면 좋겠다.

"야! 니 뭐하노? 그거 내 주라. 재밌겠다."
"야! 아하하하~ 이거 웃긴다."
"이게 뭐고? 웃기게 생겼네. 니 얼굴이랑 닮았다."

교실에 진수의 목소리가 울려 퍼진다. 교실 끝에 앉아 있는 아이가 고개를 돌려 진수를 본다. 나도 어이가 없어서 진수를 보았다. 진수가 온 교실에 다 들리도록 이야기를 쏟아 내는 시간은 수업 시간이었기 때문이다. 수업에 방해된다고 말하고 돌아서면 다시 시작이고 또 조용히 하라고 하고 돌아서면 다시 시작한다. 잠시 조용하다 싶으면 어느새 벌떡 일어나 친구 옆으로 가서 큰 소리로 말을 건다.
근데 갑자기 진짜 조용하다. 진수를 찾아보니 보이지 않는다. 어디 갔을까? 엎드려 자고 있는 중이다.
기운을 다 빼고 내 자리에 앉은 쉬는 시간. 복도에서 난리가 났다. 잡으러 가는 아이의 고함 소리. 도망치며 좋아라 소리 지르는 아이 소리. 참기 힘들어 나가 보면 복도 달리기에 신나 이리저리 아이들을 밀치고 다니는 진수가 눈에 띈다. 데려다 교실에 앉혀 놓았더니 곧이어 진수가 필통을 가져갔다는 아이들의 소리가 들린다. 다른 친구들의 하소연을 흘려 버리기 어려워 진수를 불러 타일렀다.

"친구 물건을 허락 없이 들고 가면 어떡하니? 그럼 안 되잖아?"
"왜요?"
"니 것 아니잖아."
"그럼 왜 안 돼요?"

어디서부터 이야기를 해 줘야 할지 난감해진다.
방과 후 오늘도 당연히 숙제를 안 해 온 진수를 보며,

"숙제 안 해 왔으니 남아서 다 하고 가요."
"다른 친구들은 가잖아요?"
"다른 애들은 숙제를 해 왔으니까 갈 수 있지."
"나도 갈래요."
"다 하고 가세요."
"왜요?"
"할 일을 다 해야 가지."
"싫어요. 쟤들은 가잖아요!"

어이가 없고 기가 막혔다.
진수가 ADHD가 아닐까 하는 생각이 종종 들었다.

☕ 사례   ADHD 증상을 보인 진수 이야기

진수에 대한 상담 단계

구분	과정	내 용	설 명	
1단계	정보 수집	교사가 관심을 가지고 보기	· 남으라면 남아요. · 체육부장 역할을 성실히 수행해요. · 친구들과 왕성한 놀이 활동을 해요. · 누나와 같이 등하교를 해요.	
		친구들에게 듣기	· 장난이 심해서 힘들어요. · 아무것도 하지 않아요. · 가끔씩은 무서워요.	
		학부모 및 중요 인물 만나기	· 문제에 대처하는 학부모의 태도가 달라요. · 누나들이 돌봐 줘요.	
2단계	상담 활동	상담 시간을 통해	· 공감과 칭찬 그리고 내 마음 말해 주기 · 정말 원하는 것 찾기 · 실천 가능한 계획 세우기	
		일상생활 속에서 조금씩	· 친구들의 마음 알리기 · 강점을 찾아서 · 습관 바꾸기 프로젝트	
3단계	환경 바꾸기	효과적인 환경 바꾸기 (교실에서 돕기)	인적 협조 체제	· 학급 친구들과 긍정적인 피드백 주고받기
			물리적 협조 체제	· 진수 맞춤형 목표 만들기 · 역할 활동, 청소 활동으로 칭찬거리 찾기
4단계	확인 하기	평가하기	· 눈빛과 표정이 달라졌어요. · 교사의 스킨십을 허용해요. · 갈등을 해결해 달라고 의사표현을 해요. · 친구에게 사과를 할 수 있어요. · 갈등 상황에서 필요한 말을 알아요.	
		재평가에 의한 계획 수립	· 지금의 이 모습 지킬게요.	

정보 수집

① 교사가 관심을 가지고 보기

● 남으라면 남아요

수업 시간에 집중하지 않는 진수. 당연히 상당한 학습 결손이 있었다. 그게 걱정이 되어서 나머지 공부를 하자고 제안했다. 물론 거부! 그런데 거부하면서도 방과 후에 보니 남아서 내 주위를 맴돌고 있었다. 계속 보내 달라고 고함을 지르고 졸라 대면서도 내가 허락하지 않으니 집에 가지 않았다.

● 체육부장 역할을 성실히 해요

자기가 하고 싶다는 자발적 동기가 강해서 임명된 체육부장 진수. 쉬는 시간만 되면 달려와서 오늘 뭘 준비할지 묻는다. 준비물을 듣자마자 부원들을 인솔해서 달려 나간다. 뜀틀도 매트도 아무리 무겁고 찾기 힘든 곳에 있어도 가져온다. 준비물 챙긴다고 급식까지 대충 먹고 나간다. 준비물을 다 갖추고 나면 힘들다고 주저앉아 일어나지 않는다. 당연히 체육 수업은 건성이다. 그러다가 수업이 마치면 벌떡 일어나 준비물 정리를 끝까지 한다.

● 친구들과 왕성한 놀이 활동을 해요

친구 물건 마음대로 가져가고 때리고 협박하고 놀리고 도망가도 진수 곁에는 항상 친구들이 있었다. 친구들은 진수 때문에 힘들다면서 놀자고 하면 좋아라 달려가는 것이다. 진수가 혼자 노는 것을 본 적이 없었다.

● 누나와 같이 등하교를 해요

매사 자기 하고 싶은 대로인 진수가 누나 말은 잘 따랐다. 아침에 올 때도 갈 때도 누나랑 같이 마을버스를 타고 가야 한다고 시간을 맞추고 누나 교실에도 곧잘 다녀왔다. 누나도 우리 교실에 종종 들렀는데 누나와 이야기를 나누는 진수의 모습은 훨씬 차분해 보였다.

내가 본 진수는 충동적이고 산만했다. 그러나 친구와 놀이 활동을 좋아하고 선생님께 인정받고 사랑받기를 바라는 아이였다. 그랬기에 힘든 체육부장도 열심히 하고 남으라고 한 선생님의 말을 잘 지키지 않았을까 생각되었다. 그리고 누나와 애착 관계가 형성된 것으로 보아 누나에 대한 의존도가 높은 가정환경이지 않을까 하는 생각을 하게 되었다.

② 친구들에게 듣기

● 장난이 심해서 힘들어요

친구 물건을 마음대로 가져가고 놀리고 도망가고 때리고 도망가는 생활을 너무나 즐거워하는 진수를 친구들은 힘들어했다. 어떤 친구들은 그런 진수를 어리다고 생각했는지 수용해 주었고 어떤 친구들은 그래도 같이 노는 게 재미있었는지 힘들다고 하면서도 어울려 다녔다.

● 아무것도 하지 않아요

모둠 활동이든 개별 과제든 진수의 관심 밖이었다. 모둠 활동과 짝 활동도 무시하고 다른 곳으로 가 버리니 모둠 친구들은 애가 탔다. 자리에 앉아 있을 때는 모둠 친구들에게 과제와 관계없는 이야기로 토의 분위기를 흐렸고 모둠 활동 준비물은 들은 척도 안 하니 그런 진수에게 친구들은 아무것도 기대할 수가 없었다.

● 가끔씩은 무서워요

행동의 판단 기준이 우리와는 다른 진수는 커터 칼을 들고 깔깔거리며 친구들 사이를 돌아다녔다. 무서워서 피하는 친구들을 바라보면서 더 즐거워했고 겁먹은 모습을 보면서도 행동은 변하지 않았다.

진수는 자신의 즐거움을 다른 사람과의 관계 속에서 충족하는 방법을 잘 모르는 것 같았다. 다른 사람들이 어떻게 생각하는지 어떤 마음인지에 대한 이해가 낮고 내 행동이 다른 사람들에게 미치는 영향에 대해서도 잘 모르는 것 같았다. 지능의 문제가 아니라 타인과의 관계를 유지하는 방법에 대한 학습이 되지 않았다는 느낌이 들었다.

③ 중요한 사람 만나기

● 작년 담임선생님을 만났어요

진수로 인해 힘들어하는 나를 보던 작년 담임선생님이 진수에게 일어났던 일을 이야기해 주었다. 진수와 학급의 아이가 장난을 치다가 진수가 발차기를 했는데 상대 아이가 피하는 바람에 진수가 그만 넘어졌다고 했다. 그런데 이가 아프다고 해서 병원에 다녀오도록 가정에 연락했는데 다녀온 결과를 연락받지 못했다고 했다. 걱정스러운 마음에 여러 차례 집으로 전화를 해도 연락이 닿지 않았는데, 다음 날 외할머니와 외삼촌이 찾아와서 "왜 우리 아이를 억울하게 만드느냐?"는 항의를 했다는 것이다. 그리고 "애 에미는 속상해서 집에 누워 있다. 이 일을 어쩔 거냐?"고 교사에게 책임을 물어 정말 당황했다고 했다.

● 직접 들었어요

누나가 교실 앞에 자주 오는 것을 보고 누나와의 관계에 대해 물어보다가 누나가 식사를 차린다는 이야기를 들었다. 반찬은 큰누나가 하고 밥은 작은누나가 해 줘서 먹고 다닌다고 했다. "엄마는?" 하고 물으니 "엄마는 자요."라고 대답했다. "엄마가 저녁에 늦게까지 일하시나 보구나."라고 말하니 "그럴 때도 있고 아닐 때도 있는데 아침에는 늘 자요."라고 말했다. 청소나 빨래도 누나들이 다 하고 있다고 했다.

상황에 따라서 집안일을 자녀들이 대신하는 것은 별 문제가 아닐 것 같다. 그러나 아이 눈에 비친 엄마의 모습이 활동적이기보다 무기력해 보이고 아이의 학교생활에 문제가 생겼을 때 상황을 알아보고 이해하기보다 속상함에 누워 버리고 외할머니와 외삼촌을 보내는 행동은 남달라 보였다. 가정 형편이 힘들지 않은 상황에서 심각한 학습 결손을 방치하고 있는 것도 일반적이지 않아 보였다. 그러나 어떤 이유든지 진수가 대인 관계를 형성하는 방법을 배우기는 어려운 상황이고 학습 습관이나 준비 태도 형성도 어려웠을 거라는 생각이 드니 안쓰러운 마음이 생겼다.

상담 활동

① 상담 시간을 통해서

자기중심적인 진수는 친구와 갈등이 생겼을 때 잘못을 인정하지 않았다. 그래서 친구들과 갈등이 생겼을 때 객관적으로 진수의 잘못이 컸어도 친구들 앞에서 이야기하지 않고 남겨서 이야기했다. 남겨서 이야기할 때도 잘못을 지적하기보다 진수의 마음을 물어보고 공감해 주었다. "그 애들이 연필 빌려 달라고 하는데 안 줘서 화를 냈던 거라구요." "진수는 그게 속상했던 거구나."라고 먼저 공감해 주고 진수 행동에 대한 나의 생각을 이야기해 주었다. 그리고 이야기가 다 끝나고 나면 "남아서 말하는 거 싫었을 텐데 이렇게 남아서 끝까지 말해 줘서 정말 고마워."라고 내 마음을 전했다. 또 산만하고 충동적이다 보니 진수는 칭찬받을 일이 적었다. 그래서 "아까 친구 물건 주워 주는 것 봤는데 정말 보기 좋았어." "오늘 체육 준비물 잘 챙겨 줘서 고마워. 덕분에 선생님이 수업을 잘할 수 있었거든." "나머지 공부하기 힘들 텐데 참고 해 주니 정말 고맙구나."와 같은 말을 자주 해 줬다. 처음에는 나의 칭찬에 어리둥절해하던 진수가 시간이 지날수록 씨익~ 웃기 시작했다.

"아까 철진이랑 큰 소리로 싸운 이유가 뭐니?"

"철진이가 나한테 욕을 했어요."

"저런! 많이 기분 나빴겠구나. 근데 철진이가 그렇게 행동한 이유가 있니?"

"내가 지 색연필 가져갔다고 그래요."

"그래? 철진이가 빌려 준 거니? 아님 네가 가지고 간 거니?"

"내가 가지고 갔는데요."

"물어보지도 않고? 그럼 철진이가 기분 나빴을 텐데……. 어떻게 생각하니?"

"그게 뭐 어때서요."

"우리 진수는 친구의 준비물을 말없이 들고 가도 괜찮다고 생각하니?"

"예!"

"그럼 진수 물건도 아무나 들고 가도 되니?"

"그건 아니죠!!"

"네가 그렇게 말해서 다행이야. 선생님은 진수가 내 물건이 소중하다는 걸 아니까 남의
  물건도 소중하게 생각해 주면 좋겠구나."

“예……”

● **“지금 네가 원하는 게 현실적으로 가능한 일일까?”**

심각한 학습 부진은 진수를 수업에 집중하지 못하게 했다. 당연히 모둠 친구들은 진수의 산만함으로 계속 수업에 방해를 받았고 그만큼 불만과 갈등은 컸다. 그러나 타인에 대한 배려나 상식에 대한 이야기를 이해하기 힘들었던 아이였기에 진수가 원하는 것이 현실적으로 가능한지에 대한 이야기를 나누었다. 그리고 상담의 목표를 자기가 원하는 것 중 현실적으로 가능한 것을 찾는 것에 중점을 두었다.

“모둠 친구들이 진수가 수업 시간에 산만해서 공부하기가 힘들다고 하던데 너는 어떻게 생각하니?”

“걔들이 이상한 거죠. 내가 무슨 방해를 해요?”

“진수는 친구들이 잘못 생각하고 있다고 느끼는구나.”

“예!!”

“그럼 혹시 진수는 너희 모둠 친구들이 어떻게 해 줬으면 좋겠니?”

“나한테 잔소리 안 하고 내가 하고 싶은 대로 하게 됐으면 좋겠어요.”

“그럼 너한테 어떤 도움이 될까?”

“내 마음이 편해지겠죠.”

“네 마음이 편해지면 너는 어떤 행동을 할 것 같니?”

“그러면…… 내가 하고 싶은 대로 할 수 있지요.”

“ 네가 하고 싶은 게 뭔데?”

“이야기도 하고, 친구랑도 놀고 싶죠.”

“진수가 바라는 게 그거구나. 근데 네가 말한 친구들과 이야기하고 노는 게 수업 시간에 할 수 있는 걸까?”

“어, 하면 안 되나요?”

“응. 학교는 수업 시간에 할 수 있는 것과 쉬는 시간에 할 수 있는 게 다르단다. 친구들과 즐거운 놀이 활동은 쉬는 시간에 하는 거지. 그럼 진수가 하고 싶은 것은 언제 하면 좋을까?”

"······ 쉬는 시간에요."

"그럼 이야기하고 노는 활동은 쉬는 시간에 하고, 수업 시간에 모둠 친구들에게 잔소리 안 듣고 마음 편하려면 어떻게 하면 좋을까?"

"그치만 걔들이 원하는 것처럼 공부를 열심히 하는 건 어려운걸요."

"그렇지? 수업에 집중하는 것은 쉬운 일은 아니지. 그러면 모둠 친구들이 네게 다정하게 이야기하고 수업 시간에 네 마음도 편하고 싶은 것이 네가 진짜 원하는 거니?"

"예. 그러면 좋겠어요."

● 하루짜리 계획을 세워 주었어요

진수는 집중력이 매우 짧고 의지가 약해서 계획을 세우고 실천하게 하는 것이 힘들었다. 일반적으로 아이들과 실천 가능한 계획을 세우면 일주일 정도 지킬 수 있는 활동을 정하는데 진수에게 일주일은 힘들어 보였다. 그래서 미션처럼 하루에 한 번 하면 되는 계획을 세우고 실천하게 하여 성공 경험을 가지게 하였다. 특히 생활 습관 및 학습 습관 형성이 어려워서 그 부분에 중점을 두었다. 누나와의 친밀한 관계가 생각나서 진수가 계속 잊어버리면 누나의 도움을 요청하기도 했는데 나중에는 누나가 오히려 잊어버리고 진수가 지켜 오는 경우도 생겼다.

"진수야. 지난달에 대출한 책을 아직 안 들고 왔네. 도서관에서 연락이 왔는데 혹시 책을 잃어버렸니?"

"아니요. 집에 있어요."

"그래? 근데 아직 못 가져오는 이유가 있니?"

"자꾸 잊어버려요."

"그랬구나. 선생님이 이틀 전에 알림장에 적어 줬었는데 그건 봤니?"

"아니요. 집에 가면 알림장 안 봐요."

"그럼 집에 가면 제일 먼저 뭐 하는데?"

"컴퓨터 게임 해요. 게임 하다가 지겨워지면 TV 보구요."

"그리고?"

"저녁 먹고 TV 보다가 자요."

"자기 전에 알림장을 보는 것은 어려운 일이니?"

"잊어버려요."

"그렇구나. 그럼 진수가 이때까지 학교에서 가지고 오라고 한 것을 잘 가지고 올 수 있
었던 때는 없었니?"

"어…… 옛날에 현장학습 신청서 가져올 때 하루 만에 가져왔어요."

"그랬니? 그때는 안 가져올 때와 뭐가 달랐지?"

"그건 사인 받자마자 가방 안에 넣었어요."

"그래. 그렇구나. 나중에 넣을 거라고 생각하지 않고 바로 넣어 버리면 안 잊어버리는구
나. 그럼 오늘은 집에 가자마자 컴퓨터 게임 시작하기 전에 가방 안에 책을 넣어 두면
어떨까? 어려울까?"

"아니요. 어렵지 않아요."

"그럼 오늘은 집에 가자마자 책부터 넣고 하고 싶은 일을 하는 걸루 약속하자. 어때?"

"예, 좋아요."

② 일상생활 속에서 조금씩

● 친구들의 마음을 알려 주었어요

어느 날 진수가 칼을 들고 친구들 사이로 다니다가 친구들에 의해 내게 끌려왔다.
그런 행동을 친구들에게 하면 안 된다고 했더니 어리둥절한 표정으로 "왜요?"라고
물었다. 진수가 재미를 위해서 한 일이 친구들에게 고통을 줄 수 있다는 것을 알려
주고 싶었는데 상담 시간에 내가 전하는 것보다 아이들의 마음을 직접 전하는 게 효
과적일 것 같았다. 그래서 수업 시간을 빌어 학급 전체 아이들과 소통하는 시간을
마련했다. 진수를 앞에 나오게 하고 아이들에게 무엇 때문에 힘들었는지 말하게 했
다. 그런 다음 "친구들 말을 듣고 나니 너는 어떤 마음이 드니?"라고 물어보았더니
"모르겠는데요."라고 대답했다. 그래서 아이들에게 "네가 칼 들고 다니니 찔릴 것
같아서 무서웠어."와 같은 자기의 마음을 표현하게 하였다. 그런 다음 "친구들에게
하고 싶은 말을 해 보렴." 했더니 "없는데요." 하기에 친구들이 진수에게 듣고 싶은
말을 하게 해서 그 말을 따라 하게 했다. 비록 앵무새처럼 따라 했지만 아이들은 그

말을 들은 것만으로 만족해했고 진수는 야단을 맞지 않아서인지 수용적인 표정이었다.

● "진수는 맡은 역할에 성실하구나."

처음에 진수의 강점을 찾는 것은 매우 어려운 일이었다. 그래서 역할 활동으로 TV 켜고 끄기를 하게 하고 청소도 교실 앞 청소를 주었다. 활동하는 모습이 내 주변에서 일어나는 일이고 눈에 띄는 것이라서 칭찬거리 찾기가 쉬워졌다. 청소를 대충 하고 도망가거나 복도를 뛰어다니며 다른 친구의 청소를 방해하다 걸리던 진수가 교실 앞 청소를 하게 되자 야단거리가 줄었다. 수업 시간 엎드려 자거나 큰 목소리로 자기 할 말 하며 떠들던 진수가 TV를 켜고 끄는 일을 하느라 자리에서 일어나야 되니 오히려 그 활동 시간 맞추느라 나를 쳐다보게 되었다. 게다가 체육부장 역할은 스스로 열심히 하니 더욱 칭찬거리가 늘었다. 쉬는 시간 정신없이 왔다 갔다 하는 진수를 붙들고 "네가 잘해 주니 선생님이 정말 편하구나." "오늘도 준비물 잘 챙겨 줘서 고마워."라는 말로 아이와 좋은 관계를 유지할 수 있게 되었다. 할 수 있는 일은 열심히 한다는 것을 알고 나자, 나도 그 아이가 할 수 있는 일을 찾아 제시하려는 노력을 하게 되었다.

● 생활 습관을 바꿔 보아요

진수는 습관 형성 정도가 다른 아이들과 많이 다르기 때문에 학급 아이들에게 요구하는 수준과는 달라야 된다는 생각이 들었다. 그래서 매주 중점 항목을 의논해서 정한 다음 실천하면 칭찬해 주었다. 즉 이번 주는 숙제를 해 오겠다, 이번 주는 수업 시간에 자리에 앉아 있겠다, 이번 주는 급식 시간에 자기 자리에서 밥을 먹겠다 등등 일주일에 1가지 활동에만 주력하게 했다. 그러다가 일주일의 목표를 기억하고 지키는 것이 힘들어 보여 '매일 1가지 미션 정해서 실천하기' '내가 잘한 일 칭찬하기' 활동으로 바꾸어서 했더니 실천 의욕이 높아졌다. 특히 '내가 잘한 일 칭찬하기' 활동 후에는 표정이 밝아지고 행동이 능동적이고 적극적으로 변했으며 "선생님~ 이것두 잘한 일인가요?" "진짜예요?" "헐~ 잘하는 거 참 쉽네요."라고 말하며 좋아했다.

11월 5일	수	1. 학교에 일찍 왔다. (미션 성공) 2. 미술 시간에 작품을 완성했다. 3. 계발 시간에 영호랑 안 놀고 조용히 했다. 4. 모둠 회의 할 때 질문에 대답해 줬다. 5. 청소 시간에 밖에 안 나갔다.
11월 6일	목	1. 시험 시간에 시험지에 집중해서 문제를 풀었다. 2. 발표할 때 저요! 저요! 하지 않고 조용히 손을 들었다. (미션 성공) 3. 잘못을 솔직하게 인정하고 사과했다.
11월 20일	목	1. 알림장을 스스로 썼다. (미션 성공) 2. 체육부장으로 수업 준비를 성실하게 했다. 3. 과학 실험을 장난 안 치고 집중해서 했다. 4. 줄 설 때 질서를 잘 지켰다. 5. 밥을 모둠에서 먹었다. 6. 친구 마음이 어떨지, 기분이 어떨지 이것을 알게 되었다.
12월 22일	월	1. 집에 가자마자 필기구를 챙기고 숙제 하고 컴퓨터를 했다. (미션 성공) 2. 체육부장 하면서 섭섭한 마음을 말로 표현해 줬다. 3. 수업 시간에 한 번도 안 엎드렸다. 4. 친구한테 상처 주는 말을 했는데 바로 사과했다. 5. 사물함 정리를 완료했다.

진수의 습관 바꾸기

환경 바꾸기

① 인적 협조 체제

● 학급 친구들과 긍정적인 피드백을 주고받았어요

진수의 작은 변화를 학급 친구들에게 이야기해 주며 모든 공을 학급 친구들에게 돌렸다. "어제 진수가 청소 시간에 다른 친구 청소 구역의 책상을 끌어 줬어. 너희들이 그동안 진수에게 잘 대해 줘서 친구들을 이해하는 마음이 생긴 것 같아. 너희들에게 고마워. 너희들은 정말 멋진 친구들이야."라는 이야기를 들려주자 아이들이 진수의 작은 변화에 관심을 가지기 시작했고 자기들이 본 진수의 긍정적인 모습을 일기장에 적어 왔다. "진수가 너무 달라졌어요."라고 적힌 그 글을 나는 다시 진수에게 들려주었고 서로가 주고받는 긍정적인 피드백이 학급의 아이들 전체를 변화시키기 시작했다. 진수와의 싸움이 점점 줄어들고 짝이 되어 주고 싶어 하고 같은 모둠이 되어 주겠다는 친구들이 생겨났다.

② 물리적 협조 체제

● 진수에게 맞춤형 목표를 세웠어요

학습, 생활, 교우 관계 등 모든 면에서도 다른 아이들과 진수는 너무 달랐다. 처음에는 다른 것을 부족하다고 생각해서 평균에 진수를 맞추려고 노력했다. 그러나 맞추려는 나의 의지가 강할수록 진수는 마음으로부터 날 밀어냈고 더 산만하고 과장되고 충동적으로 행동했다. 나를 바꿀 수밖에 없고 학급 아이들이 바뀔 수밖에 없다는 결론에 도달한 나는 우리 반 아이들에게 진수를 바라보는 시각을 바꿀 것을 제안했다. "신체 발육이 다르듯이 생각이 자라는 속도가 다르고 진수는 다른 사람과 대화하는 법이나 상대가 어떤 마음인지 알아내는 능력 발달 속도가 늦으니 우리가 우리 마음을 자주 이야기해 줘야 된단다."라고 말해 진수의 다름을 이해하도록 했고 대하는 방법을 바꾸자고 제안했다. 나 역시 과제에서도 태도에서도 진수가 할 수 있는 만큼이 어느 정도인지 상의한 후 목표를 정했고 그것이 달성되었을 때는 진심으로 칭찬해 주었다. 진수 맞춤형의 교육이 이루어지니 진수의 태도가 "해 볼게요."로 바뀌었다.

● 역할 활동, 청소 활동으로 칭찬거리를 찾았어요

내가 쉽게 칭찬거리를 찾을 수 있도록 역할 활동과 청소 활동을 내 주변에서 하도록 했던 것이 초기의 좋은 관계를 맺게 하는 데 도움이 되었다. 처음에는 별 마음 없이 받아들였던 담당이었지만 선생님의 칭찬을 듣고 인정을 받으면서 진수는 그 역할을 좋아하게 되었고 우리 반에서 가장 역할을 성실하게 하는 아이로 인정받게 되었다.

① 도움이 되었는지 평가하기

처음 만났을 때 진수는 산만하고 충동적인 모습에 비해 얼굴 표정이 없었다. 아무 말 없이 가만히 있을 때는 그 무표정이 아이 얼굴 같지 않았다. 또 내가 손을 잡으면 손을 빼고 뿌리치려고 힘을 쓰곤 했다. 그러던 진수에게 표정이 생기기 시작했다. 얼굴에 미소를 보이기 시작했고 11월이 되니 나와의 신체적인 접촉도 허용하기 시작했다. 내가 손을 잡아도 안아 줘도 가만히 있었다. 나를 안전한 사람으로 신뢰할 수 있는 사람으로 받아들인다는 것이 감동적이었다.

또 1년간 체육부장을 그렇게 열심히 하더니 12월이 되어 "체육부원들이 너무 말을 안 들어서 힘들어요. 진짜 안 하고 싶어요. 선생님~ 이 문제 좀 해결해 주세요."라고 씩씩거리며 이야기를 했다. 난 이 모습에 또 한 번 감동받았다. 이전의 진수라면 해결이라는 단어를 쓰지 않았다. 그냥 안 하면 그만이었다. 그런데 안 하고 싶다고 의사 표현을 하고 해결해 달라고 말을 하다니! 난 기쁜 마음으로 진수와 머리를 맞대고 해결책을 찾았다.

무엇보다 기억에 남는 사건은 발야구 할 때의 일이다. 진수는 운동신경이 뛰어나진 않지만 승부욕이 강했다. 같은 팀이었던 친구가 공을 못 받자 달려가 발길질을 할 듯이 덤비더니 "에이~ 씨발~"하고 욕을 했다. 그 말이 끝나고 3초가 지났을까? 고개를 돌리더니 바로 "미안해!"라고 말하는 것이었다. 잘못을 인정하는 진수의 모습이 잊히지 않을 정도로 내 머리에 각인되어 버렸다.

그렇게 진수는 조금씩 새로운 변화를 보여 주었다. 갈등 상황이 생겼을 때 "몰라요."를 되풀이하던 진수는 이제 자기가 무슨 말을 해야 하는지를 알고 "너희들의 물건을 함부로 가지고 가서 너희들이 속상했을 것 같아. 미안해."라고 친구에게 스스로 전할 수 있게 되었다.

"왜요?"라는 말이 줄어든 것도 고마운 변화였다. 납득하지 못해서 불만스럽게 따지고 드는 대신 "아마도 그래서 그렇게 했을 것 같아요." "선생님은 내가 걱정되는 거지요?"라고 말할 수 있게 되었다.

② 더 나은 변화를 위한 새로운 계획 세우기

2학기 중반쯤에 ADHD 연수를 들으러 갔다가 진수의 행동이 거의 그 증상에 해당된다는 것을 알고 놀란 적이 있다. 그러나 대인 관계 기술 부족, 도덕성 미발달, 충동성, 과잉 행동, 학습 결손이 총체적으로 나타난 아이였지만 변화되는 과정을 보면서 ADHD가 아니라는 확신도 생겼다. 사랑과 관심으로 변화될 수 있는 많은 아이들이 이렇게 잘못된 진단을 받고 있지 않을까라는 생각을 하니 마음이 아프기도 했다.
나와 지내는 동안 진수는 많은 변화를 보여 줬다. 진수를 보아 온 선생님들은 진수의 눈빛과 표정이 달라졌다는 말로 우리의 만남을 더 아름답게 표현해 줬다. 그러나 진수를 새 학년으로 올려 보내는 내 마음은 무거웠다. 많은 변화가 있었지만 아직도 다른 아이들에 비해 특별했기 때문이다. 학교 이동을 앞두고 있었기에 더 마음이 무거웠던 나는 생각 끝에 진수에게 솔직한 내 마음을 전했다.

"진수야. 선생님과 이제 헤어지면 새 학년을 올라가는데 선생님은 지금까지 우리가 쌓아 왔던 너의 멋진 모습이 허물어질까 봐 두려워."
"어떤 거요?"
"네가 친구들의 마음을 생각하게 된 거, 잘못 인정할 줄 알게 된 거, 준비물과 숙제 해 오게 된 거, 청소 시간 맡은 구역 청소할 수 있게 된 거, 다른 사람 도울 수 있게 된 거, 수업 시간에 제자리에 앉아 있게 된 거…… 너무 많은 멋진 네 모습 말이야."
"그거 그냥 계속하면 되지요. 뭐."
"그래? 네가 계속 지켜 줄 수 있겠니?"
"예! 할 수 있어요."

할 수 있다는 진수의 말을 듣고 나는 그것이 진정한 변화가 아닐까 하는 생각을 했다. 이제 몸에 밴 듯 그것들이 자연스럽다는 말로 들렸기 때문이다.
'그래. 이제 너의 모습을 믿고 지지해 주는 것이 최고의 선택일 것 같구나. 진수야. 그 마음 잊지 마. 화이팅!'

사례 **집단 놀림으로 인해 괴로워한 성호 이야기**

제목 : 전학 가고 싶어

오늘도 그렇고 매일 전학을 가고 싶은 마음이 생긴다. 그 이유는 친구들이 계속 나를 고릴라라고 놀리는데 하지 말라고 하면 안 하다가 갑자기 또 하고 또 하고 하기 때문에 이제는 질렸다.

이민규, 은철, 하영진, 강수, 김경수 이 5명이 제일 많이 놀린다.

그래서 이 5명을 때리고 싶기도 하다. 하지만 때리면 선생님께 혼나서 못 한다. 그래서 나도 놀리면 나를 놀릴 노래는 언제 지었는지 그때부터 지금까지 이제는 노래로 놀리고 있다.

2학년 때 할머니가 편찮으셔서 부산에 가게 되었는데 그곳에서는 나의 별명을 모르니깐 재미있게 지낼 수 있었고 별명 때문에 기분이 나쁜 적이 없었다. 그래서 전학 가고 싶은 것이다.

일기장을 통해 성호의 힘든 마음을 알게 되었다. 방과 후에 성호를 불러 이야기를 나누게 되었다. "선생님이 일기장을 보았는데 성호가 별명 때문에 힘든 것 같은데……."라고 이야기를 하자마자 아이는 눈물을 글썽이며 울기 시작했다. 처음에는 아이들 사이의 작은 일이라고 생각했지만 성호가 학기 초부터 힘들어했고 특히 5명의 아이들에게 계속 놀림을 당하면서 심리적인 불안과 억눌린 감정이 매우 커져 있음을 알았다.

정보 수집

① 교사가 관심을 가지고 보기

발표는 잘하나 쉬는 시간이나 다른 친구들과 함께하는 활동에서는 소극적이며 어울림이 적은 편이었다. 다른 친구들이나 선생님에게 자기 의견을 표현하는 편이 아니며 작은 문제에도 상처를 잘 받고 꾸중을 들을 때면 잘 우는 편이었다. 학기 초에 친구들과 갈등으로 싸웠을 때도 끝까지 말 한마디 하지 않았으며 극도로 감정을 참다가 화가 났을 때 책상을 발로 찬 일도 있었다.

상담 활동

① 상담 시간을 통해서

성호에 대한 상담 단계

구분	과정	내 용	설 명	
1단계	정보 수집	교사가 관심을 가지고 보기	· 학급에서 모범적이에요. · 발표는 잘하나 내성적이에요. · 작은 문제에도 상처를 잘 받아요. · 잘 어울리는 것 같지만 혼자 있고 싶어 해요. · 잘 참다가도 갑자기 화를 내요.	
2단계	상담 활동	상담 시간을 통해	개인상담 · 성호에게 집단상담을 제안함	
			집단상담 · 성호의 일기장을 함께 읽고 마음 나누기 · 성호와 5명의 아이들이 서로 원하는 것 이야기하기 · 성호를 돕기 위한 계획 세우기 · 실천 의지 확인	
		일상생활 속에서 조금씩	· 일기를 통해 성호의 상황을 체크함	
3단계	환경 바꾸기	효과적인 환경 바꾸기	인적 협조 체제	· 5명의 친구들이 성호를 돕는 관계 만들기
4단계	확인 하기	평가하기	· 친구들과의 관계가 개선되었어요. · 학교생활이 좋아졌다고 이야기해요. · 선생님에게 의존하려는 마음이 생겼어요.	
		재평가에 의한 새로운 계획 세우기	· 선생님에게 의존하려는 태도를 스스로 해결할 수 있는 모습으로 바꾸도록 조언해 줘요.	

● **상담을 먼저 요청했어요**

"성호아! 많이 힘드니? 선생님이 도와줄까?"

"(흐느끼며) 예."

"선생님이 일기장을 보니 여러 명의 아이들이 별명을 부르면서 괴롭혔다고 되어 있던데?"

"네. 다른 애들도 많이 놀렸지만 그 5명이 계속 괴롭혀요."

"그랬구나. 그 아이들은 네가 이렇게 힘든 거 알고 있니?"

"모르겠어요."

"선생님 생각에는 아이들이 너의 이런 힘든 마음을 안다면 조금 달라질 것 같은데 한번 아이들과 함께 이야기해 보면 어떻겠니?"

"네……."

나는 별명으로 놀려서 그런다는 것을 가볍게 생각하고 던진 말이었다. 그런데 아이의 눈가에 눈물이 글썽이기 시작했다. 나도 당황이 되었다. 참으려고 하면서도 흘러내리는 눈물에 뭔가 심각하구나라는 생각이 들었다. 힘든 아이에게 선생님의 "도와줄까?" 라는 말이 얼마나 반가웠을까?

● 일기를 읽으며 집단상담을 했어요

아이들이 왔다. 아이들을 책상에 둘러앉힌 다음에 한 아이에게 성호의 일기를 읽어 보라고 하였다. 내용을 읽어 가면서 점점 목소리가 작아졌다. 일기를 읽는 아이가 점점 당황하기 시작했다. 성호는 막 울기 시작했다. 결국 일기를 읽던 아이는 다 읽지 못했고 한 아이는 눈물이 나올 것 같아 보였다. 우는 아이를 조금 토닥이며 상담을 시작했다.

교사 "일기를 듣고 나서 어떤 생각이 드니?"

모두들 고개를 숙였다. 매우 당황해하는 아이에게

교사 "민규는 일기를 듣고 어떤 생각이 들었니?"
민규 "성호가 이렇게 힘들어할 줄 몰랐고 미안한 생각이 들어요."

다른 아이들도 모두 그렇게 이야기했다. 다시 성호에게 물었다.

교사 "민규의 이야기를 들으니 마음이 어때?"
성호 "조금 괜찮아졌어요."

그런데 은철이가 계속 웃고 있다. 미안하고 어색해서 그런 것 같았다.

교사 "은철아! 지금 분위기가 서로 미안해하는 분위기인데 네가 자꾸 웃으니깐 선생님이나 성호가 은철이의 말이 진심으로 느껴지지가 않는데. 어색하고 미안해서 웃는 거니?"

은철 "(당황하면서) 예…… 진심으로 미안한 마음인데 좀 어색해서 그래요."

교사 "은철이는 종종 어색할 때 그렇게 웃니?"

은철 "저도 모르게 자꾸 그렇게 돼요."

교사 "은철이의 마음은 잘 알겠는데 표정이 말과 맞지 않아 조금 오해도 할 수 있을 것 같아. 별명을 부르고 자꾸 놀리는 것이 혹시 성호에게 불만이 있거나 평소에 마음에 불편한 것이 있어 그런 것은 아니니?"

은철 "성호가 우리가 그렇게 해도 화는 조금 내지만 그렇게까지 싫어한다고 생각하지는 못했어요."

교사 "성호는 아이들에게 별명 부르는 것이 싫다고 정확히 표현했었니?"

성호 "저는 했다고 생각했어요."

교사 "어떻게?"

성호 "말로도 했구요, 전에는 은철에게 화를 내면서 때리려고도 했어요."

은철 "저는 장난치는 것인 줄 알았지, 그런 마음인 줄은 몰랐어요."

교사 "성호는 아이들의 이야기를 들으니 어떤 생각이 드니?"

성호 "제가 생각하는 것과는 많이 다른 것 같아요. 저는 분명히 표현했다고 생각했는데……."

교사 "성호는 그렇게 생각했지만 다른 친구들은 모두 그런 표현을 장난으로만 생각했다면 성호도 친구들에게, 자신이 싫은 것에 대해 정확히 표현할 수 있어야 할 것 같은데. 어떻게 생각하니?"

성호 "예. 그런 생각이 드는데. 그렇게 하면 아이들이 진짜 저를 싫어하고 따돌릴 것 같아요."

교사 "성호는 친구들에게 따돌림을 받는 걸 많이 두려워했구나. 그런데 그러다 보니 지금은 죽고 싶은 마음이나 전학 가고 싶은 마음까지 들어 버렸는데……."

성호가 한참 생각을 했다.

교사 "진실된 마음을 친구들에게 전하는 것이 오히려 성호 자신을 위해서 친구들을 위
해서도 좋을 것 같다는 생각이 드네."

성호 "예."

교사 "너희들도 이제 성호의 마음을 안 것 같은데 앞으로 어떻게 했으면 좋겠니?"

영진 "성호에게 별명을 부르지 않겠어요. 만약 부르면 선생님께 혼날게요."

강수 "성호의 마음을 알았으니 앞으로는 그런 말을 하지 않겠어요. 앞으로 그러지 않고
그렇게 하면 선생님에게 손바닥 5대를 맞겠어요."

교사 "방법까지도 이야기해 주네(웃음). 그러나 선생님이 때리고 싶지는 않구나. 그러
면 앞으로 별명을 부르지 않도록 하고 선생님은 일단 한 번 더 믿어 볼게. 그런데
다른 반 아이들한테는 어떻게 할까. 선생님이 불러서 이야기를 할까? 만약 학원
에서 성호에게 별명을 부르면 너희들이 도와줄 수 있는 방법이 없을까?"

영진 "별명 부르면 하지 말라고 하고 하면 선생님에게 죽는다 할래요."

민규 "별명을 부르면 성호가 전학 가고 싶다는 일기를 썼다고 이야기할래요."

영진 "별명을 부르면 성호가 선생님에게 말해서 혼내 주면 될 것 같아요."

교사 "영진이나 민규가 성호를 생각해서 방법까지 이야기해 주었는데 선생님에게 죽는
다든지 선생님에게 말을 해서 혼내 준다든지 하는 이야기는 또 상대 아이들에겐
협박이나 위협으로 들려서 너희들에게도 좋지 않은 감정을 가질 것 같은데, 그럼
그 친구들과 더 관계가 좋지 않게 될 것 같은데……."

말이 없었다.

영진 "그럼 일단 아이들이 또 별명을 부르면 성호가 정말 힘들어한다는 이야기를 하고
그래도 계속 부르면 성호가 선생님과 상의를 하도록 하면 좋을 것 같은데 성호는
어떠니?"

성호 "좋아요."

영진 "오늘 선생님은 사실 너희들이 다 함께 모여 이야기할 때 더 갈등이 심해지지 않
을까 걱정을 많이 했었다. 그런데 성호도 그렇고 너희들 모두 솔직한 자기 마음
을 그대로 잘 표현해 주어 문제가 잘 해결된 것 같아 선생님이 참 고맙다. 성호가

마음이 많이 어려운 상태이니 너희들이 많이 도와주었으면 좋겠다."

아이들은 재미로, 장난으로 하는 행동들이 상대에게 얼마나 고통이 되는지를 잘 알지 못한다. 당하는 친구도 다수의 아이들이 놀리면 대항하기가 힘들어진다. 이럴 때 서로의 마음을 전하는 소통의 장소를 만들어 주기만 해도 상황이 달라지는 걸 종종 발견하게 된다. 교사의 제지나 훈계가 아니더라도 얼마나 힘들었는지를 느끼게 해 주면 놀림을 받는 아이에게는 다른 세상이 열릴 수 있는 것이다. 집단상담 후에 성호와 이야기를 나누었다. 성호도 자기가 표현이 약했다는 걸 알게 된 것 같았다. 성호가 자기 모습도 돌아보게 된 것 같아 다행스러웠다.

"성호, 오늘 아이들과 함께 이야기하고 나니 어떤 생각이 드니?"
"아이들 마음도 좀 알겠고 잘될 것 같아요."
"네 얼굴도 그렇고 이야기를 들으니 선생님 마음도 안심이 된다. 아이들도 성호 마음
 을 알고는 도우려고 하니 다행이다. 선생님과 상의할 일이 있으면 언제든지 이야기해
 주렴."

② 일상생활 속에서 조금씩

성호의 경우에는 내성적인 성향이 있어 일기를 통해 생활이나 상황을 체크하였다. 상담 이후에 조금씩 성호의 일기 내용에 긍정적이고 밝은 내용들이 보였고 별명이나 다른 갈등 상황은 나오지 않았다. 오히려 5명의 아이들이 도와준 이야기나 친구들의 이야기가 조금씩 등장하기 시작하였다. 나는 댓글로서 변화에 대한 반가움을 표시하고 자기표현의 기회를 넓혀 가는 성호를 지지해 주었다.

① 인적 협조 체제

상담을 통해 성호의 마음을 알게 된 5명의 아이들이 오히려 성호를 돕는 도우미가
되었다. 성호는 5명의 아이들과 신뢰가 형성됨으로써 오히려 더 자신감을 가지게 되
었고 교우 관계도 개선될 수 있었다.

① 도움이 되었는지 평가하기

성호는 5명의 친구들과 관계가 개선되었고 힘든 일이 없어지자 학교생활이 좋아졌
다고 이야기하였다. 그러나 힘들고 어려운 일이 생기면 자기가 해결하기보다 내게
도움을 요청하려고 하는 의존적인 성향을 보이기 시작했다.

② 더 나은 변화를 위한 새로운 계획 세우기

집단상담을 통해 성호를 괴롭혔던 아이들은 오히려 성호의 편이 되어 주었다. 그러
나 그 다음에 비슷한 일이 생기자 성호가 또 나에게 의지하려는 것을 보고 처음에는
놀랐다. 그 단계에서는 무조건 공감이나 성호의 편에만 서서 문제를 해결해서는 안
되겠다는 생각으로 성호에게 충고를 해 주었다. 성호는 전에 상담을 통해 나에 대한
신뢰감이 잘 형성되어 있어서인지 잘 받아들였다. 이럴 경우 좀 더 진솔한 충고를
했을 때 오히려 더 좋은 효과가 있었던 것 같다. 그 이후로 몇 번 성호와 이야기했지
만 별명으로 인해 괴로워하는 일은 없었다. 성호가 다시 별명에 관한 일로 나에게
메일을 보냈을 때 이렇게 답장을 보내 주었다.

성호의 메일은 잘 읽어 보았다. 수정이의 행동 때문에 마음이 많이 상하고 어떻게 해야
될지 몰라 당황스럽겠구나. 전에 메일을 보냈듯이 선생님도 어릴 때 그런 경험이 있었단
다. 어쩌면 성호보다 더 기분이 나쁜 별명이었던 것 같구나. 그런데 그런 별명을 부르는
아이들 대부분은 그런 별명을 부르면 내가 너무 민감하게 반응을 해서 재미로 그렇게 하

는 경우가 많았단다.

선생님이 해결해 줄 수도 있는 문제이지만 주변에 너에게 별명을 부르는 모든 아이들을 선생님이 다 해결해 줄 순 없고 또 선생님이 너와 헤어지게 되면 더욱 그렇게 될 거라는 생각이 드는구나.

성호야. 다른 아이들이 그렇게 별명을 부르면 '저 애들은 남의 별명을 부르면 좋을까' 라고 생각하고 그냥 한번 넘겨 버리면 어떨까 싶다. 네가 기분 나빠하고 표정이 일그러지면 아이들은 더 재미있어서 계속 너를 놀릴 거라는 생각이 드는구나.

전에 선생님과 약속했듯이 어려운 문제를 상의해 주어 선생님도 정말 기쁘다. 한 번 더 선생님이 말한 대로 해 보고 그래도 해결이 안 되거나 마음이 더 좋지 않으면 다시 메일을 보내렴. 이 메일이 성호에게 도움이 되었으면 좋겠다.

🖍 기억해 주세요

집단 괴롭힘을 해결할 때, 성호의 사례와 같이 상담시 피해자의 심정을 나누고 그것을 바탕으로 아이들이 소통하도록 유도해서 문제를 해결하는 방법이 아주 유용하였습니다. 이후 6학년을 맡았을 때도 비슷한 상황이 있었습니다. 한 여자아이가 와서는 교사 앞에서 울음을 터뜨렸습니다. 무슨 이유인지 물어보니 여러 명의 아이들이 자기 안티 카페를 만들었다는 것입니다. 집단 따돌림이었지요. 일단 진정을 시키고 아이들과 함께 이야기 나눌 것을 제안했고 카페와 관련된 아이들이 함께 모였습니다.

처음에 피해자 아이에게 자기의 심정을 솔직히 이야기해 보라고 하니 6학년이라 그런지 세세하게 자기의 힘든 마음을 울면서 이야기했습니다. 가해 아이들은 당황했습니다. 아이들에게 왜 그랬는지 솔직히 이야기해 보도록 했습니다. 한 아이가 피해자 아이의 못마땅한 점을 이야기하기 시작했습니다. 교사는 중간에서 "○○의 이야기를 들으니 어떤 생각이 드니?" "△△의 이야기를 들었는데 ○○는 할 얘기 없니?" 등 중간에서 의사소통을 도왔습니다. 서로 서운했고 못마땅한 점을 이야기하기 시작하면서 문제는 풀리기 시작했습니다. 더 놀라운 것은 피해자 아이보다 가해자 아이들이 교사에게 더 고마워했다는 것입니다.

이런 경험을 통해 개인과 집단 간의 갈등에서 개인이 받는 고통에 대하여 솔직히 고백하는 일기나 글, 말 등을 바탕으로 피해 아이의 심정을 솔직히 나눔으로써 서로의 감정을 표출시켜 문제를 해결하는 방법이 매우 유용함을 알게 되었습니다. 주의할 점은 반드시 피해 아이가 가해 아이들과 함께 이야기하여 문제를 해결하고자 하는 의지가 있어야 한다는 것입니다. 도움이 되기를 바랍니다.

학교도 낯설고 아이도 낯선 첫날.

아이들과 서먹한 대화를 나누고 있던 중 급하게 교실 문을 노크하는 소리가 들렸다.

"혜리가 이 반인가요?" 조심스레 묻는 그분은 혜리의 5학년 때 담임선생님이셨다. "혜리 집에 갈 때 은지랑 같이 보내 주세요. 그래서 반을 일부러 같이 넣었거든요."라고 말씀하신다.

6학년인 혜리. 집을 못 찾아가는 것도 아닐 텐데……? 이유를 물어보니 아이가 집으로 가지 않고 자꾸 하굣길에 가출을 하기 때문에 누군가가 같이 가서 아이를 할머니께 인계해야 한다는 것이었다. 하굣길에 없어지면 교사 책임이니 곤란해진다는 걱정도 덧붙이셨다. 말씀하시는 표정이나 말투에서 심각함이 배어 나왔다. 하지만 아이를 보는 순간, 하굣길의 자유를 빼앗긴 안쓰러움과 '믿어 주면 되지 않을까?' 라는 막연한 기대로 아이를 혼자 보내기로 했다.

4학년 때부터 아이를 집까지 데려다주는 일을 도맡아 온 은지는 새 선생님의 행동이 무모해 보였는지 걱정이 한 아름이었다. 그러나 나는 은지의 걱정까지 다독이며 혜리를 혼자 보냈다.

아이는 학교에 잘 왔다. 그렇게 한 달이 좀 지났을까?

4월 어느 날, 혜리의 할머니로부터 전화가 왔다. '혜리가 학교에 왔냐?' 는 것이다. 혜리는 3일째 가출 중이라고 했다. 어제도 그제도, 집에 가지 않고 학교에 왔던 것이다.

그런데 오늘은 학교도 오지 않았다. 그렇게 열흘이 지나가도록 아이는 연락이 없었고, 5학년 담임선생님의 주의를 따르지 않은 내 마음속에는 불안과 후회만 쌓여 갔다.

정보 수집

① 교사가 관심을 가지고 보기

● 친한 친구가 없어요

혜리는 표정이 밝고 친구들과의 다툼도 없다. 5학년 담임선생님이나 아이들의 말을 듣지 않고 혜리를 본다면 다른 아이들과 별로 다르지 않은 학교생활을 하고 있다. 하지만 혼자다. 다른 친구들이 이야기하는 곳에 서 있어도 끼지는 못하고 놀이하는 것을 구경하는 것에 그친다. "같이 하지?" 그러면 "에이, 재미없어요." 하면서 자리를 피한다. 하지만 혜리의 경우는 아이들에게 소외감을 느낀다거나 외로워한다기보다 스스로 아이들을 배척한다는 데에서 왕따와는 달랐다.

혜리에 대한 상담 단계

구분	과정	내 용	설 명	
1단계	정보 수집	교사가 관심을 가지고 보기	· 친한 친구가 없어요. · 이유 없는 결석과 가출을 해요. · 자신을 비하하는 말을 자주하고 칭찬과 스킨십을 거북해해요.	
		친구들에게 듣기	· 4학년부터 결석을 하고 가출을 했어요. · 자꾸 괴롭혀서 짜증 나요. · 모둠 활동 같이하기 싫어요.	
		학부모 및 중요 인물 만나기	· 할머니의 관절염과 할아버지의 치매 · 엄마의 가출과 무직인 아버지	
2단계	상담 활동	상담 시간을 통해	· 믿을 수 있는 관계 형성하기 · 아이가 정말 원하는 것 알아내기 · 즐거운 학교생활과 가정 생활을 할 수 있도록 실천 가능한 계획 세우기	
		일상생활 속에서 조금씩	· 교사의 마음 전하기 · 사회적 기술 익히기 · 강점 찾기	
3단계	환경 바꾸기	효과적인 환경 바꾸기 (교실에서 돕기)	인적 협조 체제	· 학급 회의를 통한 친구들의 이해 · 지구대와의 연계 · 복지사의 도움 · 청소년 상담 센터 · 교장 선생님의 관심과 격려
			물리적 협조 체제	· 교사와의 하굣길 데이트
4단계	확인 하기	평가하기	· 눈빛과 표정이 달라졌어요. · 좋아하는 마음을 표현해요. · 고민을 털어놓아요. · 가출의 빈도가 줄었어요. · 과제를 충실히 해요.	
		재평가에 의한 계획 수립	· 무단결석과 가출을 하지 않아요. · 고민은 선생님과 함께해요.	

● 이유 없이 결석과 가출을 해요

특별한 이유가 없어 보인다. 적어도 학교에서는 내일 결석을 할 것이라는 눈치를 찾아낼 수가 없었다. 집에 갈 때 까르르 웃으며 "선생님, 내일 만나요!" 하던 아이가 다음 날 학교에 오지 않는다. "내일은 운동회네. 완전 재밌겠다. 나 내일 반칙 쓰면서 이길 거예요!" 하던 아이가 운동회에 오지 않는다. "내일이 수학여행이에요? 수학여행 가면 좋아요?" 하던 아이가 막상 출발 당일이 되면 가출을 한다. 할머니께서는 오히려 집에서는 아무 일도 없었다며 학교에서 무슨 일 있었냐고 물으신다. 결석을 하고 가출을 할 만큼 아이가 힘든 이유가 분명 있었을 것이다. 하지만 너무 숨어 있어서 찾아내기가 힘들었다.

● 자신을 비하하는 말을 자주 하고 칭찬과 스킨십을 거북해해요

수업 중이나 생활에서 아이는 주눅이 들어 있거나 소심하거나 소극적으로 보이지 않는다. 어떻게 보면 밝고 쾌활하고 웃음도 많다. 하지만 아이의 말 속에서는 자기 비하가 심하다. "내가 어떻게 해요?" "그건 반장이나 할 수 있죠." "원래 나는 못해요." 등의 말을 자주 한다. 그리고 자기에게 도움을 주고 있는 반장을 다른 부류의 사람으로 생각하는 마음이 깊다. 뿌리 깊은 열등의식. 닮고 싶은 사람을 부러워하면서도 그것을 깎아내리면서 그 마음을 애써 부정하는…… 그런 모습을 자주 보였다. 혜리는 칭찬에도 자기비하로 답하고, 손을 잡을 때도 피하거나 오히려 내 손을 꽉 잡아서 손톱자국을 내거나 아픔을 주는 것으로 답했다.

내가 본 혜리는 친구들과 어른들이 눈치채지 못하는 아픔을 마음속에 담고 있는 것 같다. 거친 말과 행동으로 자신을 감싸고 견디지 못할 수위가 되면 가출이나 결석으로 도망을 가는 사실은 마음이 여린 여학생이었다. 단 한 사람이라도 마음을 터놓을 대상이 있다면 아이는 달라질 거라는 믿음이 생겼다.

② 친구들에게 듣기

● 4학년 때부터 결석을 하고 가출을 해요

아이의 결석과 가출은 4학년 때부터라고 했다. 가출을 해서 일주일은 보통이고 보름씩 오지 않은 적도 있다고 했다. 아이들에게 혜리는 '엄마가 같이 놀지 말라고 하는 아이'라는 인식이 강했고 교실에서 얘기는 하고 놀이는 하지만 진정한 친구로서의 대상은 아니었다. 그리고 은지는 4학년 때부터 같은 반이었는데 반장이어서 늘 하교 후에 집에 데려다 주는 것이 일과가 되었다. 은지는 혜리가 '말 안 듣는 동생' 같다고 했다.

● 자꾸 괴롭혀서 짜증 나요

혜리는 보통 자신에게 잘 대해 주는 은지와 같이 있는 시간이 많았는데, 자신에게 호의적이고 잘 돌봐 주는 은지가 만만했는지 제일 믿으면서도 가장 못살게 굴었다. 머리카락을 당기고, 꼬집고, 때리고……. 혜리는 좋다는 표현을 그렇게 했다.

● 모둠 활동 같이하기 싫어요

혜리는 과제와 준비물이 전혀 되지 않는다. 심지어 다른 아이의 것을 뺏거나 준비해 온 친구의 과제가 별로라고 핀잔을 주기가 일쑤다. 그러니 혜리의 빈 공간을 고스란히 채워야 할 뿐만 아니라 상하는 기분까지 감내해야 했던 아이들은 혜리를 부담스러워 했다.

혜리는 대인 관계의 기술이 상당히 서툰 편이며 기본적인 학습 습관 또한 바르게 형성되어 있지 않다. 그리고 가출과 결석으로 문제아라는 인식이 깊어 장점이 상대방에게 잘 드러나지 않는 안타까운 상황이었다.

③ 학부모 만나기

할머니는 관절염으로 병원에 입원했다가 퇴원을 한 지 얼마 되지 않았다. 할아버지는 치매인데 밖에 나가면 사고를 칠까 봐 집에 자물쇠를 걸고 못 나가게 하는 상황이었다. 몸이 편찮은 할머니가 치매인 남편, 중학생인 혜리 오빠와 혜리의 뒷바라지를 하느라 마음도 몸도 몹시 지친 것 같았다. 더욱이 그 상황에서 혜리가 자꾸 엇나

가기만 하니 할머니와 혜리의 관계는 굉장히 안 좋은 상태였다.

어머니는 어릴 때 아버지의 폭력에 못 이겨 가출을 한 상태이고 아버지는 일을 하다가 다리를 다쳐 벌이가 끊겼다고 했다. 작은아버지의 도움으로 가정을 꾸려 나가고 있었다. 경제적으로 힘든 상태였다.

가정은 휴식을 담당하는 쉼터여야 한다. 하지만 6학년 여학생의 마음을 풀어 놓기에 혜리의 집은 적절하지 않은 것 같았다. 혜리에게는 애정을 줄, 마음을 기댈 대상이 없음을 알 수 있었다.

상담 활동

① 상담 시간을 통해서

● 믿음을 주고받는 관계를 형성해요

혜리에게는 진실한 누군가와의 교류가 필요하다는 생각이 들었다. 그래서 칠판 지우기, 종이 자르기, 게시판에 그림 걸기 등 작은 활동거리를 주면서 아이와의 거리를 좁혀 나갔다.

"혜리야, 바쁘니?"

"예. 바빠요."

"뭐 하는지 물어봐도 돼? 선생님은 선생님 옆에 혜리가 계속 있길래 선생님 도와주려고 그러나 했더니 아니었나 보네."

"아니에요. 그냥 지나가는 거였어요. (그러면서 또 나에게 관심을 보인다.)"

"바쁜데 미안한데, 혜리야 선생님이 다른 급한 일이 생겨서 그러는데 이 학습지를 친구들에게 나눠 줄 수 있겠어?"

"싫어요."

"그래? 그래도 잠시만 도와주면 안 될까?"

“(귀찮다는 듯이) 알았어요.”

학습지를 다 나누어 주고 내 옆에 와서 선다.

“벌써 다 나누어 주었어? 우와, 혜리가 학습지를 나누어 줘서 선생님이 급한 일을 다 했
 지 뭐야. 고마워. 다음에 또 급할 때 혜리가 119해 줘. 응?”
“에이, 알았어요.”
“넌 이제 선생님 119야. 항시 대기.”
“에이……”

말투에는 귀찮음이 가득이지만 표정은 왠지 모를 약간의 흥분을 보여 주었다. 그리고 다
음 쉬는 시간, 물론 친절하진 않지만, 언제나 퉁명스럽지만 혜리는 그렇게 내 옆에 머물
기 시작했다.

● “너는 지금 무엇이 달라지길 바라니?”
혜리에게 가출을 하면 어디서 지내는지를 물어봤다. 약수터에서도 자고 지하철에서
도 잔다고 했다. 4월에 약수터에서 자면 춥지 않느냐고 했더니 집에서 자는 것보다
따뜻하다고 한다. “지하철에서 자면 노숙자 아저씨도 있을 텐데……” 그랬더니 그
아저씨가 신문지도 준다고 했다. 6학년 여학생인데 험한 일 안 생긴 게 다행이라고
속을 쓸어내렸다.

“아저씨랑 자면 위험한데…… 안 무서워?”
“집에 있는 게 더 무서워요.”
“집이 왜 그렇게 춥고 무서워?”
“할머니 때문에요. 할머니 때문에 힘들어요.”
“선생님이 할머니 만나 뵌 적 있는데 무서워는 보이지만 네가 가출하고 결석해서 혹시
 잘못될까 봐 그러는 거 아닐까?”
“원래 그래요.”

할머니에게 매 맞은 자국이 3일이 지나도 아직 손등에 남아 있는 혜리다.

"아직도 많이 아프지?"
"그래도 옷 벗고 하루 종일 서 있는 것보다는 나아요."
"응?"

속옷만 입고 안방에 가출 안 한다고 할 때 까지 서 있으라고 해서 서 있었다는 데……. "안 한다고 하지?" 하니까 "또 할 건데요, 뭐." 그런다. 6학년 다 큰 여학생을 속옷만 입혀서 세웠을 할머니 심정도 모르는 바는 아니나 아이가 왜 집을 힘들어하는지도 알 것 같았다. 아이에게는 집이 필요했던 것이다. 자신의 이야기를 들어주고 힘이 되어 주는 따뜻한 사람들이 있는, 마음의 집.

"혜리야 집을 나가면 뭐가 제일 좋아?"
"나한테 뭐라고 하는 사람이 없잖아요."
"뭐라고 하는 사람?"
"할머니……."
"할머니가 어떻게 변하시면 네가 집에 있을 것 같아?"
"뭐라고 안 하고…… 안 때리고…… 뭐, 그러면 되죠."
"너는 편하게 쉴 수 있는 따뜻한 집이 필요한 거구나."
"네……. 다른 애들처럼 그런 집에 살고 싶어요."
"다른 애들처럼?"
"엄마도 있고, 아빠도 있고…… 놀러도 가고 뭐 그랬으면 좋겠어요."
"속상한 것도 얘기하고 또 같이 웃고…… 하는 집."
"예……."
"혜리에게 편하게 쉴 수 있는 따뜻한 집이 있으면 어떤 점이 좋아질까?"
"집에 있고 싶어지겠죠. 그러면 가출도 안 할 거고."
"집에 있고 싶어지면 혜리는 어떤 점이 좋은데?"
"가족들이랑 웃으면서 서로 이야기도 하고 제가 속상할 때는 위로도 해 주면 힘이 날 것 같아요."

"혜리의 이야기를 들어 주고 힘이 되어 주는 사람이 필요한 거구나."

"네."

● 전화 친구가 되었어요

여느 아이들처럼 놀고 있는 혜리를 보면 마음 한구석이 언제나 무겁다. 또 가출할지도 모른다는 불안감이 이젠 습관이 되었기 때문이다. 그래서 혜리에게 전화 친구가 되기를 제안했다.

"혜리야, 네가 도와주니까 요즘에 선생님이 너무 편해."

"그럴 줄 알았어요. 요즘 제가 선생님 때문에 얼마나 힘든데요. 헤헤."

"가까이 볼수록 선생님 스타일인데…… 우리 전화 친구 할까?"

"그게 뭐예요?"

"선생님이랑 너랑만 비밀 친구가 되는 거지."

"저랑만이요?"

"응. 애들 아무도 모르게."

"근데 그거 되면 뭐하는 건데요?"

"있었던 일이나 뭐 하고 싶은 말이 있을 때 전화해서 얘기하는 거야."

"선생님도 속상할 때가 있어요?"

"그럼, 얼마나 많은데. 준영이 수업 시간마다 떠들지, 석희 쉬는 시간마다 뛰어다니지, 선생님이 말할 데는 없고 속이 타요 타!"

"걔는 진짜 내가 봐도 말 안 들어요. 히히."

"그치? 선생님이 진짜……."

"근데요, 저도 선생님한테 전화해도 돼요?"

"그럼, 당연하지."

"아싸! 그럼 나 밥 뭐 먹었는지, 공책 뭐 샀는지, 그런 것도 얘기해도 돼요?"

"그럼."

"그럼, 아무 때나 전화해도 돼요?"

"선생님 잘 때는 좀 곤란하지만…… 뭐 봐준다. 아무 때나 해."

"그럼 아무 때나 전화해서 괴롭혀야지. 선생님 밥 먹을 때, 잘 때, 화장실에 있을 때……. 히히."

"진짜 그럴 거야? 그럼 생각 좀 해 봐야겠는데……."

"몰라요. 그럼 오늘부터예요?"

"아니, 지금부터야. 이젠 우린 비밀 친구야."

"네, 비밀 친구예요."

그날부터 혜리는 시간을 가리지 않고 전화를 했다. 새벽, 자던 잠 깨기도 하고 시끌시끌한 거리의 구석에서 두 손으로 귀를 막고 통화를 하기도 했다. 금방 교실을 나간 녀석이 전화를 하고, 일요일에도 종알종알 있었던 일을 얘기했다. 이렇게 할 말이 많은데 어떻게 참았을까……. 많이 외로웠으리라는 생각이 드니 마음 한구석이 짠했다.

② 일상생활 속에서 조금씩

● 혜리에게 의미 있는 한 사람이 되었어요

혜리에게 필요한 것은 '의미 있는 한 사람'이었다. 가족 중의 '한 사람'이라면 더 좋겠지만 혜리의 가족 중에서 그런 역할을 맡아 줄 사람은 없었다. 교실의 아이 중에서 은지가 가장 적합했지만 은지는 이미 너무 많이 지쳐 있었다. 그래서 내가 아이에게 다가가기로 했다. 아이의 가출은 11월이 될 때까지 계속되었지만 교사로서의 믿음과 마음의 표현을 그치지 않았다. 때로는 나 스스로도 어색해서 얼굴이 빨개질 때도 머쓱할 때도 있었고, 더디게 열리는 혜리의 마음에 속이 타기도 했지만 혜리의 손이 먼저 나에게 닿을 때의 감사함이란 감동 그 자체였다.

● 사회적 표현 기술을 익혔어요

혜리를 관찰하면서 상황을 되돌아보게 하는 것은 많은 도움이 되었다. 자신의 의도와 달리 상대방이 힘들어할 때는 혜리를 조용히 불러 이렇게 다시 말했다.

"혜리야, 미영이가 너를 도와줬는데 머리를 그렇게 헝클어 놓으면 미영이가 싫어하지?
 선생님이라면 그 상황에 뭐라고 했을 것 같아?"
"고맙다고 할 것 같아요."
"그렇게 말하면 미영이는 어떻게 할 것 같아?"
"다음에도 또 도와줄 것 같아요."

혜리는 아는 대로 표현하길 힘들어했다. 특히 고맙다거나 좋다는 등의 호의적인 표현에는 더욱 그랬다. 그리고 자신의 속마음을 표현하는 것을 극도로 차단했다. 자신이 알고 있는 바대로 표현하는 연습을 통해 혜리의 마음은 조금씩 동굴에서 나오기 시작했다.

● 자신을 긍정적으로 바라보도록 했어요

혜리를 따라다니던 꼬리표는 '가출을 자주 하는 아이'였다. 그 꼬리표는 혜리도 알고 있는 무겁고도 큰 꼬리표였지만 아이는 그것을 묵묵히 가지고 있어야만 했다. 물론 자신도 그런 류의 이야기가 나오면 자신을 가리키는 것마냥 고개를 푹 숙였다. 아이를 불렀다. 그리고 나의 작은 달력을 보여 주었다. 아이의 출석 날짜가 동그라미로 표시되어 있었다. "이번 달에 너는 20일 넘는 날을 출석했단다. 지난 달보다 5일이나 더 많아. 어떻게 이럴 수 있었어?" 혜리는 머리를 긁적거리면서 "내가 없으면 선생님이 바쁠 때 누가 도와주겠어요?"라고 얘기했다. 아이가 그렇게 긍정적인 눈으로 자신을 바라볼 수 있도록 도와주고 싶었다.

얼어붙은 마음을 가진 아이들은 마음을 표현하는 것에도 서툴고 마음을 나누는 것도 서툴다. 타인을 대할 때뿐만 아니라 자신을 대할 때도……. 감정 표현도 연습하면 걸음마 하던 아이가 나중에 달리기를 하듯이 할 수 있을 것이라는 믿음을 가졌다.

환경 바꾸기

① 인적 협조 체제

● 친구

혜리를 둘러싼 환경에 있는 모든 이들에게 함께하기를 부탁했다. 가족을 제외하고는 가장 많은 시간을 보내는 반 친구들에게 진정한 친구로서 함께하는 방법에 대해 이야기를 나눴고 아이들은 진심으로 혜리를 걱정하며 함께하게 되었다. 혜리가 가출을 했을 때 연락망을 이루어 꼬마지구대 역할을 했고, 돌아왔을 때 혜리를 보듬어 잘 적응할 수 있게 해 주었다.

● 지구대

혜리가 가출을 했을 때 빨리 찾고 연락을 받을 수 있도록 지구대와의 연계를 돈독히 했다.

● 복지사

혜리의 가출 횟수가 눈에 띄게 줄었던 9월. 할머니로부터 너무 당혹스러운 전화를 받았다. 아이들 뒷바라지가 너무 힘들다고 할아버지와 함께 시골로 내려가신다고 했다. 아이들은 동네에 작은 집을 하나 세 들어서 살게 할 작정이라고 하셨다. 중3인 오빠와 초등학교 6학년 여학생 둘만 남는 거다. 할머니를 설득해 보았지만 완고하셨다. 아이들끼리 살 것이 걱정이 되어 아이들이 있을 만한 시설을 알아보았다. 할머니께 말씀드렸더니 그렇게 해 주면 고맙다고 했다. 시설을 알아보고 있는 어느 날 아버지로부터 전화가 왔다. 아이들을 시설로 보내면 불을 지를 거라고 했다. 친아버지가 반대를 하는데 부득부득 우겨서 시설로 보낼 수는 없는 일이었다. 그렇게 할머니와 할아버지는 떠나고 아이들은 이사를 하였다. 먹고 지내는 것부터 걱정이 되었다. 작은집에서 가끔 돌봐준다고 했다. 그리고 복지사가 아이들을 주기적으로 돌보아 주기 시작했다. 아이들은 복지사를 잘 따르는 것 같았다.

● 청소년 상담 센터

2학기부터 청소년 상담 센터에서 심리 치료를 받기 시작했다. 학교 근처에 있는 센터를 수소문한 결과 미술 치료를 선택했다. 일주일에 한 번, 혜리의 말을 들으니 미술 치료뿐만 아니라 다른 재미있는 활동을 한다고 했다. 우리 학교 친구도 두어 명

만났다고 했다. 그 아이들에게 좀 특별한 유대감을 가지고 있는 것 같았다.

● 교장 선생님의 관심과 격려

교장 선생님과 혜리에 대해 이야기를 나누었다. 학교의 가장 큰 어른이 자신에게 관심을 가져 준다면 좀 더 특별한 자극이 되지 않을까 하는 기대였다. 교장 선생님은 흔쾌히 나의 제안을 허락했고 적극 도와주었다. 마트에 다녀오면서 날씨 춥다고 목도리를 선물해 주고, 교장실로 불러서 혜리에게 이런저런 얘기를 해 주었다. 처음에는 혼나는 줄 알고 교장실로 갔다가 시간이 흐르면서 교장 선생님에게서 할머니의 품을 찾기 시작했다. 친할머니한테는 느껴 보지 못한 따스한 사랑을…….

② 물리적 협조 체제

● 교사와 하굣길 데이트를 했어요

반장 대신 내가 혜리와 집에 같이 가게 되었다. 혜리가 가출하지 않게 지켰다가 할머니에게 데려다 주는 것이 그전의 의미였다면 이젠 달라졌다. 혜리와 집에 가면서 살짝 손도 잡고, 팔짱도 끼고, 불량 식품도 같이 사 먹고…… 그러다가 마음속에 있는 이야기를 나누는 시간도 갖고……. 그렇게 우리는 비가 오나 더우나 추우나 1년을 함께 보냈다. 6학년 수업을 마치고 매일 1시간 넘는 시간을 할애한다는 것이 나에게는 무척 부담스러운 일이었지만 지금 돌아보면 그 시간이 있었기에 관계가 좀 더 가까워지고 더 돈독해졌던 것 같다.
추워지는 어느 날 늘 내가 잡던 그 손이 나의 손을 먼저 잡았을 때!
매일 나가는 그 길을 교장 선생님이 허락해 주지 않았다면, 그 순간은 아마 없었을 것이다.

확인하기

① 도움이 되었는지 평가하기

11월 혜리의 마지막 가출 이후 졸업까지 가출은 더 이상 없었다. 돌봐 주는 어른들이 안 계셔서 생활은 더 힘들었겠지만 아이의 표정은 살아 있었다. 3월에 보던 웃음과는 다른 밝은 웃음이 혜리에게 나타난 것이다. 가장 놀라운 변화는 겨울방학이 끝나던 날이었다. 여름방학 때 숙제를 안 해 오고 방학 중에 한 가출로 인해 잔뜩 얼어 있던 혜리의 모습과는 달리 여유로웠다. 방학 숙제 중에서 일기를 매일 쓰고, 자기가 할 수 있는 과제는 조금 어설프지만 모두 다 한 것이다. 열심히 했구나, 애썼구나, 하는 마음에 뭉클했다. 혜리는 방학 과제 우수아 중 다섯 손가락 안에 들었다. 방학 과제 상을 그렇게 기쁜 마음으로 줘 본 적이 없었던 것 같다.

② 더 나은 변화를 위한 새로운 계획 세우기

졸업식. 혜리에게 해 줄 말이 그토록 많았건만 얘기를 할 수 없었다. 졸업장을 전해 주면서 목이 메었다. 아이를 바라보는 눈이 흐려졌다. 아이도 그랬다. 그 모습을 보고 우리 반 아이들이 같이 울었다.

혜리는 이제 중3이 된다. 스승의 날에 연락을 가장 먼저 하는 것도 혜리다. 친구들 말을 들으니 아직 결석을 한 적이 한 번도 없다고 한다. 모두 퇴근한 빈 교실로 "불 켜진 거 보고 왔어요." 하며 없는 용돈 쪼개 산 코코아가 식을까 품에 품고 오는 아이도 혜리다. 그러나 혜리를 보면 여전히 불안하다. 어깨에 놓인 짐이 너무 무거워서…… 하지만 나는 변화하고자 눈물겹게 노력하는 그 아이의 마음을 믿고 있다. 더 나은 변화를 위한 우리의 새로운 계획은 '앞으로 시간이 더 지나가도 선생님이 옆에 있는 거 잊지 말고 찾아 주기'이다. 다시는 이 아이가 혼자이지 않도록 내가 그 곁을 지켜 주고 싶다.

Ⅲ.
초등 학급에서의 집단상담

1. 학기 초 | 어색함을 깨뜨리고 싶을 때

2. 학기 중 | 행복한 학교생활을 위해

3. 학기 말 | 감사의 마음을 전해요

초등 학급의 집단상담은 아이들이 건강하고 원활한 만남을 통해 변화, 성장하고 효율적인 문제 해결 능력을 키우기 위해 필요하다. 그러나 40분 안에, 재미와 역동성을 동시에 추구하면서, 30여 명의 아이들을 집중시키고, 피드백을 통한 교육적 효과까지 거둔다는 것은 결코 만만한 일이 아니다. 여기 제시된 집단 활동은 교사들이 직접 구성하고 시행착오를 거친 것으로, 담임교사가 현장에서 쉽게 적용할 수 있도록 준비물과 자리 배치, 활동 순서와 마무리 등으로 간단하게 짜여 있다. 또한 참고 사항과 중점을 둘 부분, 피드백을 위한 다양한 질문 등 활동을 수행하는 데 실질적인 도움이 될 내용들도 함께 담았다.

1. 인원이 30여 명이다.
2. 내담자의 주의 집중이 짧은 편이다.
3. 시간은 모든 활동이 40분을 넘지 않아야 한다.
4. 재미가 있어야 하고 피드백 시간은 짧다.

이러한 조건을 내걸고 상담을 진행해 보라고 한다면 과연 자신 있게 대처할 수 있는 상담 지도자들이 몇이나 될까? 이것은 초등 학급에서 그리고 전문가가 아닌 일반 담임교사가 집단상담을 실시할 때에 항상 고려해야 하는 조건들이다. 웬만큼 노련한 전문 상담 지도자가 아니고서는 엄두를 내기 어려운 조건이기 때문에 학교에서 실시하는 대부분의 집단상담은 단순한 집단 활동이나 집단 교육 수준에 머물게 되는 것이 현실이다. 하지만 집단상담에서 중요한 점은 참가자들이 건강하고 원활한 만남을 통해 각 개인의 성장과 발달, 효율적인 문제 해결의 능력을 키우도록 돕는 것이다. 이러한 관점에 도달하기 위해서 교실에서의 집단상담! 어떻게 접근하는 것이 좋을까?

초등 학급에서의 집단상담은 첫째, 놀이나 게임을 중심으로 한 '움직임이 있는 활동'으로 구성한다. 흔히 놀이와 게임 속에는 규칙이 있고 몸과 몸이 부딪히며 짧은 시간에 상호 교류가 역동적으로 일어나게 된다. 이 과정에서 아이들이 지닌 움직이고 싶은 욕구와 경쟁과 협동의 욕구들이 자연스럽게 분출한다. 쉐퍼[Charles E. Shaefer, 1993]는 '놀이란 무엇인가?'에 대한 대답으로 다음의 일곱 가지 특징을 설명하고 있다.

· 집단이 즐겁고 재미있으면서도 진지한 방향으로 나아가게 해 준다.
· 구조화된 놀이는 집단원들이 집단에 안전하고 수월하게 들어오도록 해 준다.
· 놀이는 집단원들을 긴장과 초기 불안에서 벗어나게 하는 탁월한 힘을 발휘한다.
· 놀이는 집단원들의 방어기제를 순간적으로 무력화한다.
· 놀이는 집단원들의 자기 주도적 참여를 촉구하며 순식간에 지금—여기에 몰입하게 해 준다.
· 놀이는 집단원들 간의 상호작용이 보다 친밀하고 진솔하도록 촉진한다.

· 놀이 규칙은 집단원들이 집단의 규칙과 규범을 편안하게 받아들이고 공유하여 준수할 수 있도록 해 준다.

둘째, 집단상담 활동을 세밀하게 구조화해야 한다. 초등 학급에 놀이를 매체로 집단상담을 한다고 해서 모두 집단상담이 되는 것은 아니다. 이러한 놀이나 활동이 단순한 놀이나 활동이 아닌 상담으로 승화되기 위해서는 상담의 관점에서 세밀하게 구조해야 할 필요가 있다. 그렇게 될 때, 놀이는 상호작용과 피드백을 통해 아이들을 자연스럽게 자기의 성장과 발달로 이끌어 내면화시킬 수 있을 것이다. 그리고 담임교사가 활동을 쉽게 이끌어 가게 도와줄 것이다.

셋째, 아이들 상호 간 또는 스스로 활동을 통해 평가하고 생각할 수 있는 피드백이 주어져야 한다. 집단상담의 핵심은 상호 간의 만남, 변화, 성장이다. 활동을 통해 나와 상대방에 대한 인식이 달라지고 변하면서 성장하게 된다. 이러한 피드백은 활동 중에도 활동을 마무리하는 단계에서 주어진다. 시간이 짧고 학생 수가 많은 만큼 효과적인 상호 피드백과 자신과 상대방을 돌아볼 수 있는 적절한 피드백을 줄 수 있어야 한다.

넷째, 초등 학급에서 모든 아이들을 대상으로 하는 집단상담인 만큼 성장에 중점을 두고 실시해야 한다. 왕따나 학교 폭력, 소외된 아이들 등 특정한 집단이 아닌 반 전체를 대상으로 할 때에는 아이들의 성장에 초점을 두고 접근해야 한다.

마지막으로 개인상담이 필요한 아이들은 따로 상담을 실시해야 한다. 위의 교실 집단상담은 짧지만 역동적인 활동을 통해 아이들의 다양한 모습들이 무의식적으로 표출되게 한다. 어떤 부분은 집단 상호 간의 피드백이나 자기 점검을 통해 도움을 받을 수 있지만 시간적으로 조금 더 교사의 도움이 필요한 부분이 보이게 될 때는 개인상담으로 연결하여 아이들을 돕는 것이 보완되어야만 집단상담의 의미가 더욱 커질 수 있다.

시기	목적	번호	활동명	해당 상황 및 효과
학기 초	어색함을 깨뜨리고 싶을 때	1	선물 낳는 수박씨	첫인사
		2	몸으로 하는 자기소개	웃으며 시작하기
		3	서로 돕는 우리	친밀해지기
		4	친구 모셔 오기	이름 외우기
학기 중	행복한 학교생활을 위해	1	"너, 나와!"	자신감
		2	나의 강점은 무엇?	인정과 지지
		3	스트레스 팡팡!	긴장감 해소
		4	알에서 봉황까지	분위기 업
		5	내 친구 대변신!	공동 작업
		6	추장님, 건강하세요	의사소통
		7	보물을 찾아라	협동과 문제 해결
		8	네 머릿속이 궁금해	서로의 생각 알기
		9	내 친구를 지켜라	소중한 친구
		10	비 오는 날의 맨발 데이트	비 오는 날의 경험
		11	Go! Go! 세탁기 속으로	공동의 노력
		12	둥실둥실 풍선 치기	협동심
		13	셔틀콕 제기	협동심
		14	엉킨 손을 풀어라	의사소통
학기 말	감사의 마음을 전해요	1	선물 그려 주기	고마운 마음
		2	칭찬 샤워	격려와 응원
		3	이곳이 천국	나눔의 즐거움
		4	함께 만드는 우리 모습	소속감과 비언어적 소통

이러한 점을 고려하여 이 장에서는,

1. 교실에서 집단상담이 필요한 상황을 학기 초, 학기 중, 학기 말이라는 시기적인 특성에 따라 각각 '어색함을 깨뜨리고 싶을 때' '행복한 학교생활을 위해' '감사의 마음을 전해요'로 구분하였다. 또한 해당 활동이 요구되는 상황 및 활동을 통해 얻을 수 있는 가치를 밝혔다. 교사는 필요에 따라 활동을 선택할 수 있으며, 교과와 연결을 할 수도 있고, 방과 후나 재량활동 시간 등을 적절히 안배하여 활용할 수도 있다.

2. 움직임이 있는 '활동'을 중심으로 하는 집단상담 내용으로 구성하였다. '움직임이 있다'는 의미는 모든 활동이 놀이나 게임으로 구성된 것을 뜻하는 것은 아니며 주로 움직임을 통해 상호 교류와 역동이 일어날 수 있는 내용으로 구성이 되었다는 것을 의미한다.

3. 집단상담 전문가가 아닌 담임교사가 쉽게 적용할 수 있도록 활동안을 구성하였다. 각 내용들은 모두 학급 현장에서 담임교사가 직접 적용하여 구성한 것이므로 교사들이 어렵지 않게 적용할 수 있을 것이다. 각 활동은 준비물과 자리 배치, 활동하기, 마무리하기로 간단히 짜여 있으며, 참고 사항과 중점을 두어야 할 부분, 피드백을 위한 다양한 질문과 활동의 목적 등 실제 활동을 수행하기에 적합한 내용으로 구성하였다.

4. 활동 후에 스스로 자기 활동을 점검하고 정리할 수 있는 피드백 양식을 제공하였다. 집단상담에서 피드백은 매우 중요하다. 하지만 짧은 시간으로 인해 피드백이 소홀해지는 경향이 있다. 그래서 이를 보완하고자 초등 학급 상담에 맞게 새로 피드백 양식을 구안해 보았다. 이것은 활동 마무리 단계에서 활용해도 좋고 시간에 쫓길 경우 마무리 후에 작성하거나 일기에 용지를 붙여서 활용할 수도 있다. 어떤 방법이든 피드백을 통해 그 활동에서 나와 친구들을 새롭게 발견하고 성장할 수 있는 기회를 제공하는 것이 중요하다.

함께한 우리들의 시간

이름________________

오늘의 활동은?		함께했던 친구들은 누구?
기억에 남는 활동 장면		

오늘 활동하고 난 후의 느낌을 아래에서 골라 보세요. 여러 개를 선택해도 되고 표현하려는 느낌 단어가 없으면 옆 칸에 직접 써도 좋아요.	느낌을 고른 까닭은?

감격하다	친절하다	친근하다	외롭다	
감동하다	감사하다	편안하다	울적하다	
기쁘다	고맙다	흥분되다	미안하다	
들뜨다	따뜻하다	희망차다	부끄럽다	
만족스럽다	마음이 놓이다	자유롭다	부담스럽다	
반갑다	마음이 열리다	기분이 언짢다	쑥스럽다	
생기가 나다	멋지다	불편하다	쓸쓸하다	
상쾌하다	사랑스럽다	지치다	졸리다	
쾌활하다	행복하다	짜증나다	성가시다	
영광스럽다	평화롭다	힘들다	피곤하다	
유쾌하다	열광적이다	답답하다	무섭다	
환희롭다	안도하다	못마땅하다	걱정되다	
활기차다	안정되다	섭섭하다	곤란하다	
신 나다	충족되다		실망하다	

오늘의 활동 목표		목표에 대한 <u>스스로</u> 점수 1 2 3 4 5 6 7 8 9 10
오늘 활동에서 배운 점		
덧붙여 자기나 친구에게 발견된 좋은 점이 있다면?		

함께한 우리들의 시간

이름(   )

오늘의 활동은?	엉킨 관계를 풀어라! (세탁기 게임)	함께 했던 친구들은 누구?
기억에 남는 활동 장면	세탁기 게임을 할때 친구들이 내가 엉킨 부분을 풀때가 생각난다.	주현, 혜지, 민기, 원근, 민근, 태수, 희주

오늘 활동하고 난 후의 느낌을 아래에서 골라보세요
여러 개를 선택해도 되고 표현하려는 느낌 단어가 없으면
옆 칸에 직접 써도 좋아요.

				느낌을 고른 까닭은?
감격하다	친절하다	(친근하다)	외롭다	세탁기게임을 하기전에는 행동을 안해봐서 친구들이 그다지 친하게 느껴지지 안았는데 하고보니 마음을 안것같아 새친구한테 친근함이느껴지고 좀 미안하다
감동하다	감사하다	편안하다	울적하다	
기쁘다	고맙다	흥분되다	(미안하다)	
들뜨다	따뜻하다	희망차다	부끄럽다	
만족스럽다	마음이 놓이다	자유롭다	부담스럽다	
반갑다	(마음이 열리다)	기분이 언짢다	쑥스럽다	
생기가 나다	멋지다	불편하다	쓸쓸하다	
상쾌하다	사랑스럽다	지치다	졸리다	
(쾌활하다)	행복하다	짜증나다	성가시다	
영광스럽다	평화롭다	힘들다	피곤하다	
유쾌하다	열광적이다	답답하다	무섭다	
환희롭다	안도하다	못마땅하다	걱정되다	
활기차다	안정되다	섭섭하다	곤란하다	
(신 나다)	충족되다		실망하다	

오늘의 활동 목표	다른 친구들과 협동하여 엉킨 관계를 풀 수 있다	목표에 대한 스스로 점수 1 2 ③ 4 5 6 7 8 9 10
오늘 활동에서 배운 점	다른 친구들과 협동을 하면 어려운것도 쉽게 풀수 있다는 점	
덧붙여 자기나 친구에게 발견된 좋은 점이 있다면?	혜지라는 아이가 세탁기게임을 하기전에는 까칠하다고 생각했는데 오늘 보니 명랑한아이라는 것을 알게되있다.	

'오늘의 활동은'
활동안에 제시된 대로 그 대로 제시한다.

'기억에 남는 활동 장면'
그림과 글 모두 가능하다. 고학년일수록 구체적으로 적도록 하는 것이 좋다.

'느낌을 찾고 느낌을 고른 까닭'
느낌을 다양한 감정 단어로 선택해 보도록 한다. 한 단어를 택해도 좋고 여러 단어를 택해도 좋다. 아이들이 자기의 감정을 다양하게 표현할 수 있었다. 또한 고민 없이 자기 감정을 선택할 수 있기 때문에 흥미롭게 생각하였다. 혹시 자기가 느낀 감정이 없을 경우 직접 옆에 쓰도록 하면 된다.

'오늘의 활동 목표'
미리 활동 목표를 제시하여 주고 스스로 자기평가를 척도에 따라 해 보도록 한다.

'오늘 활동에서 배운 점'
스스로 새롭게 알게 된 사실이나 깨달은 생각을 적는 곳이다.

'덧붙여 자기나 친구에게 발견된 좋은 점이 있다면?'
이 활동을 통해 자신뿐 아니라 친구들의 새로운 부분을 발견하는 곳이다.

선물 낳는 수박씨

모든 것이 새로운 첫날, 조용한 침묵은 서먹하고 어색한 아이들의 마음을 대변해 줍니다. 이것을 깨뜨리기 위해 교실에서는 일반적으로 '자기소개'를 많이 하는데, 이는 낯선 사람들 앞에서 자신을 노출해야 하는 큰일이므로 교사의 의도와는 다르게 아이들이 가장 싫어하는 시간이 되곤 합니다. 그래서 요즈음에는 다양한 놀이로 첫날을 시작하는 경우가 많아, '선물 낳는 수박씨' 활동을 소개합니다. 이 활동은 자연스러운 스킨십을 통해 서로의 경계를 풀고, 또 스티커가 붙은 서로의 얼굴을 보고 함께 웃는 기회를 제공함으로써 자연스럽게 레포를 형성하는 데 알맞은 활동입니다.

▶준비물_교사 : 예쁜 메모지(1인당 3장), 스티커, 선물 담을 봉투 1개

　　　　　학생 : 색연필이나 사인펜, 가위

▶자리 배치_각자 자리에서 일어나 자유롭게 다니며 활동한다.

"우리가 할 활동은 '선물을 낳는 수박씨'입니다. 제목을 듣고 어떤 활동일지 추측해 보세요."

※ 진행에 참고해 주세요

· 소극적인 아이의 경우 처음이라 특히 다른 친구에게 다가가기 힘들어할 수 있으니 활동 전반부에서는 도움을 주도록 합니다.

· 얼굴에 스티커를 붙이라고 하면, 안경에 붙이는 경우가 있습니다. 나중에 안경에 붙은 스티커를 떼지 못해 곤란한 경우가 발생하기도 하므로, 스티커를 안경에 붙이지 않도록 주의를 준 후 활동을 시작하세요. 더불어 아토피처럼 피부가 약한 아이의 경우에는 얼굴이 아닌 옷소매 부분이나 배 부분에 붙여도 된다고 안내해 주세요.

1. 나누어 준 메모지에 자신이 받고 싶은 선물을 3가지 쓴 후 주머니 속에 넣어 둔다.

2. 학습지에 붙어 있는 스티커를 가지고 돌아다닌다. 마주친 친구와 가위, 바위, 보를 해서 이긴 사람의 얼굴에 스티커를 붙여 준다. 만났던 사람은 다시 만날 수 없다.

3. 제한된 시간이 끝나면 자리에 앉아 짝의 얼굴에 붙은 스티커를 떼어 내면서 몇 개인지 세어 준다. (떼어 낸 스티커를 붙일 종이를 따로 제공하거나 알림장에 스티커를 붙이도록 말한다. 그렇지 않으면 책상이나 교과서에 붙이는 학생들이 생긴다.)

4. 스티커가 가장 많은 친구를 골라 교사가 봉투를 준다. 1등한 친구가 봉투를 들고 교실 가운데에 서면 한 사람씩 나와 자신의 선물을 1등에게 전해 준다. 반 친구들에게 자신의 선물을 소개하고 싶은 사람은 소개할 수 있는 기회를 준다. (공동 일등이 있을 경우에는 두 개를 일등에게 각각 주고, 하나를 주고 싶은 사람에게 준다.)

5. 남은 선물은 주고 싶은 사람에게 전해 준다.

> **Tip.**
> · 선물을 글씨로 써도 좋지만 꾸미는 시간을 준다면 더 기분 좋은 선물이 된답니다.
> · 스티커를 붙일 때 상대방을 배려해 주세요. 세게 붙여서 아프게 하거나 안경 위에 붙여서 불편함을 주는 행동 등은 사이를 오히려 더 멀어지게 해요.
> · 스티커를 많이 모으는 것에 초점을 맞추지 않도록 활동 전에 의도를 충분히 설명해 주세요.

1. 활동을 통해 느낀 점 나누기

- 선물을 그릴 때 어떤 마음이었나요? 그리고 이 선물을 줄 때 혹은 받을 때는 어떤 마음이 들었나요?
- 어떻게 친구에게 먼저 말을 걸 수 있었나요?

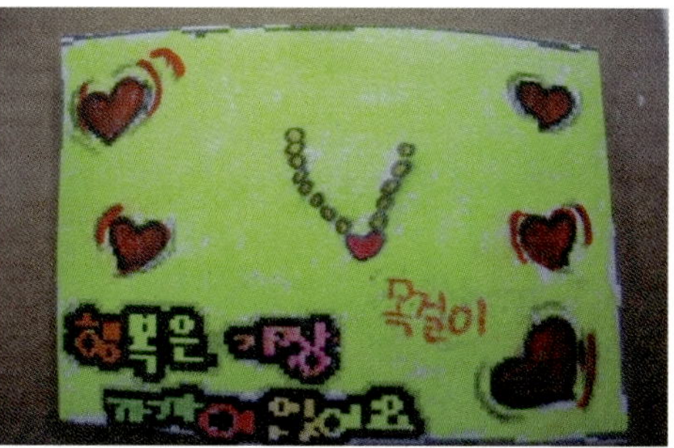

받고 싶은 선물들

이긴 사람에게 수박씨 붙이기

- 친구가 먼저 말을 걸었을 때 어떤 느낌이었나요?
- 활동 전과 지금의 여러분은 어떤 점이 달라졌을까요?
- 어떤 점이 인상적이었나요?

2. 활동의 목적 알려 주기

- 첫 만남의 어색한 분위기를 친근한 분위기로 만들고 싶을 때

"친구와 얘기하고 싶고 또 웃고 싶은데 처음이라는 것이 참 우리를 불편하게 합니다. 선생님 앞에 앉아 있는 여러분도 그렇겠지만 여러분을 처음 대하는 선생님도 그렇고 옆에 있는 친구 또한 같은 마음일 거예요. '가위바위보'를 통해 낯선 친구와 새로운 만남을 가져 보고, 또 스티커를 서로 붙여 주면서 또 한번 웃어 보고 그러면서 서로 좀 더 가까워짐을 느끼게 되길 바랍니다. '시작이 반'이라는 말이 있습니다. 우리는 벌써 반만큼 가까워졌습니다. 반씩 반씩 거리를 좁혀 가다 보면 내 옆의 낯설었던 아이는 어느새 '친구'라는 이름으로 옆에 있을 겁니다. 먼저 손을 내밀어 보세요! 오늘처럼!"

몸으로 하는 자기소개

아이들과의 만남이 이루어진 첫날, 아이들에게 자신에 대해 소개를 하라고 하면 활발한 아이들 몇을 제외하고는 대부분 자기를 소개하는 것을 부끄러워하고 반 전체가 조용해집니다. 그리고 아이들은 새 친구들과 서먹한 기분에 전에 서로 알고 지냈던 친구와 이야기를 나누거나 쉬는 시간에는 작년에 같은 반이었던 아이들을 찾아가는 경우를 볼 수 있습니다.

이번 활동은 학기 초의 어색한 분위기를 없애고 서로에 대해 알아 가면서 친밀한 관계를 만들고 싶을 때 학급 전체가 할 수 있는 활동입니다.

▶준비물_없음

▶자리 배치_책상과 의자를 사방으로 밀어 놓고 전체가 둥글게 선다.

"이번 시간에는 '몸으로 하는 자기소개'라는 활동을 하려고 합니다. 활동을 하기 위해서는 책상과 의자를 사방으로 밀어 놓고 우리 반 전체가 둥글게 원을 만들어 서야 합니다. 책상과 의자를 사방으로 잘 밀어 놓았네요. 이제부터 둥글게 큰 원을 만들어 서는데, 친한 친구와 서지 말고 조원들과 함께 서 보세요."

※ 진행에 참고해 주세요

· 친한 친구와 함께 있으면 자기들끼리 이야기를 나누는 경우가 있습니다. 이 활동의 목적이 서로 어색한 관계를 친밀하게 만들기 위한 활동이므로, 준비 단계에서 아이들을 조별로 서게 하면 좋습니다. 그렇다고 원에 1조, 2조, 3조 조별순으로 세울 필요는 없으며 조원들과 함께라면 조의 순서는 상관이 없습니다.

· 5, 6학년보다는 1~4학년 학생들이 흥미를 느끼며 즐겁게 참여하는 편입니다.

몸으로 하는 자기소개

활동하기

1. 둥글게 원을 만든다.

2. 자기소개를 하는 아이가 전체 원 안쪽으로 한 걸음 들어와서 제스처와 함께 자신을 소개한다. 예를 들어 "(연필을 들고 문제를 푸는 흉내를 내며) 수학을 좋아하는 정환희!"라고 외친 후 한 걸음 뒤로 물러나 원래의 자기 자리로 돌아간다.

3. 2번 활동이 끝나자마자 아이들이 모두 함께 원 안쪽으로 한 걸음씩 들어가면서 방금 자기소개를 한 아이가 했던 행동과 말을 똑같이 2번 흉내를 낸다. 다시 말하면, 원 안으로 한 발짝 들어오면서 똑같은 제스처를 취하며 "수학을 좋아하는 정환희!"라고 외친 후, 다시 원 밖으로 한 발짝 나왔다가 다시 원 안으로 들어가면서 "수학을 좋아하는 정환희!"라고 외치는 것이다.

4. 모든 학생들이 돌아가면서 한 번씩 자기소개를 한다.

   · (리코더 부는 흉내를 내며) 리코더를 잘 부는 ○○○!

   · (공을 차는 흉내를 내며) 축구 선수가 되고 싶은 ○○○!

   · (먹는 흉내를 내며) 피자를 좋아하는 ○○○!

   · (잠자는 흉내를 내며) 드르렁 드르렁 잠자기를 좋아하는 ○○○!

5. 모든 학생들이 다 하면 다시 돌아가면서 자기소개를 하는데, 앞에서 자기를 소개했던 내용 외에 다른 내용으로 자신을 소개하도록 한다.

6. 교사가 제일 먼저 동작과 말을 크게 하면서 자기에 대해 소개를 해야 아이들이 활동에 대해 쉽게 이해를 한다. 처음에 유머 감각이 있거나 활발한 아이를 먼저 시

키면 활동하는 분위기가 즐거워진다.

마무리하기

1. 활동을 통해 느낀 점 나누기

- 여러분은 이번 활동을 하면서 느낀 점이 무엇이었나요?

- 어떤 친구의 자기소개가 가장 기억에 남나요?

- 더 하고 싶은 자기소개가 있나요?

- 이번 활동 전과 활동 후, 학급 친구들에 대한 마음의 거리가 어떻게 달라졌나
  요?

2. 활동의 목적 알려 주기

- 서로에 대해 알아가면서 친밀한 관계를 맺고 싶을 때

"3월 2일, 우리는 ○학년 ○반으로 하나가 되었습니다. 그런데, 아직 서로에 대해 잘 알지 못하다 보니 어색하고 서먹한 분위기가 많이 있는 것 같습니다. 선생님은 몸으로 하는 자기소개를 통해서 우리 반 친구들이 서로에 대해 알아 가면서 친밀한 관계를 만들고 싶어서 이러한 활동을 하게 되었습니다."

서로 돕는 우리

아기가 엄마와 신체 접속을 통해 안정감을 느끼는 것처럼, 친구 사이에도 손을 잡거나 껴안는 활동을 하면 서로를 가깝게 느끼게 됩니다. 물론, 학급에서 친구들끼리 손을 잡거나 팔짱을 끼고 다니는 아이들이 있지만, 주로 친한 친구 몇 명과 한정되어 있습니다.

이번 활동은 학급 친구들과 함께 다양한 신체 활동을 해 봄으로써, 학급 아이들이 서로 가까워지게 만들고 싶을 때 할 수 있는 활동입니다.

▶준비물_활동지

▶자리 배치_평상시

"이번 시간에는 '서로 도와주는 신체 활동'을 하려고 합니다. 선생님이 주는 종이에는 여러분이 친구들과 해야 하는 10가지 신체 활동이 있습니다. 이 10가지 신체 활동은 모두 여자 5명, 남자 5명의 각기 다른 친구와 만나서 해야 합니다. 활동이 끝난 후 친구 칸에 활동을 함께한 친구의 이름을 쓰세요. 그리고 내가 이미 어떤 활동을 마쳤더라도 그 활동을 못 한 친구가 있다면 그 친구를 위해 다시 해 주세요. 지금부터 15분 동안 활동 시간을 줄 것입니다. 선생님이 시작하라고 하면 시작해 주세요."

※ 진행에 참고해 주세요

· 자리 배치를 특별히 할 필요가 없지만, 아이들이 교실을 돌아다니는 데 편하도록 책상끼리 붙여 놓아 교실의 앞과 뒤, 옆 공간을 확보해 주는 것이 좋습니다.

· 규칙이 10명의 각기 다른 친구와 10가지 활동을 하는 것임을 알려 줍니다. 한번 적은 이름은 지울 수 없고 한번 같이 활동한 친구는 다른 활동을 할 수 없음을 분명하게 안내합니다.

· 자기 자리에 주변에 있는 친구보다는 친해지고 싶은 친구에게 신체 활동을 하자고 제안해 볼 것을

권유합니다.

· 활동이 끝난 후, 가장 활동을 많이 한 사람(친구 칸에 이름이 가장 많이 적힌 사람)에 대해 칭찬 등의 방법으로 보상을 해 주는 것도 좋습니다.

활동하기

1. 활동지에 자신의 이름을 쓴다.
2. 주어진 15분 안에 활동 10가지를 다 하고 함께한 친구의 이름을 친구 칸에 쓴다.
3. 다 했으면 교사에게 와서 확인을 받는다.
4. 자신이 다 했더라도 다 못 한 친구를 위해 활동을 도와줄 수 있다.
5. 15분 안에 활동을 마친 사람에게 보상을 해 준다.

> **Tip.**
> 15분 안에 활동을 다 하는 것도 중요하지만, 자기가 한 활동이라도 그 활동을 못 한 친구들을 도와주는 것 역시 중요함을 느끼게 해 주기 위해 친구 칸에 가장 많이 이름을 적힌 아이들에게도 보상을 해 주는 것이 좋아요.

마무리하기

1. 활동을 통해 느낀 점 나누기

   - 여러분은 이번 활동을 하면서 느낀 점이 무엇이었나요?
   - 어떤 친구와 함께한 신체 활동이 가장 기억에 남나요?
   - 활동하기 편했던 신체 활동과 쑥스러웠던 신체 활동은 무엇인가요?
   - 이번에 신체 활동을 하고 난 후, 가까워졌다고 느껴지는 친구가 있나요?

2. 활동의 목적 알려 주기

   - 신체 활동을 통해 학급 아이들이 서로 가까워지게 만들고 싶을 때

"아기는 엄마와 신체 접촉을 하면 그것을 통해 편안함과 안정감을 느낀다고 합니다. 친구 사이에도 손을 잡거나 껴안는 활동을 하면 서로를 가깝게 느끼게 됩니다. 우리 반에도 친한 친구들끼리 손을 잡거나 팔짱을 끼는 친구들은 있긴 하지만, 이번 활동을 통해서 학급의 많은 친구들과 신체 활동을 해 봄으로써, 좀 더 서로를 가깝게 느낄 수 있도록 해 주고 싶어서 이러한 활동을 하게 되었습니다."

서로 돕는 우리

이름 ___________

- 10가지 활동 모두 각기 다른 친구와 만나서 해야 합니다.
- 활동이 끝나면 확인란에 활동을 함께한 친구에게 사인을 받으세요.
- 예를 들어, 이미 내가 활동5를 하였더라도 활동5를 하지 못한 친구가 있다면 그 친구를 위해 활동을 해 주세요.

활동	활동 내용	함께 한 친구
1	1부터 30까지 세면서 친구와 서로 양 손바닥을 30번 세게 마주 치세요.	
2	친구와 오른쪽 발바닥끼리 10번, 왼쪽 발바닥끼리 10번 마주 치세요.	
3	친구와 엉덩이를 옆으로 번갈아 2번 치세요.	
4	팔짱 끼고 세 바퀴 도세요.	
5	두 손으로 머리 위에 하트 모양을 만든 후, 친구에게 "널 만난 건 행운이야!"라고 5번 말하세요.	
6	친구와 손을 잡고 칠판 → 창가 → 교실 뒤 게시판 → 복도 쪽 창가 → 칠판 순으로 교실 둘레를 1번 걸어 보세요.	
7	친구의 어깨를 30초간 주물러 주세요.	
8	친구에게 큰절을 한 번 하세요.	
9	가위바위보를 해서 서로 같은 것을 낼 때까지 해 보세요.	
10	친구의 모습에서 제일 예쁜 곳을 5군데 말해 주세요. 예) "넌 신발을 바르게 신었구나!" "넌 참 눈이 맑구나!"	

친구 모셔 오기

새 학기, 또는 학기 중에 모둠이나 자리를 바꾸게 될 경우 등 환경이 바뀌면 처음엔 다들 서먹하고 어색합니다. 서로의 이름을 얼른 외우고 많이 불러 주는 것이 대부분의 대인 관계에서도 관심의 첫 표현이 됩니다. 이름 빨리 부르기를 게임으로 진행하여 서로의 존재를 확인하고, 같은 팀이 되어 모여서 의논하고 협동하는 동안 아이들은 서로에게 일체감과 함께 중요한 존재감을 느끼게 됩니다. 팀끼리의 친밀감이 빨리 형성되기에 알맞은 활동입니다.

▶준비물_비치지 않는 커다란 천이나 얇은 담요
▶자리 배치_같은 인원수로 두 팀을 만들고 의자 없이 가운데 천을 중심으로 팀끼리 모여 천에 가려 지도록 몸을 숨겨 앉는다.

"이번 시간에는 친구 모셔 오기 활동을 하려고 합니다. 두 팀으로 나눕니다. 각 팀은 천을 가운데 두고 양쪽으로 모두 몸을 숨기세요!"

※ 진행에 참고해 주세요
· 의논할 때 팀끼리 오밀조밀 모여 의논하고 대표를 뽑는 작전 시간이 끝나면 대표 아동만 팀 앞쪽으로 살금살금 천 가까이에 옮겨 앉도록 합니다.
· 저학년의 경우 8=4+4, 8=3+5 같은 연산 공부와 연계하여 진행할 수도 있습니다.

활동하기

1. 커튼의 한쪽을 끈으로 묶고 다른 쪽을 교사가 잡고 선다.
2. 천 뒤에서 각 팀끼리 모여 상대 팀 모르게 게임에 도전할 대표를 한 명 정한다.
3. 대표가 정해지면 정해진 대표는 천 가까이로 앞으로 다가앉는다.
4. 선생님이 하나, 둘, 셋! 하는 구령에 맞추어 천을 걷으면 앞에 앉은 대표들은 보

이는 대표 친구의 이름을 빨리 부른다. 이름을 먼저 부른 팀 친구들은 상대 팀 대표를 자기편으로 데리고 간다.

5. 여러 번 반복하여 인원수가 많은 팀이 승리하게 된다.

천을 사이에 두고 마주 앉은 아이들

마무리하기

1. 활동을 통해 느낀 점 나누기

- 여러분은 이번 활동을 하면서 느낀 점이 무엇이었나요?
- 이 활동을 통해 배우게 된 것이 있다면 이야기해 볼까요?
- 친구가 고마웠던 경우는 없나요?
- 대표가 되었을 때나 이름이 불렸을 때의 느낌은 어떠했나요?
- 대표가 되어 다른 팀에 소속될 때 기분은 어떠했나요?
- 오늘 어떤 점이 인상적이었는지 말해 봅시다.

2. 활동의 목적 알려 주기

- 친구들의 이름을 빨리 익히고 소속감과 친밀감을 기르고 싶을 때

"새로 친구를 사귈 때 또는 알던 친구들끼리라도 서로의 이름을 즐겁게 외우고 활기차게 먼저 불러 주는 것이 친한 친구가 되는 관심의 첫걸음이라고 생각합니다. 친구 모셔 오기 활동을 통해 선생님은 친구들 이름을 많이 익히고 큰 목소리로 먼저 부르게 하는 것이 중요한 것임을 체험하게 하고 싶었습니다. 그리고 같은 팀이 되어 활동하면서 서로 사이좋게 협의하고 여러분들이 하나 되는 경험도 느끼게 하고 싶었습니다."

> **Tip.**
> · 천을 구하기 어려울 때는 상대 팀이 모여 의논한 후에 나란히 마주 보고 있다가 교사의 구령 셋!에 맞추어 한 명 대표가 일어나며 서로 이름을 부르는 방식으로 할 수 있어요.
> · 다른 편으로 간 아이는 상대 팀의 일원이 되어 똑같은 권한을 가지고 활동하도록 해 주어야 소외감을 느끼지 않아요.

"너, 나와!"

힘이 센 아이나 공부나 축구 등 어느 분야에서 친구들로부터 인정받는 아이들은 자신의 생각을 잘 주장합니다만, 자신감 부족 등의 이유로 자신의 목소리를 학급에서 잘 내지 못하는 아이들을 볼 수 있습니다. 그리고 아이들의 관계가 수평인 경우도 있지만, 고학년으로 올라갈수록 힘이 있는 아이가 생기면서 아이들은 친구 사이임에도 눈치 아닌 눈치를 보게 됩니다.

이번 활동은 여러 이유로 주눅 들어 자기 목소리를 내지 못하는 아이들을 위한 것으로, 큰 소리로 친구들의 이름을 외치는 것을 통해 자신감을 키우게 하는 활동입니다.

▶ 준비물_의자 (학급 아이들 수 – 1)
▶ 자리 배치_의자를 큰 원으로 배치한 후, 의자에 아이들을 자유롭게 앉게 한다.

"이번 시간에는 '너, 나와!'라는 활동을 하려고 합니다. 활동을 하기 위해서는 여러분의 의자를 큰 원으로 둥글게 만들어야 합니다. 의자로 원을 둥글게 잘 만들었네요. 그럼 여러분이 앉고 싶은 자리에 앉아 보세요."

※ 진행에 참고해 주세요

· 준비 단계에서 아이들을 자리에 앉을 때 일부러 친한 아이들과 친하지 않은 아이들을 섞어 앉힐 필요는 없습니다. 이 활동은 옆에 앉아 있는 친구와 하는 활동이 아니기 때문에, 옆에 누가 앉아 있어도 상관이 없으며, 친한 친구와 앉아 있더라도 활동하면서 자연스럽게 아이들의 자리가 섞이게 됩니다.

· 교사가 대장이 되어 2번 정도 연습 활동을 해 보면 아이들이 활동을 더 쉽게 이해합니다. 2번의 연습 활동이 끝난 후에, 자리에 앉지 못한 아이(새로운 대장)에게 줄 벌칙을 정하게 한 후, 활동을 시작하면 대장을 하고 싶어 일부러 자리에 앉지 않는 일을 줄일 수 있습니다.

1. 대장을 한 명 정한다.

2. 원 안을 돌면서 대장은 자신을 따르게 하고 싶은 아이들 앞에 가서 손가락으로 아이를 가리키며 "김원석! 너 나와!"라고 큰 소리로 이름을 부른다.

3. 대장은 원 안을 돌면서 8명 정도 아이들의 이름을 부르고 이름이 불린 아이들은 차례대로 대장의 허리를 잡고 줄 지어 대장을 따라다닌다.

4. 대장이 원 안을 돌다가 큰 소리로 "빠져!"라고 외치면 아이들은 빈 의자에 가서 앉아야 하고 앉지 못한 한 명이 새로운 대장이 된다.

5. 새로운 대장이 된 아이가 벌칙을 받은 후에 처음부터 다시 활동을 진행한다.

6. 2회 걸린 경우만 벌칙을 주면 벌칙으로 활동이 끊기는 횟수를 줄일 수 있다.

마무리하기

1. 활동을 통해 느낀 점 나누기

  • 여러분은 이번 활동을 하면서 느낀 점이 무엇이었나요?

  • 이 활동을 통해 배운 것이 있다면 이야기해 볼까요?

  • 대장을 해 본 ○○는 오늘 어떤 생각이 들었니?

  • 오늘 ○○가 제일 즐거워하던데 어떤 점이 재미가 있었니?

2. 활동의 목적 알려 주기

  • 학급에서 자기 목소리를 내지 못하는 아이들의 목소리를 키워 주고 싶을 때

"학급 활동을 할 때 자신의 생각을 큰 목소리로 내는 친구가 있고, 조심스럽게 친구들의 이야기를 듣고만 있는 친구들이 있습니다. 선생님은 이번 활동을 통해 그동안 자기 목소리를 내지 못했던 친구들이 크게 친구의 이름을 부르고 대장처럼 친구들을 이끌어 보면서 자신감을 갖게 해 주고 싶었습니다."

> **Tip.**
> · 맨 처음 대장은 되도록 행동을 과장되게 하거나 목소리가 큰 아이들을 시켜야 활동의 분위기가 잘 조성돼요.
> · 대장이 원 안을 돌 때 빠르게 달리다가 천천히 걷다가 하면서 속도에 변화를 주면 더 재미있어요. 그리고 대장의 허리를 붙잡고 따라가는 중에 손을 놓쳐 끊어지면 끊긴 아이가 벌칙을 받고 대장이 되어요.
> · 대장은 남자 한 명, 여자 한 명씩 돌아가면서 남녀 고루 부르게 하면 동성에 치우치는 것을 방지할 수 있답니다.

나의 강점은 무엇?

타고난 재능과는 달리 강점은 노력에 의해 습득되고 계발할 수 있는 모습입니다. 학습 활동이 많은 교실에서 자칫 학력이 가장 중요한 영역인 것처럼 부각되기 쉽습니다. 서열을 정하는 능력 비교가 아닌 서로 다른 모습을 가진 다양성을 인정하는 수평적 축복 속에서 아이들은 건강하게 자기 색깔을 발산하며 협력하며 자랄 수 있습니다. 각자가 가진 다양한 강점들을 친구들이 찾아 주는 활동을 해 보면서 아이들은 자신을 소중하고 특별한 존재로 느끼게 될 것입니다. 친구들이 보는 나의 강점을 찾아 자신감을 회복하는 행복한 시간을 갖기 위한 활동입니다.

▶ 준비물_다양한 강점들이 적힌 문구들을 라벨지에 인쇄하여 아이들이 쉽게 떼어 내서 붙일 수 있도록 준비한다.

▶ 자리 배치_처음에 자기 강점을 찾아 붙일 때는 자기 자리에서 시작하고, 친구 강점을 찾을 때는 각자 자리에서 일어나 자유롭게 다니며 활동한다.

"이번 시간에는 친구들이 전하는 내 강점을 찾아서 활동을 하려고 합니다. 여기 강점을 표현한 문장들은 모든 세계 사람들이 인정하는 가치 있는 것이며, 타고난 재능이라기보다 자신이 여러 번 행동하여 계발시킬 수도 있는 덕목입니다. 그럼 문장들을 읽어 보고 자신과 우리 친구들 중에 어울리는 강점들을 살펴보고 전달하는 시간을 갖겠습니다. 미리 인쇄된 라벨지의 내용을 잘 읽어 보세요. 그 문장에 어울리는 자신의 모습과 친구를 떠올려 보세요."

※ 진행에 참고해 주세요

· 강점 인쇄는 주소 라벨지를 사서, 한글 프로그램에서 〔도구-라벨-라벨문서만들기-라벨문서꾸러미〕를 활용하면 편합니다.

· 등에 강점을 붙일 때 머리카락에 붙이지 않도록 주의를 줍니다.

1. 각자 강점이 적힌 문장을 잘 읽도록 한다.

2. 먼저 자신이 보기에 스스로에게 어울리는 문장들을 찾아 떼어 자기 몸 앞쪽에 붙인다.

3. 다른 문장들 중에 어울리는 친구들의 얼굴을 떠올려 본다.

4. 선생님이 시작 신호와 함께 친구들에게 어울리는 문장을 떼어 친구 등에 붙이러 다닌다.

5. 한 사람에게 여러 장 붙이기보다 많은 친구들에게 나누어 붙이길 권유한다.

6. 자신의 등에 붙은 스티커 문장을 떼어 모아 보며 어떤 내용이 많이 붙었는지 확인한다.

7. 자신이 고른 강점과 친구들이 골라 준 강점을 비교해 본다.

내 강점 붙이기

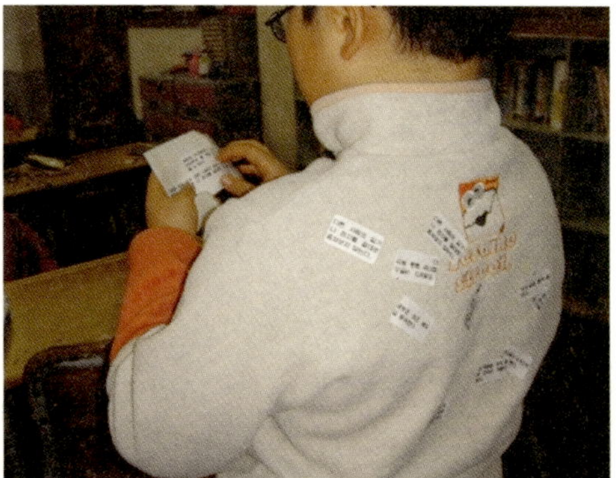

친구 등에 붙여 준 강점들

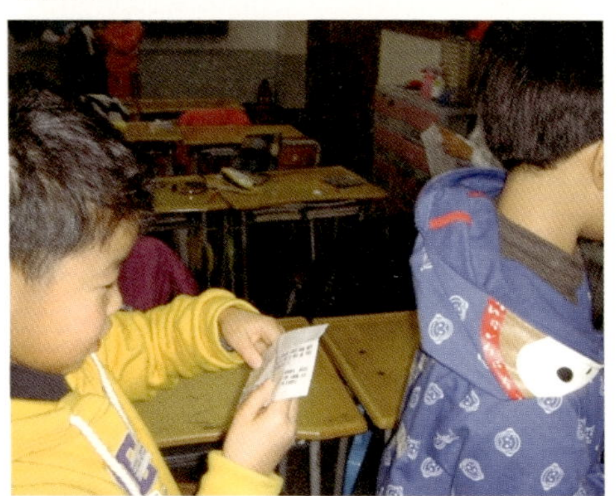

친구에게 붙여 준 강점 찾기

미래의 자화상에 붙인 강점들

- 혼자서도 심심해하지 않고 잘 지낸다.
- 알고 싶은 것이 있으면 책을 찾아보거나 질문을 통해 알아낸다.
- 새로운 것을 배우기를 좋아한다.
- 부모님은 내 말이 옳다고 자주 말씀하신다.
- 새로운 재미있는 아이디어를 제안한다.
- 상상력이 뛰어나다.
- 새로운 친구들이나 모임에서 잘 어울릴 수 있다.
- 또래보다 어른스럽다는 말을 듣는다.
- 놀림감이 되더라도 내가 옳다고 생각한 대로 말을 한다.
- 시작한 일을 끝까지 해서 잘 마친다.
- 열심히 하여 내가 목표한 것을 이룬다.
- 다른 사람의 일기나 편지를 절대로 훔쳐보지 않는다.
- 곤경에 빠져나오기 위해 거짓말을 하지 않는다.
- 새로 전학 온 친구에게 잘해 주려고 노력한다.
- 부탁받지 않고도 다른 사람을 스스로 도와준다.
- 가족, 친구들과 싸우더라도 나는 그들을 진심으로 사랑한다.
- 잘못한 일에 대해 잘 시인하고 인정한다.
- 학교나 방과 후 활동을 하는 것이 즐겁다.
- 친구들이 나를 주장으로 믿고 따른다.
- TV를 보거나 게임을 하다가도 필요한 일이 생기면 당장 끌 수 있다.
- 항상 일을 빨리 끝낸다.
- 내가 말하기보다 다른 사람에게 말할 기회를 더 많이 준다.
- 내 생활을 생각할 때 고마운 것들이 많다.
- 다른 사람이 도와줄 때 고맙습니다라는 말을 잊지 않는다.
- 이 다음에 아주 행복한 어른이 될 것 같다.
- 아이들은 나랑 놀 때 정말 재미있어한다.
- 친구가 기분이 좋지 않아 보일 때 즐거운 이야기나 행동을 하여 풀어 주려 한다.
- 사람들이 잘못했을 때 용서한다.
- 누군가 내 기분을 상하게 하더라도 절대로 그 사람에게 앙갚음을 하려고 하지 않는다.

출처_마틴 셀리그만, 《긍정심리학》(물푸레)

1. 활동을 통해 느낀 점 나누기

   - 자신이 찾은 강점과 친구들이 찾아 준 강점들은 어떤 게 있나요?

   - 강점을 찾고 나서 어떤 기분이 들었나요?

   - 활동을 하고 나 자신에 대해 느끼거나 깨닫게 된 점은 무엇인가요?

   - 친구들과 더 나누고 싶은 강점들이 있나요?

   - 친구들과 내 강점을 보고 느낀 점은 무엇인가요?

2. 활동의 목적 알려 주기

   - 서로가 가진 각자의 강점을 함께 인정하고 지지해 주고 싶을 때

"사람들의 얼굴이 다 다르듯이 우리가 가진 강점도 다 다릅니다. 누가 더 잘하고 못하고를 겨루는 것이 아니라 너와 나는 서로 어떤 좋은 점들을 각자 가지고 있나 살펴보는 시간이었습니다. 누구에게나 강점이 있습니다. 서로 다른 강점들로 우리는 서로 도우며 행복하고 조화롭게 살 수 있습니다. 강점은 노력하고 계발하면서 더 키워 나갈 수 있는 덕목들입니다. 선생님은 여러분이 지금 가진 강점들을 더 잘 가꾸고 다른 친구들의 강점도 소중히 여기는 자세를 가져 보는 뜻깊은 시간이기를 바라면서 이 활동을 하였습니다. 강점을 가진 여러분들 하나하나가 다 소중합니다."

Tip.
떼어 낸 강점들은 미래의 자화상 그림 옆에 모아서 붙여 두는 것도 효과적인 방법이에요.

스트레스 팡팡!

요즘은 단원 평가에 학기말 고사에 시험이 왜 이리 많은지, 아이들이 숨 돌릴 틈이 없습니다. 보는 교사도 안쓰러울 정도니까요. 공부를 잘하든 못하든 아이들은 시험이란 두 글자 앞에서 초조해하고 긴장합니다. 막상 시험을 치고 나도 후련하지 않은 마음 다 아시죠? 아쉽게 못 푼 문제와 기억나지 않았던 답들로 울화가 치밀기

신문지를 찢는 아이들

도 하죠. 부모님께 성적표 보여 드릴 생각에 걱정이 앞서는 아이들.

이럴 때는 아이들 마음에 진 응어리와 스트레스를 한 방에 풀어 버릴 수 있는 기회를 마련해 주면 어떨까요?

▶ 준비물_신문지(10부 정도), 대형 비닐(쓰레기봉투)
▶ 자리 배치_책상과 의자는 사방으로 밀어 놓고, 전체가 편하게 둥글게 앉는다.

"오늘은 '스트레스 팡팡!' 활동을 할 것입니다. 이 활동을 하기 위해서는 큰 원의 형태로 둥글게 앉아야 합니다. 여러분이 앉고 싶은 자리에 앉아 보세요."

활동하기

1. 2~3명당 1부 정도 신문지를 나눠 준다.(가운데에 모아 놓거나 흩어 놓는다.)
2. 쭉쭉 갈기갈기 찢는다. 자신의 고민거리나 스트레스의 원인을 크게 말하면서 마치 그것을 찢듯 빡빡 찢는다.(교사가 먼저 시범을 보인다.)
3. 찢은 신문지로 눈싸움 또는 옷 속에 집어넣기, 뿌리기를 하면서 마음껏 논다.
4. 일정 시간(5분 이내) 이후 친구들과 함께 옷과 몸에 묻은 신문지를 털어 준다.
5. 정리할 때는 모둠별로 비닐에 신문지 조각들을 빠른 시간에 모아 오도록 한다.

(저학년의 경우는 청소도 게임 형식으로 제시하면 좋다.)

6. 신문지를 모두 모아 큰 공을 만들어 다른 활동으로 넘어갈 수도 있다.

1. 활동을 통해 느낀 점 나누기

   • 오늘 신문지로 여러 가지 활동을 해 보았어요. 활동을 마치고 기분이 어떤가요?

   • 내가 속에 담아 둔 채 하지 못했던 말, 생각, 느낌을 털어 내고 나니 여러분의 마음이 어떤가요?

   • 이 활동을 통해 털어 내고 싶었던 것들은 무엇인가요?

   • 오늘 ○○가 제일 즐거워하던데 어떤 점이 재미가 있었나요?

   • 하고 싶었던 말들, 또는 차마 하지 못했던 말들이 있다면 일기나 교실 화이트보드에 마음껏 써 보기 바랍니다.

2. 활동의 목적 알려 주기

   • 자신의 마음속에서 꾹꾹 참고 못 했던 말, 화가 났던 일들, 한 번쯤 큰 소리로 외쳐 보고 싶었던 말을 다른 사람의 눈치 보지 않고 자유롭게 표현하고 싶을 때

"어른들뿐 아니라 여러분들도 학생으로서 힘들고 어려운 점이 있을 거예요. 누구랑 싸웠는데 너무 억울했던 일, 꼭 하고 싶었지만 차마 용기가 없어서 혹은 야단맞을까 봐 주저했던 말……. 한 번쯤 큰 소리로 나의 마음과 감정을 표현하고 싶을 때가 있잖아요. 산 위에 올라서서 큰 소리로 '야호'라고 외쳐 보면 속이 후련해지는 것처럼요. 너무 참고 있으면 나의 건강한 마음과 몸을 갉아 먹는 덩어리가 돼요. 훌훌 털어 버리고 마음껏 자유롭게 표현해 보세요."

🔍 Tip.

· 처음에 어색해하고 눈치 보고 있는 아이들을 위해 선생님이 나서서 신문을 마구 찢으며 크게 소리를 지르거나 "너무너무 힘들어!" 등 감정을 표현하며 시범을 먼저 보여 주는 것이 좋습니다.

· 돌아다니면서, 소리 지르고 난리 납니다. 신나는 음악을 틀어 주면 분위기를 쉽게 고조시킬 수 있어요.

· 찢기 활동 전에 신문지를 반으로 접어 가면서 그 위에 올라가기, 신문지 막대로 친구들 때리기 등의 활동을 즐길 수도 있어요. 신문에 미리 자기 스트레스의 원인을 적어 두면 더 신나게 찢을 수 있겠지요?

알에서 봉황까지

운동장이나 강당은 장소가 넓어서 아이들이 들어서자마자 걷기보다는 뛰고 싶은 곳입니다. 시선이 분산되고 아이들이 자유롭게 놀 수 있는 곳이라 저학년들은 참 좋아하죠?

이번 활동은 '가위바위보'를 응용한 진화형 게임 '알 - 병아리 - 닭 - 봉황' 활동입니다. 이 놀이는 가위바위보를 이용한 생태계 놀이라는 이름으로나 '알 - 애벌레 - 번데기 - 나비' 등 다양한 형태로도 많이 즐기는 놀이입니다. 유사한 형태로 '쥐 - 고양이 - 늑대 - 호랑이'로 변형해 고학년들과도 즐거운 시간을 보낼 수 있습니다.

▶준비물_의자 1개, 멋진 왕관(준비물이 없어도 무방)
▶자리 배치_지정된 구역을 자유롭게 돌아다니므로 충분한 공간을 확보한다.

"이번 시간에는 여러분이 가위바위보를 통해 알에서부터 점점 진화해서 봉황이 되어 보는 거예요. 슬기로운 생활 시간에 동물이 성장하는 과정이나 어른이 되는 과정을 보았지요? 오늘은 실제로 우리가 체험을 해 볼 거예요."

※ 진행에 참고해 주세요

· 준비 단계에서 게임의 규칙을 설명해 주고, 특정한 지식이나 요령이 없어도 모두가 재미있게 할 수 있는 것임을 주지시킵니다. 다만 시간이 너무 길면 흉내 내는 자세 때문에 지칠 수 있으므로 시간을 정해 두는 것이 좋습니다.

· 아이들이 동작이나 소리 흉내보다 가위바위보만 하고 돌아다니는 경우가 생기므로 게임 중에도 적절히 규칙을 상기시켜 주세요.

· 동물의 이름이나 종류는 '쥐-고양이-개-여우-호랑이-천사'처럼 교사와 아이들이 협의하여 여러 가지 형태로 변형이 가능하며, '알-올챙이-개구리' '알-애벌레-번데기-나비'와 같이 단계를 두면 과학 교과와 연계하여 활동할 수 있습니다.

1. 알, 병아리, 닭, 봉황이 되는 과정을 설명하면서 규칙을 말해 준다. 교사가 먼저 전체 동작을 보여 주면 이해가 쉽다. 알은 알끼리, 병아리는 병아리끼리, 즉 같은 종류끼리만 가위바위보를 할 수 있다. 가위바위보에서 지면 다시 한 등급 아래의 종류로 퇴화된다. 1번 이기면 한 등급 위로 진화한다.

2. 모두가 앉아서 오리걸음을 하면서 두 손은 머리 위로 동그라미를 만들고 "알 알 알 알" 하고 외치며 돌아다닌다. (알 흉내)

3. 친구들 중 '알'과 가위바위보를 해서 이긴 사람은 병아리가 된다. 병아리가 된 사람은 약간 무릎을 구부려서 몸을 앞으로 숙이고 두 손을 병아리 작은 날개처럼 하고 삐악삐악하며 돌아다닌다. (병아리 흉내)

4. 병아리끼리 또 가위바위보 해서 이기면 닭 흉내를 내고(엉거주춤 서서 손으로 닭 벼슬을 만들며 꼬꼬댁~), 닭끼리 가위바위보를 해서 이기면 훨훨 나는 봉황(우아한 자태로 크고 여유로운 날갯짓)이 된다.

5. 동작이나 소리 흉내도 잘 내고, 진화와 퇴화의 규칙을 지키도록 미리 안내한다.

1. 활동을 통해 느낀 점 나누기

- 여러분은 활동을 하면서 느낀 점(기억에 남는 장면, 힘들었던 것)은 무엇인가요?
- 병아리나 닭에서 다시 알이 되어 보니 어떤 느낌이었나요?

가위바위보 하는 모습

알에서 봉황까지

●이 활동을 통해 배우게 된 것이 있다면 이야기해 볼까요?

●무엇이 제일 재미있었니? 봉황을 해 보니 오늘 어떤 생각이나 느낌이 들었니?

●오늘 ○○가 제일 즐거워 보이는구나. 어떤 점이 재미가 있었니?

2. 활동의 목적 알려 주기

●반 분위기를 Up! 즐겁게 띄우기 위해

"동물이든 사람이든 성장하는 과정을 놀이로 재미있게 체험함으로써 어려움도 있고 노력도 필요하다는 것을 알려 주고 싶었습니다. 어른이 된다고 해서 무조건 좋은 것이 아니라 자유와 함께 책임이 따르는 것입니다. 자신의 위치에 맞는 말과 행동을 하도록 노력해야 하고 존중받기 위해 그만큼의 노력이 있어야 한다는 것을 알았으면 좋겠습니다."

Tip.

· 진화를 위해서는 성별에 상관없이 가위바위보를 하게 되므로 자연스럽게 친근해지고 신체 접촉이 없기 때문에 싸움의 여지가 없어서 좋아요.
· 강당의 무대를 활용해 봉황이 되어서 무대에서 훨훨 날도록 하면 시각적으로 더욱 동기화돼요.
· 간혹 봉황이 된 아이들이 계속 놀이에 참여하고 싶어서 다시 알이 되겠다고 하는 경우도 있으니 적절히 응용하여 다음 단계를 정해 둬도 좋습니다. 봉황이 된 아이들은 봉황끼리 여유롭게 즐기다가 선생님을 이기면 불사조가 되어 왕좌에 등극하는 방법도 있겠네요.
· 2학년의 슬기로운 생활과 관련하여 동물이든 사람이든 성장하는 과정을 놀이로 재미있게 체험함으로써 어려움도 있고 노력도 필요하다는 것을 알게 되어 나름 교육적인 의미가 있습니다.

내 친구 대변신!

친구에게 옷 입히기

즐거움을 주는 놀이를 통해 아이들은 자발적인 경험을 하고 상황에 몰두하며 진지해집니다. 특별한 상황에 함께 있다는 느낌과 중요한 작업에 동참한다는 감정은 일상에서도 이어져 적극적이고 자발적인 에너지를 선사하게 됩니다. 아이들이 축 처져 있을 때, 함께 즐거움에 몰입하는 경험을 발산시키는 분장 놀이를 권해 봅니다. 친구를 위해 분장을 해 주고 분장을 받으면서 혼자가 아닌, 서로 돕고 희생하면서 즐거움과 서로의 친밀감이 한껏 발휘되는 활동입니다.

▶ 준비물_아이들이 가진 것과 교실 내에서 구할 수 있는 물품들
▶ 자리 배치_각 모둠끼리 활동한다.

"이번 시간에는 분장 놀이를 하려고 합니다. 각 모둠은 친구 중에서 분장해서 변신할 사람을 한 명씩 정하세요. 그리고 분장할 내용도 의논해 봅시다."

※ 진행에 참고해 주세요
· 분장의 주제는 자유롭게 정하게 합니다. 교사에게는 아이들이 친구들끼리 얼마나 잘 협조하는지, 어떤 친구가 주도적이고 소극적인지 관찰할 수 있는 기회가 되기도 합니다.

활동하기

1. 각 모둠에서 분장을 할 친구와 내용이 정해지면 꾸미는 시간과 채점 기준 등을 미리 알려 주어 아이들이 더 구체적인 활동을 하게 한다.
2. 준비물로 서로 다투거나 친구들끼리 힘들게 하는 상황이 오면 워크아웃 시간이

있음을 알려 지나친 경쟁으로 과열되는 것을 예방하고 즐겁게 협조하며 활동하도록 한다.

3. 채점 기준의 예: 주제 근접성, 협동성, 창의성 등
4. 정해진 시각에 활동을 끝내고 분장한 친구들을 소개하고 음악에 맞춰 움직여 보게 하는 것도 가능하다.

마무리하기

1. 활동을 통해 느낀 점 나누기

- 함께 이번 활동을 하면서 어떤 느낌이 들었나요?
- 그런 느낌이 든 까닭을 자세히 표현해 볼까요?
- 달라진 친구들은 어떤 마음이 들었나요?
- 힘들거나 불편한 점은 없었나요?
- 칭찬하고픈 다른 모둠이 있나요?

2. 활동의 목적 알려 주기

- 즐거움을 통해 친구들과 함께하는 친밀감을 느끼게 하고 싶을 때

"친구가 달라지는 분장 놀이를 함께해 보았습니다. 늘 같은 모습의 친구가 오늘 여러분들에 의해 새로운 인물로 탄생되었습니다. 함께 협동하여 친구를 꾸미는 여러분들, 그리고 힘든 분장을 참아 내는 친구까지 하나가 되어야 이룰 수 있는 활동이었습니다. 짧은 시간 동안 이렇게 창의적이고 즐겁게 몰입하여 활동하는 여러분들을 보며 선생님도 흐뭇했습니다. 할 수 있다는 생각과 에너지가 넘쳤구요. 오늘의 즐거움을 기억하며 적극적인 생활을 했으면 좋겠습니다."

> **Tip.**
> · 약간 끼가 있고 활발한 아동이 분장을 당하는 사람이 되면 변화를 두려워하거나 거부하지 않아 독특하고 재미있게 꾸밀 수 있어요. 아이들에게 미리 귀띔해 주세요.
> · 겨울에는 옷 많이 껴입히기로 변형할 수 있어요.

추장님, 건강하세요

잘 듣고 잘 전달하는 의사소통의 중요성 때문에 교실에서는 바로 앉아라, 또박또박 말해야지 등등 교사의 지적이 끝없이 이어집니다. 딱딱한 이야기로 중요성을 강조하는 것보다 말하는 어려움을 약간 가미한 재미있는 활동으로 아이들이 웃고 즐기는 중에 그런 바른 의사소통의 중요성을 체험하게 된다면 얼마나 즐거운 일일까요? 아이들은 게임이라고 하면 날이 새도록 합니다. 즐거움을 맛보며, 바르게 말하고 잘 듣는 일상의 언어소통에 대해 감사하고 중요성을 느끼기에 알맞은 활동입니다.

▶ 준비물_입을 벌려 끼울 수 있는 엄지손가락 크기만 한 과자류 또는 코르크 마개

▶ 자리 배치_아이들이 서로 볼 수 있도록 원을 만든다. 한 원에 10명 정도의 인원이 적당하다.

"이번 시간에는 '추장님 건강하세요' 활동을 하려고 합니다. 원을 만드세요."

※ 진행에 참고해 주세요

· 시범 보일 때 교사가 반에서 활동적인 친구들을 먼저 몇 명 내세우면 분위기가 많이 상승하여 효과적입니다.

· 과자는 굵기가 약간 굵으면서 손가락 두 마디 정도의 길이(맛동산 정도)가 적당합니다. 과자를 미리 먹어 버리지 않도록 합니다.

활동하기

1. 과자를 준비하여 아동 수대로 나누어 줍니다. 교사가 세로로 과자를 세워 입에 무는 방법을 시범 보이며 "추장님이 아프세요." 라고 옆 친구를 보며 말한다. 이때 과자를 세워 입에 물고 말하기 때문에 입이 자유롭게 움직이지 않는다. 어눌한 말로 시작하면서 아이들의 웃음이 시작되면 분위기가 살아난다.

2. 그러면 그 말을 들은 옆 친구가 "추장님이 어디가 아프세요?" 라고 묻는다. 교사

는 과자를 문 채로 신체 부분 중 한 곳을 실제 아픈 듯이 가리키며 "옆구리가 아프대요."라고 대답해 준다.

3. 그 말을 받은 친구는 입에 과자를 물고 다시 앞의 교사가 했던 것처럼 "추장님이 아프세요."라고 다음 친구에게 말한다. 다음 친구는 처음처럼 "추장님이 어디가 아프세요?"라고 묻는다.

4. 전달하는 친구는 아픈 곳을 하나씩 보태어 가며 다음 친구에게 전한다. "추장님이 옆구리도 아프고, 머리도 아프대요." 반드시 아픈 곳을 시늉하며 몸짓도 함께 표현하게 한다.

5. 전달받은 친구는 다음 친구에게 또 전달하며 활동을 계속 진행한다.

1. 활동을 통해 느낀 점 나누기

- 이번 활동을 하면서 어떤 느낌이 들었나요?

- 그런 느낌이 든 까닭을 자세히 표현해 볼까요?

- 이 활동을 통해 배운 것이 있다면 이야기해 볼까요?

- 힘들거나 불편한 점은 없었나요?

- 활동 중 인상에 남는 친구나 장면이 있나요?

2. 활동의 목적 알려 주기

- 의사소통의 중요성과 고마움을 즐겁게 체험하게 하고 싶을 때

"여러분은 오늘 작은 과자를 하나를 입에 물고 말을 하는 활동을 해 보았습니다. 작은 과자 하나를 입에 물었을 뿐인데 느끼는 그 불편함과 어색함으로 이야기를 전달해 보았구요. 이런 작은 변화 하나가 우리 모두를 우스꽝스럽게 만들기도 하네요. 평소 우리가 자연스럽게 말을 할 수 있다는 게 얼마나 감사한지, 그리고 말을 듣고 내용을 기억하여 전달하는 것이 얼마나 중요한지 느껴 보게 하려는 활동입니다. 우리가 이런 즐거운 활동 중에서도 여러 가지 것을 깨닫고 앞으로 이것을 오래 기억하여 서로의 말을 잘 듣고 전달하고 말하는 사람이 되면 좋겠습니다."

보물을 찾아라

교과 활동은 아이들의 강점을 모두 드러내기에 제한이 많습니다. 그렇기에 교과 외에 다양한 활동을 통해 아이들 각각의 강점을 찾을 수 있도록 장을 마련할 필요가 있습니다. 왜냐하면 강점을 알게 됨으로써 아이는 자존감을 높일 수가 있고 이는 외부의 자극에 대처하는 태도를 결정하기 때문입니다.

'보물을 찾아라'는 우리에게 익숙한 교실이나 운동장을 돌아보며 미션을 하나씩 해결해 나가는 역동적인 활동입니다. 이는 평소에 알지 못했던 친구의 강점 및 자신의 강점을 찾는 소중한 기회를 제공해 줄 것입니다.

▶준비물_교사 : 미션이 적힌 종이(모둠 수만큼), 타이머

　　　　　학생 : 연필, 지우개

▶자리 배치_교실에 4명씩 모둠별로 앉는다.

"이번 시간에는 운동장에 나가 '보물을 찾아라'라는 활동을 할 거예요. 잠시 공부에서 벗어나 진정한 꼬마 탐정이 돼 보도록 해요."

※ 진행에 참고해 주세요

· 미션 문항을 구성할 때 거리 간의 간격을 두면 좀 더 역동적인 활동이 됩니다. 예를 들면, 연못 바로 옆에 있는 동상을 다음 문항으로 하기보다는 연못 반대편에 있는 평균대에 관한 문항을 내고 그 다음에 연못 옆의 동상 문항을 내면 아이들은 좀 더 활동적으로 움직이게 됩니다.

· 문항을 구성할 때 답이 숫자가 되게 합니다. 마지막에 모두 더한 숫자가 '보물'입니다.

　예) 1. 우리 학교 동상 중 어린이는 모두 몇 명일까요? (　　)명

　　　 2. 이순신 동상의 칼은 왼손에 있을까요? 오른손에 있을까요? (　　)

　　　　① 왼손　　　　② 오른손

1. 4명씩 한 모둠이 되어 모둠장을 뽑는다.

2. 모둠장은 여러 개의 봉투 중에서 하나의 봉투를 뽑는다.

   (미션 봉투의 문항은 대체로 비슷하나 순서가 다르다.)

3. 지켜야 할 규칙을 말해 준다.

   · 모둠원은 항상 같이 움직일 것.

   · 동시에 들어오는 시간을 종료 시간으로 정할 것.

   · 자신의 의견은 가능하면 나 전달법을 사용할 것.

   · 상대방의 의견은 끝까지 들어 줄 것.

   · 모둠장이 혼자 해결하는 것이 아니라 공동으로 참여할 것.

4. 모둠별로 출발하되 각 모둠의 출발 시간은 간격을 두도록 한다.(2분 정도)

5. 미션을 해결하고 돌아와 자리에 앉는다. 마지막 모둠이 마칠 때까지 기다린다.

> **Tip.**
> 주로 어린이날 전이나 방학 전, 아이들이 공부에 집중하기 힘든 분위기에서 실시하면 좋아요. 교실에서의 활동은 다른 반에 방해될 수 있으니 운동장 활동으로 해 주세요.

마무리하기

1. 활동을 통해 느낀 점 나누기

   ● 새롭게 발견한 친구의 모습이 있다면 어떤 것인가요?

   ● 의견을 주고받을 때 힘들거나 불편한 점은 없었나요?

   ● 어떻게 미션을 모두 해결할 수 있었나요?

   ● 미션을 완료했을 때 어떤 느낌이 들었나요?

   ● 미션을 잘 해결하는 비법이 있다면 어떤 것이 있나요?

2. 활동의 목적 알려 주기

   ● 협동 활동을 통해 서로의 강점을 발견하게 하고 싶을 때

"여러분의 발그레한 볼이 얼마나 열심히 활동을 했는지 알게 해 주네요. 교실에 앉아 있다가 학교 여기저기를 바쁘게 뛰어 다니는 여러분을 보니 선생님도 덩달아 신이 났어요. 오늘 '보물을 찾아라' 활동을 통해 친구의 새로운 모습을 발견해 봤어요. 아직도 여러분 각자는 많은 보물을 간직하고 있답니다. 친구의 보물뿐만 아니라 내 안의 보물이 뭐가 있는지 주의 깊게 살피는 우리 반이 되었으면 합니다. 세상의 누구나 소중한 존재라는 거 잊지 마세요!"

네 머릿속이 궁금해

학급의 아이들은 서로 활발하게 어울리는 것 같지만 행동 이면의 마음을 나누기는 어렵습니다. 그 아이에게 무엇이 중요한지, 어떤 것에 많은 관심과 에너지를 쏟고 있는지를 아는 것은 더욱 어렵습니다. 반대로 그 아이가 중요하게 생각하고 있는 것, 바라는 것이 무엇인지를 알게 되면 그 아이의 행동을 이해할 수 있게 되고 그 아이 자체를 이해할 수 있게 됩니다.

이번 활동은 각자가 중요하게 생각하는 것이 다르고 그 다름으로 인해 행동이 달라짐을 알게 함으로써 아이들이 서로를 더 잘 이해할 수 있도록 돕는 활동입니다.

▶준비물_머리 그림이 그려진 종이, 사인펜

▶자리 배치_모둠별 책상

"이번 시간에는 '네 머릿속이 궁금해!'라는 활동을 하려고 합니다. 활동을 하기 위해서 모둠 책상으로 만들어 주세요. 그리고 사인펜을 준비한 후 뇌 그림 종이를 받아 갑니다."

※ 진행에 참고해 주세요

· 학기 초 서먹했던 관계를 지나 서로에 대해 어느 정도 알게 되었을 때나, 새로 모둠을 만들고 1주일쯤 지난 후에 하는 것도 좋습니다. 뇌 그림은 모둠원 아이들의 행동을 이해하는 데 도움을 줍니다.

· 교사가 질문에 대한 시범을 보이고 몇 가지 질문을 칠판에 적어 주거나 PPT로 띄워서 보여 주면 이해가 쉽습니다.

　– 이것이 네게 제일 중요한 이유는 뭐니?

　– 만약 이걸 가지게 되면 네게 어떤 도움이 되니? 어떤 변화가 생기니?

　– 언제부터 이것에 대한 생각을 하게 되었니?

– 이것을 이루기 위해 넌 무엇을 하고 있니? 무엇을 하고 싶니?

· 활동을 마친 후, 이름 부분을 가리고 친구들에게 뇌 그림을 보면서 누구의 것인지 맞혀 보게 할 수
도 있습니다.

활동하기

1. 사인펜과 뇌 그림 밑그림 종이를 모둠별로 나누어 준다.

2. 기존의 뇌 그림을 보여 주면서 그리는 방법을 설명한다. 가장 많이 생각하고 있는
   것을 크게 그리도록 한다. 그림을 그리기 전에 요즈음의 자기 생각을 정리해 볼
   수 있도록 차분한 시간을 잠시 갖도록 한다.

3. 10분 정도 시간을 주어 그리도록 한다.

4. 다 그리고 나면 학급의 1명의 뇌 그림을 실물화상기에 제시하고 아이가 자기의
   뇌 그림을 설명하게 한다.

5. 아이의 설명이 끝나면 교사가 뇌 그림에 대한 질문을 하고 아
   이는 대답한다. 교사가 제시한 질문 이외에도 궁금하다고 생
   각되는 것을 자유롭게 묻고 답할 수 있다는 것을 알려 준다.

6. 시범이 끝나고 나면 모둠 내에서 순서를 정해 돌아가며 발
   표하고 질문한다. 발표한 모둠 친구에게 모둠원 각자가 한
   번씩은 질문하도록 권한다.

> **Tip.**
> 시범을 보일 때 아이의 답변에 대해 교사가 옳다 그르다는 판단을 하지 않고 수용해 주는 것이 중요해요. 모둠 내에서 발표할 때도 이것을 지켜야 함을 꼭 알려 주세요.

마무리하기

1. 활동을 통해 느낀 점 나누기

   - 기억에 남는 뇌 그림은 어떤 것이었나요?

   - 그 그림이 특별히 기억에 남는 이유는 무엇인가요?

   - 친구의 답변 중 기억에 남는 답변과 그 이유는 무엇인가요?

   - 나의 뇌 그림을 보면서 느낀 점은 무엇인가요?

   - 뇌 그림 활동을 통해 배우게 된 것은 무엇인가요?

2. 활동의 목적 알려 주기

   - 모둠 친구들이 서로를 더 잘 이해하게 만들고 싶을 때

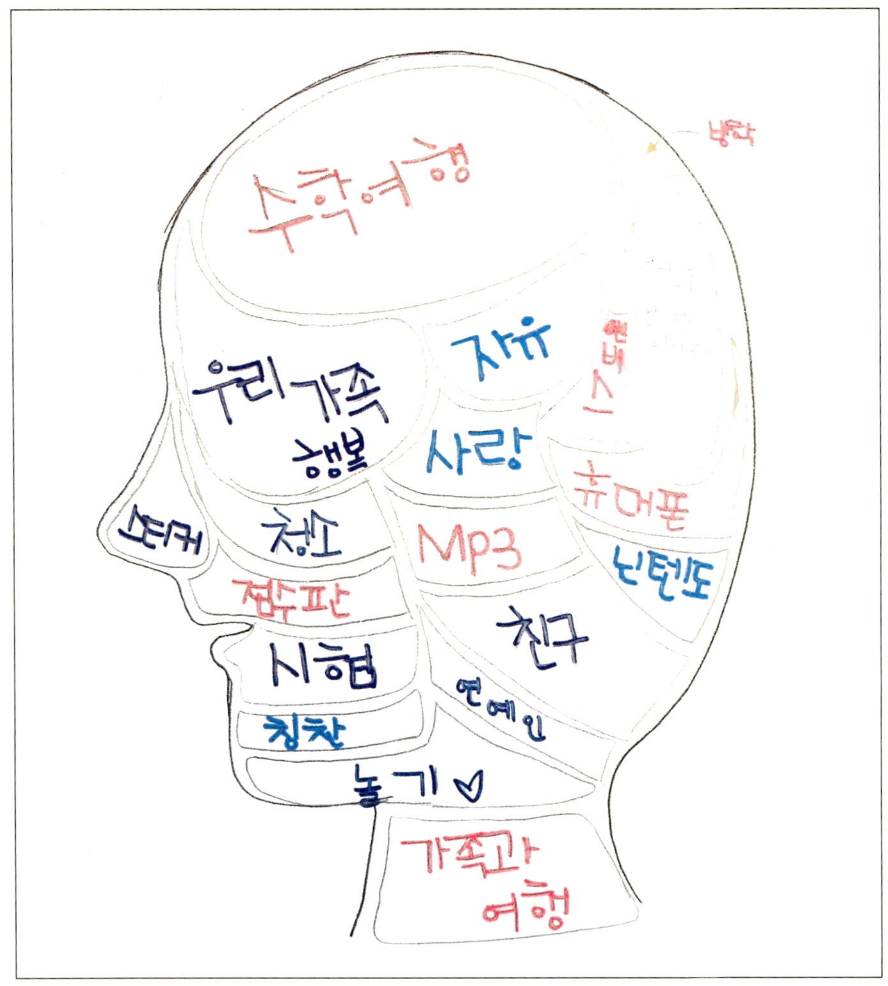

"여러분들은 서로 활발하게 잘 어울리지만 서로가 중요하게 생각하는 것이 무엇인지, 바라는 것이 무엇인지 잘 몰라서 친구의 행동을 이해하지 못하는 경우가 있습니다. 어떤 것이 내게는 중요하지 않지만 상대방에게는 중요할 수 있다는 것을 잊어버리기 쉽습니다. 그러나 뇌 그림을 보면 그 친구가 무슨 생각을 하는지 눈으로 보고 느끼기 때문에 이해하기가 쉽습니다. 그 아이가 중요하게 생각하고 있는 것, 바라는 것이 무엇인지를 알게 되면 그 친구의 행동을 이해할 수 있게 됩니다. 각자가 중요하게 생각하는 것이 다르고 그렇기 때문에 행동이 달라짐을 알게 함으로써 여러분들이 서로를 더 잘 이해하게 해 주고 싶었습니다."

네 친구를 지켜라

흔히 하는 꼬리잡기 풍선 놀이를 약간만 변형하면 놀이 후 잔잔한 여운이 남는 활동으로 만들 수 있습니다. 친한 친구들끼리라도 좋은 관계를 지키기 위해서는 나의 적극적인 행동이 필요하다는 것을 알게 해 주고 싶을 때 활용해 보세요. 내가 사랑하는 친구를 위해 적극적인 행동을 함으로써 내게 그 친구가 어떤 의미인지를 새롭게 느끼고, 좋은 관계를 유지하기 위해서는 노력이 필요하다는 것을 알게 해 주는 활동이 될 것입니다.

▶ 준비물_풍선, 풍선에 넣을 이름 적는 작은 종이, 풍선을 매달 고무줄 허리끈(학급 전체 아이들 수 대로)

▶ 자리 배치_책걸상을 ㄷ자 모양으로 만들고 교실 가운데를 넓게 비워 둔다.

"여러분의 의자를 교실 가장자리로 모두 밀고 넓은 공간을 만들어 주세요. 그럼 지금부터 나누어 주는 풍선 안에 여러분이 좋아하는 친구의 이름을 적어 넣도록 합시다. 그런 다음 풍선을 크게 불어서 고무줄에 매단 다음 자기 허리에 묶어 보세요. 종이는 두 번 접어서 이름이 보이지 않게 하세요. 좋아하는 친구가 아니라도 도와주고 싶거나 친해지고 싶은 친구, 화해하고 싶은 친구 다 좋아요."

※ 진행에 참고해 주세요

· 풍선이 터졌을 때 떨어진 쪽지를 주우러 들어가는 아이가 없도록 사전에 안내합니다.

· 일어나서 풍선을 잡기보다 앉은 자세에서 잡도록 해야 많은 아이들이 움직여도 안전한 활동이 됩니다.

· 동시에 활동하기에는 장소가 협소할 수 있으므로 2~4 그룹으로 나누어서 합니다. 힘의 차이가 있으니 남녀가 따로 하도록 하면 여학생들도 적극적으로 참여할 수 있습니다.

1. 아이들을 여자 팀, 남자 팀으로 나눈다.

2. 친구의 이름이 적힌 종이가 들어 있는 풍선을 불어서 각자의 허리에 매단다.

3. 교사의 시작 신호에 맞추어 남학생들이 풍선 터뜨리기를 한다. 마지막까지 살아
   남은 남자아이는 대기한다.

4. 교사의 시작 신호에 맞추어 여학생들도 경기를 시작한다.

5. 마지막까지 살아남은 여자아이와 남자아이의 풍선을 터뜨려 끝까지 지키고자 했
   던 친구는 누구였는지 확인한다.

6. 바닥을 정리한다.

마무리하기

1. 활동을 통해 느낀 점 나누기
   - 끝까지 보물을 지킨 ○○이는 어떤 생각이 드나요?
   - △△야, ○○이가 끝까지 널 지켰는데 너는 어떤 마음이니?
   - 보물을 지키는 목적이 이기기 위해서였다고 하더라도 혹시 활동하면서 다른 마
     음이 든 것은 없나요?
   - 보물을 지키지 못하고 일찍 끝이 난 친구들 중에 말하고 싶은 사람은?
   - 끝까지 나를 지켜 준 ○○이에게 한마디 한다면?
   - 다시 이 게임을 한다면 어떤 친구를 지켜 주고 싶나요? 그 이유는?
   - 선생님이 왜 이 활동을 했을지 짐작 가는 친구는 말해 보세요.

2. 활동의 목적 알려 주기
   - 친구와 좋은 관계를 유지하기 위해서는 노력이 필요함을 느끼도록

"여러분들에게 친구는 그 무엇보다 소중한 보물입니다. 소중한 보물은 가지고 있는 것을 넘
어서 위험이나 어려움에서 보호해 줘야 합니다. 친구를 아낀다는 것은 서로 이해하고 양보하
며 친구의 어렵고 힘든 마음을 함께 나누면서 서로를 향한 소중한 마음을 지켜 가는 것을 의
미합니다. 오늘 친구를 끝까지 지키고 싶었던 그 진실했던 마음으로 소중한 친구들과 아름다
운 우정을 가꾸어 나갔으면 합니다."

비 오는 날의 맨발 데이트

대부분의 아이들은 비 오는 날을 싫어합니다. 아마 가장 큰 이유는 밖에 나가지 못하고 실내에 발이 묶여 있어야 하기 때문일 것입니다. 아이들이 가장 좋아하는 체육 수업이 이론 수업이나 실내 수업으로 대체되거나 즐거운 바깥 놀이 시간이 독서 시간으로 바뀌는, 아이들 입장에서 보면 '자연재해' 수준이지요. 하지만 이것은 비가 오면 실내에서 활동을 해야 한다는 교사들의 고정관념에 따른 결과가 아닐까요? 비 오는 날 양말을 벗고 찰방찰방 운동장을 거닐어 보세요. 순간 운동장은 우리의 옷을 더럽히는 곳이 아닌 쉼터가 될 것입니다. 자연을 가까이 하면 할수록 마음이 열리고 주변 자극을 더 잘 받아들일 수 있는 상태가 된다고 합니다. '비오는 날의 맨발 데이트'는 '비'라는 매개체를 통해 다양한 얘깃거리를 제공받을 뿐만 아니라 '공감'이라는 정서적인 경험을 함께하게 되므로 레포 형성에 알맞은 활동입니다.

▶ 준비물_수건(개인별 준비), 우산
▶ 자리 배치_운동장에서 두셋씩 짝을 지어 활동한다.

"비가 시원하게 내리고 있네요. 비 오는 날은 산책하기에 참 좋은 날이지요? 모두 양말을 벗고 운동장으로 나갑시다. 수건 갖고 나가는 것 잊지 마세요."

※ 진행에 참고해 주세요

· 장마철에 활동하면 좋습니다.

· 신발을 벗기 꺼리는 아동은 신발을 신고 참여하도록 합니다.

· 활동 시간을 너무 길게 하지 않도록 합니다. 감기에 걸릴 우려도 있고 자칫 지루해질 수도 있습니다.

· 운동장에 위험 물질이 있을 수 있으므로 조심하도록 주의를 줍니다.

> **Tip.**
> 장난을 좋아하는 아이의 경우 물을 만나면 너무 즐거워진 나머지 다른 친구에게 피해를 주는 경우가 있으므로 교사가 미리 체험 단서(둘이 함께 우산 쓰기 등)를 제공하여 활동에 집중할 수 있도록 도와주세요.

활동하기

1. 교사가 먼저 양말을 벗는다. 신발은 출입구 안쪽에 정리를 하고 양말은 신발 속에 넣어 둔다. 그리고 수건은 들고 운동장으로 나간다.

2. 자유롭게 산책하는 시간을 10분 준다.

3. 10분 후 모여서 새롭게 발견한 것들을 발표한다.

   예) 빗방울 소리가 떨어지는 장소에 따라 다르다.

   　　친구와 함께 우산 속에 있으니 따뜻하고 포근하다.

   　　고여 있는 물을 밟으니 내 맘까지 시원해지는 것 같다.

4. 친구의 발표를 듣고 자신이 해 보고 싶은 것을 하도록 10분을 준다.

5. 활동이 끝나면 수건으로 발을 닦고 신발을 정리한 후 교실로 돌아온다.

마무리하기

1. 활동을 통해 느낀 점 나누기

   - 산책하면서 이야기할 때의 마음은 평소와 어떻게 달랐나요?

   - 산책하면서 자신이 느낀 친구들의 기분은 어땠나요? 그런 느낌이 든 까닭을 자세히 표현해 볼까요?

   - 이 활동을 통해 새롭게 알게 된 것이 있다면 이야기해 볼까요?

   - 힘들거나 불편한 점은 없었나요?

   - 오늘의 풍경을 색깔로 표현한다면 어떤 색일까요? 그리고 이유는 무엇인가요?

2. 활동의 목적 알려 주기

   - 자연 체험을 통해 자연스럽게 레포를 형성하고 싶을 때

"비 오는 날이 아직도 지루하고 답답한가요? 비 오는 날에 산책을 하니 평소에 무심코 보았던 잎사귀가 예뻐 보이고 또 빗소리가 맑게 들린다고 하였지요? 기분 좋은 경험은 마음의 문을 활짝 열어 준다고 합니다. 여러분을 둘러싼 자연뿐만 아니라 옆에 있는 친구, 선생님, 가족들까지도요. 앞으로도 기분 좋은 추억을 많이 만들고, 그 안에서 사랑을 가꾸어 가는 우리 반이 되었으면 좋겠습니다."

Go! Go! 세탁기 속으로

이번 활동은 놀이를 통해 문제가 생겼을 때 함께 협력해서 문제를 풀어야 한다는 것과 엉킨 관계를 풀 때 공동으로 노력해야 함을 경험하는 활동입니다. 목적 이상으로 아이들이 즐겁게 협동하고 서로에게 친밀감을 느낄 수 있는 활동입니다.

▶자리 배치_책상을 벽 쪽으로 밀어 공간을 확보하고 10명 단위, 3팀으로 나누어 앉는다.

"이번 시간에는 엉킨 관계를 푸는 고고! 세탁기 속으로 활동을 해 볼 겁니다. 책상을 넓게 밀고 10명씩 나누어 앉으세요. 아, 치마 입은 어린이는 하기 어려운 활동입니다."

※ 진행에 참고해 주세요

· 눈을 감고 섞을 때는 바깥쪽으로 움직이면 다시 손을 잡기가 어려우므로 안쪽으로, 서로 몸이 부딪히고 엉키게 하여야 합니다. 교사가 아이들이 잘 엉키고 밖으로 나가지 않도록 보조합니다.

활동하기

1. 모두 자리에 앉힌 다음 시범조 아이들 7~8명 정도 앞으로 불러서 방법을 설명해 주고 시범을 보인다. 그룹 구성은 돌아가며 1, 2, 3을 말하고 같은 숫자끼리 한 조가 되면 구성이 빠르다. 활동 전에 시범을 보이면서 활동 순서를 충분히 익히도록 하고 활동으로 들어갔을 때도 한 번 연습할 기회를 주도록 한다.
2. 10명이 원을 만든 다음 "오른손을 들어 보세요. 오른손은 누구의 왼손을 잡았는지 확인하세요." 다음에 "왼손을 들어 보세요. 왼손은 누구의 오른손을 잡았는지 확인하세요."라고 하며 자기의 오른손과 왼손을 누구와 잡았는지 분명하게 확인을 시킨다.
3. 손을 모두 놓고 눈을 감고 막 섞는다. 몸이 부딪치고 이리저리 움직이도록 한다.

엉킨 몸을 푸는 아이들

"여러분들은 이제 빨래가 되는 거예요. 눈을 감고 세탁기 속으로 들어가서 막 섞이세요!"

4. 선생님이 "그만!" 하면 모두 멈춘다. 여기서 다리를 절대 움직여서는 안 된다.

5. 멈춘 상태에서 시작할 때 잡았던 사람들과 손을 잡도록 한다.

6. 손을 떼지 않고 원래 원 모습이 되도록 엉킨 몸을 함께 푼다.

마무리하기

1. 활동을 통해 느낀 점 나누기

- 여러분은 이번 활동을 하면서 느낀 점이 무엇이었나요?
- 우리 그룹이 잘할 수 있었던 이유가 무엇이라고 생각하나요?
- 이 활동을 통해 배우게 된 것이 있다면 이야기해 볼까요?
- 오늘 ○○ 그룹은 어렵게 풀었는데 잘되지 않았을 때 어떤 생각이 들었나요?
- 잘 풀리게 된 계기가 있었나요?

2. 활동의 목적 알려 주기

- 자투리 시간을 이용해 공동의 노력으로 문제 해결을 경험하게 하고 싶을 때

"오늘 활동을 통해 여러분도 많은 느낌과 생각을 갖게 되었을 거예요. 선생님은 이번 활동을 통해 서로 협동해서 문제를 풀어 가는 것뿐 아니라 문제를 풀려면 함께 노력하는 것이 필요하다는 것을 말하고 싶었어요. 오늘 느낀 생각과 마음을 생활 속에서도 잘 적용해 보았으면 합니다."

둥실둥실 풍선 치기

비가 오는 날 체육 시간. 체육 수업을 기대하고 온 아이들에게 정말 실망스러운 날입니다. 이런 날 가벼운 신체 활동과 더불어 할 수 있는 즐거운 놀이가 있습니다. 모둠의 협동심을 길러 주면서도 다른 모둠과의 승부욕 때문에 기분 상할 일이 없어 좋습니다. 모둠원들의 신체적인 협동뿐 아니라 두뇌 협동까지 유도할 수 있어 더욱 좋습니다. 경쟁적이지 않아도 즐거운 승부, 내가 정한 목표가 더 중요한 승부, 하나가 아니라 여럿의 힘이 더 큰 힘을 발휘함을 느끼게 해 주고 싶을 때 도움이 되는 활동입니다.

▶준비물_풍선 12개 정도
▶자리 배치_책걸상을 ㄷ 모양으로 만들고 교실 중앙을 넓게 비운다.

"이번 시간에는 '둥실둥실 풍선 치기'라는 활동을 하려고 합니다. 책걸상을 ㄷ자 모양으로 만들고 교실 가운데를 넓게 비워 두고 바닥에 앉아 주세요. 8인 1조로 팀을 짜서 풍선 3개씩을 불어 둡니다."

※ 진행에 참고해 주세요

· 모둠별로 3개씩 분 풍선을 연습할 때는 모두 사용해도 실제 경기에서는 2팀이 할 정도만 남기고 거두어 둡니다.

· 시범을 보일 때 풍선을 한꺼번에 투입하는 것이 아니라 간격을 두고 하나씩 넣어야 하는 것을 알려 줍니다.

· 연습이 끝나고 실제 경기에 들어가게 되면 활동 반경이 넓어져서 부딪힐 수 있으므로 2팀씩 나누어 하는 것이 좋습니다. 경기를 나중에 시작하는 팀들은 가장자리로 밀어 둔 책상에 앉아 있도록 해서 경기하는 팀의 움직임에 방해가 되지 않도록 합니다.

1. 8인 1조로 팀을 정한다.

2. 팀에서 1명은 풍선을 던져 주는 역할을 하고 나머지 7명은 손을 잡고 안쪽을 보며
   둘러선다.

3. 손을 잡은 상태에서 발과 손을 움직여 처음 들어온 풍선을 바닥에 떨어지지 않도
   록 위로 띄운다.

4. 처음 풍선이 잘 떠오르면 두 번째, 세 번째 풍선을 원 안으로 던져 넣는다.

5. 풍선 3개가 모두 둥실둥실 위로 떠오를 수 있도록 손과 발을 움직여 쳐서 올린다.
   이때 잡은 손이 떨어지면 안 된다.

6. 3개를 모두 잘 받아 올릴 수 있게 되면 목표 시간을 정한다. 즉, 풍선 3개를 10초
   동안 띄우기, 20초 동안 띄우기 식으로 정한 다음 '도전'을 하게 한다.

7. 어떻게 하면 잘할 수 있을까 방법을 연구할 수 있도록 모둠별 작전타임을 준다.

8. 목표 시간에 도달하게 되면 그 모둠은 '성공'하는 것이 된다. 상대를 이기는 것이
   아니라 모둠이 정한 목표에 도달하는 것이 중요함을 알려 준다.

1. 활동을 통해 느낀 점 나누기

   - 여러분은 이번 활동을 하면서 느낀 점이 무엇이었나요?

   - 어떤 장면이 가장 기억에 남나요?

풍선의 수를 늘려 가는 모습

- 남을 이기기 위한 경기와 목표 시간을 정해서 하는 것이 어떻게 다르게 느껴졌나요?
- 어떤 점이 어려웠나요?
- 다시 하게 된다면 어떤 점을 바꾸어서 해 보고 싶나요?
- 이번 활동을 통해 배운 점이 있다면 무엇인가요?

2. 활동의 목적 알려 주기
- 협동심을 기르면서 남과의 경쟁심을 줄이고 싶을 때

"여러분들은 친구와 즐겁게 생활하고 있지만 많은 부분에서 친구들과 경쟁을 하고 있습니다. 그 경쟁이 좋은 의미일 수도 있고 스트레스일 수도 있습니다. 그러나 오늘 여러분은 하나의 목표를 달성하기 위해 같이 힘을 모으고 지혜를 모았습니다. 혼자서는 해결하기 어려운 문제를 함께하였기에 해결할 수 있었을 것입니다. 하나가 아니라 여럿의 힘이 더 크다는 것을 느끼게 해 주고 싶었습니다. 또 다른 사람과의 경쟁이 아니라 내가 정한 목표로 내가 노력하게 되면 상대를 바라보는 마음이 편해서 친구들과 좋은 관계를 맺는 데 더 도움이 된다는 것을 알게 해 주고 싶었습니다."

셔틀콕 제기

협동심과 경쟁심은 동전의 양면처럼 뗄 수 없는 관계입니다. 개인과 개인의 경쟁만이 경쟁이 아니라 모둠 대항 경기를 할 때도 경쟁이 생기고 반별 경기를 할 때도 경쟁이 생깁니다. 모둠끼리 협동심이 생기고 우리 반끼리 협동심은 생기지만 다른 모둠, 다른 반과는 경쟁심이 생깁니다. 그래서 경기가 끝나고 나면 이래저래 뒷말이 생기고 심한 경우는 다투기도 하지요. 우리 아이들은 이렇게 남과의 경쟁에 익숙해져서 자신과의 경쟁의 의미를 모르게 된 것 같습니다. 하지만 자기를 이기지 못하면 진정한 승자가 될 수 없고 따라서 자기가 정한 목표가 더 의미 있는 것이 아닐까요? 그래서 남과 경쟁하지 않고 나와 경쟁하며 남과의 경쟁 없이 협동이 가능하다는 것을 알려 주고 싶어서 이 활동을 준비했습니다.

▶준비물_보자기, 셔틀콕이나 제기(모둠 수만큼, 되도록 규격이 같은 것으로 준비)
▶자리 배치_책걸상을 ㄷ자 모양으로 만들고 교실 가운데를 넓게 비운다.

"이번 시간에는 '셔틀콕 제기'라는 활동을 하려고 합니다. 책걸상을 ㄷ자 모양으로 만들고 교실 가운데를 넓게 비워 두고 바닥에 앉아 주세요. 모둠별로 앉고 모둠장은 나와서 셔틀콕 1개와 보자기를 받아 갑니다."

※ 진행에 참고해 주세요
· 교사가 한 팀을 대상으로 셔틀콕 제기 연습을 하게 한 후 '잘 띄우기 위한 모둠 토의'를 할 시간도 주는 시범을 함께 보여 줍니다.
· 연습할 때는, 한 번 실패 후 바로 연결해서 연습하기보다 잘 치는 방법을 서로 의논하게 한 후 연습하게 하는 것이 좋습니다. 서로가 머리를 맞대고 방법을 찾아내는 과정이 중요하다는 것을 알게 해 줍니다.

보자기를 잡고 제기를 띄우는 모습

활동하기

1. 모둠별로 보자기 1개와 셔틀콕을 1개씩 준비한다.

2. 셔틀콕을 보자기 중앙에 놓고 보자기 가장자리를 모둠원들이 잡는다.

3. 제기를 차듯이 셔틀콕을 공중에 띄운 후 보자기로 받아 올린다. 이때 한 명이라도 보자기에서 잡은 손을 떼서는 안 된다.

4. 연습이 끝날 때마다 '잘할 수 있는 방법'을 의논하게 한 후 새로운 방법을 시도해 보게 한다.

5. 모둠에서 호흡이 맞아 잘할 수 있게 되면 도전 횟수를 정하여 경기를 시작한다.

6. 도전 횟수에 도달하게 되면 자기 모둠은 '성공'하는 것이 된다.

마무리하기

1. 활동을 통해 느낀 점 나누기
   - 여러분은 이번 활동을 하면서 느낀 점이 무엇이었나요?
   - 어떤 장면이 가장 기억에 남나요?
   - 남을 이기기 위한 경기와 목표 시간을 정해서 하는 것이 어떻게 다르게 느껴졌나요?
   - 이번 활동을 통해 배운 점이 있다면 무엇인가요?

2. 활동의 목적 알려 주기
   - 자투리 시간을 이용해 협동심과 목표 달성의 기쁨을 경험하게 하고 싶을 때

"선생님은 여러분들이 생활, 학습 부분에서 친구들과 경쟁하고 비교하면서 스트레스를 받는 것을 많이 보았습니다. 그러나 오늘은 여러분들에게 자기와 경쟁을 해 보길 권합니다. 내가 정한 목표, 내가 할 수 있는 목표를 정해서 실천해 보라고 말해 주고 싶습니다. 남과 비교되지 않기에 다른 친구가 잘하는 것에 진심으로 축하해 줄 수 있습니다. 내가 할 수 있는 만큼을 정했기에 어느 때보다 열심히 할 수 있을 겁니다. 모둠 경기에서도 다른 모둠을 이기려고 하지 않기에 여러분의 협동은 마음 따뜻한 협동이 될 수 있을 것입니다. 이 활동을 통해 즐거움 이외에도 느낄 수 있는 것이 많았으면 좋겠습니다."

Tip.
'둥실둥실 풍선 치기'와 활동 목표 및 방식이 비슷해요.
학급에 맞는 활동으로 선택해 주세요.

엉킨 손을 풀어라

발달 단계상 초등학생은 또래와 함께하는 시간이 많고 또래와 함께하는 즐거움을 알게 됩니다. 하지만 자신의 입장과 타인의 입장을 조정해 가는 기술이 서툴러서 종종 싸움이 일어나기도 합니다. 그래서 즐거움을 주는 미션 해결을 통해 아이들의 의사소통 기술 향상을 꾀하고자 합니다. 왜냐하면 미션 자체가 아이들의 호기심과 흥미 등 내적 동기를 자연스럽게 유발시키기 때문입니다. 이 활동은 효과적인 의사소통 기술을 익히는 것과 해결했을 때의 카타르시스를 경험하게 할 것입니다.

▶준비물_없음

▶자리 배치_처음 활동할 때에는 두 명씩 짝을 지어 마주 보도록 한다.

"이번 시간에는 엉킨 손을 풀어 볼 것입니다. 두 명씩 짝을 지어 마주 보세요. 활동 중에 다른 친구의 의견을 잘 듣고 자기 의견도 명확히 말하도록 해 보세요."

활동하기

1. 두 사람씩 짝을 짓고 서로 마주 본다.
2. 교사는 "두 사람이 손을 엇갈려 잡되, 엇갈린 손을 풀었을 때 마주 보도록 해야 합니다."라고 말한다. 이때 방법을 가르쳐 주지 말고 친구와 궁리하도록 한다.
3. 아이들이 방법 찾기를 힘들어할 경우, 아이 한 명과 설명 없이 시범을 보인다.
4. 그 다음, 짝과 함께 다시 해결할 시간을 준다.
5. 절반쯤 문제를 해결하면 손 잡는 방법을 설명해 준다.
   "왼손을 오른손 위로 교차시키세요. 그리고 왼손은 손등이 위로 오게 하고, 오른손은 손바닥이 위로 오게 하세요. 그 상태에서 짝과 손을 마주 잡습니다. 자, 이제 풀어 보세요."
6. 두 사람의 팔이 꼬인 상태에서 손을 떼지 않고 온몸을 이용해서 팔을 푼다.
7. 다음에는 계속해서 4명이 원을 만들어 2번과 같은 방법으로 팔이 꼬이게 만들었

다가 풀어 본다. 풀었을 때 손은 풀렸으나 몸이 바깥을 보게 된다. 이때, 잡은 두 손 위로 한 사람씩 건너오면 원 안을 보게 된다.

8. 그 다음에는 8명, 혹은 남녀로 나누어서 해 보고 결국에는 모든 학생들이 손을 엉켜 잡았다가 풀어서 하나의 원을 만들어 같은 방식으로 풀어 보게 한다. 마지막 친구까지 모두 건너야 원이 완성된다.

9. 참가자 모두 하나의 원을 풀고자 할 경우 다음과 같이 변형하여 활동할 수 있다.

① 먼저 눈을 감고 자유롭게 돌아다닌다.

② 이때 손은 왼손이 오른손 위에 올라오게 X자로 만든다.

③ 눈을 감은 상태에서 왼손과 오른손에 각각 한 사람씩 선택하여 손을 잡는다.

④ 커다란 원이 완성되었으면 눈을 뜬다.

⑤ 본 활동과 같은 방법으로 손을 푼다.

마무리하기

1. 활동을 통해 느낀 점 나누기

- 나의 말을 귀담아듣는 친구가 어떻게 느껴졌나요?

- 의견을 주고받을 때 힘들거나 불편한 점은 없었나요?

- 친구가 나의 말을 언급할 때의 느낌은 어떤가요?

- 엉킨 손이 풀릴 때의 마음을 비유해서 나타내 볼까요? 이유도 말해 보세요.

- 어떻게 엉킨 손을 풀 수 있었나요?

2. 활동의 목적 알려 주기

- 즐거움을 통해 친구들과 의사소통 기술을 익히게 하고 싶을 때

"친구와 함께 '엉킨 손을 풀어라'라는 미션을 해결해 보았습니다. 미션의 가장 빠른 해결 방법은 서로 협동해야 한다는 ○○의 말이 인상적이네요. 협동은 생각을 나누는 활동입니다. 생각은 말로 주고받는 것이지요? 상대방의 말을 잘 들어 주는 것은 상대방을 존중하는 첫걸음이구요. 또 자신의 생각을 분명하게 말하되 들어 주는 사람의 입장이나 기분까지 배려하는 것은 어려움을 함께해결할 친구를 얻게 되는 지름길일 것입니다. 앞으로도 서로를 존중하는 우리 반이 되길 기대해 봅니다."

선물 그려 주기

처음에는 서로 잘 몰랐던 교사와 아이들이, 학급이라는 울타리 속에서 함께 지내면서 서로의 장점을 발견하기도 하고 좋아하는 것이 무엇인지 알게 되면서 서로에 대한 정이 깊어지게 됩니다. 아이들과 정을 쌓으며 지내는 1년이라는 시간 동안 사고 없이 무사히 지낼 수 있다는 것만으로도 교사와 아이들에게는 큰 행복입니다. 그런데, 잘 지낸 서로에게 감사함을 표현하기란 쉽지가 않습니다. 이번 활동은 그 동안 잘 지낸 서로에게 주고 싶은 선물을 그려 주는 활동을 통해 감사의 마음을 전할 수 있는 활동입니다.

▶ 준비물_A4 용지, 연필, 지우개
▶ 자리 배치_학급 전체 아이들과 교사가 책상으로 큰 원형을 만든 후, 의자에 앉는다.

"이번 시간에는 '선물 그려 주기' 활동을 하려고 합니다. 이 활동을 하기 위해서는 여러분들의 책상으로 큰 원을 만든 후, 의자에 앉아야 합니다. 자리에 앉았으면 A4 종이 맨 위에 자기 이름을 4cm 정도 되도록 크게 쓰세요. 자기 이름을 다 썼으면 오른쪽 친구에게 자기 이름을 쓴 종이를 넘겨주세요. 지금부터 주어진 시간 동안 여러분이 받은 종이의 주인에게 줄 선물을 간단히 그린 후, 그린 사람의 이름을 쓰세요. 그리고 그 친구에게 하고 싶은 말이 있다면 간단히 써 주어도 됩니다."

※ 진행에 참고해 주세요
· 학생 수가 많아 큰 원형을 만들기 힘든 경우에는 원래 자리 배치로 하되, 종이를 넘겨주는 순서만 정확히 정해 주세요.
· 친구들이 그림을 그려 줄 때 누구의 종이인지 분명히 알아야 선물을 제대로 그려 줄 수 있으므로 시작하기 전 자신의 이름을 정해진 위치에 크고 명확하게 쓰도록 하거나, 이름을 쓰는 칸을 만들어

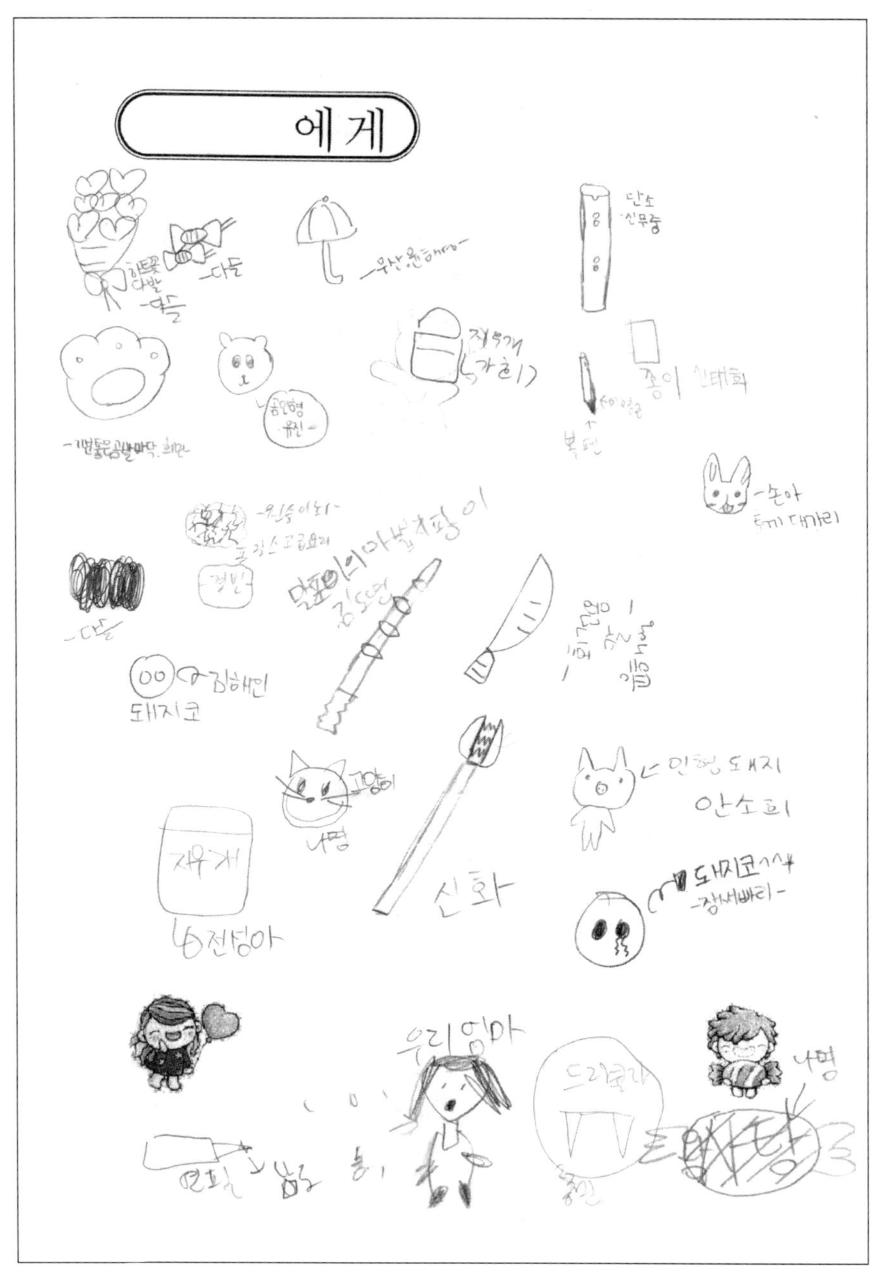

아이들이 친구에게 그려 준 선물

교사가 복사하여 나누어 주는 것이 좋습니다.

· 처음 한두 명에게는 선물 그리는 시간을 2분 정도씩 줍니다. 세 번째 친구에게서부터는 타이머를 이용해 1분 안에 선물을 그리도록 합니다.

1. 둥글게 원을 만들어 앉는다.

2. 자기 이름을 종이 맨 위에 4cm 정도 되도록 쓴 후, 오른쪽 친구에게 이름을 쓴 종 이를 넘겨준다.

3. 친구에게 받은 종이에 연필로 그 친구에게 주고 싶은 선물을 그리고 자기 이름을 쓴다. 하고 싶은 말이 있다면 간단히 써도 좋다. 꼭 연필을 사용하도록 한다.

4. 선물 그림을 다 그렸으면 오른쪽 사람에게 종이를 넘겨주고, 자신은 왼쪽 사람으로부터 받은 종이의 주인에게 줄 선물을 또 그린다.

5. 모든 아이들에게 그림을 다 그려 주고 자기 그림이 자신에게 돌아오면 자신이 받은 선물이 무엇인지 살펴본다. 활동이 모두 끝나기 전에는 자기 용지를 찾거나 보지 않도록 한다.

마무리하기

1. 활동을 통해 느낀 점 나누기

- 여러분은 이번 활동을 하면서 느낀 점이 무엇이었나요?

- 자신이 받은 선물 중에서 가장 마음에 드는 선물은 무엇인가요?

- 왜 자신에게 그러한 선물을 주었는지 친구에게 물어보고 싶은 사람이 있나요?

- 실제 선물은 아니지만, 그림으로 그려진 선물을 받으니 기분이 어떤가요?

2. 활동의 목적 알려 주기

- 그동안 잘 지낸 서로에게 감사의 마음을 전하고 싶을 때

"이제 우리들은 함께할 날보다 함께한 날이 더 많습니다. 그동안 별 탈 없이 무사히 잘 지내 준 여러분 들에게 선생님은 참으로 고맙습니다. 그래서 이번에 선물 그려 주기 활동을 통해 잘 지내 준 서로에게 감사의 마음을 전하고 싶었습니다."

> **Tip.**
> · 이름을 쓰면 장난스럽게 선물을 그리는 경우를 막을 수 있어요. 또 선물을 받은 아이가 왜 자신에게 그런 선물을 주었는지 궁금할 경우 물어볼 수도 있고요.
> · 선물로 돈을 그린 경우 좋아하는 아이도 있고 기분 나빠하는 아이도 있어요. 연필로 그렸기 때문에, 자신이 받고 싶은 선물만 남기고 속상한 선물은 지워도 좋다고 말해 주세요.

칭찬 샤워

학기 말이 되면 친구들 간의 장단점을 서로 알게 된다. 미래의 자신의 모습을 적어 보면서 서로의 꿈을 나누고 그것을 아낌없이 응원하는 소중한 선생님과 친구들이 있음을 다시 한 번 되새기는 활동으로 의미가 깊다.

▶ 준비물_4절 도화지, 필기구

"이번 시간에는 칭찬 샤워 활동을 합니다. 먼저 4절 도화지에 각자 자기의 모습을 그려 주세요. 그림을 그린 후에는 미래의 자기의 모습을 크게 적어 봅니다. 예를 들어 '암 백신을 발명한 김○○', '국가대표 배○○', '멋진 디자이너 ○○○' 등 미래의 꿈을 이룬 자기의 모습을 크게 적어 주세요. 자기 모습이 완성되면 자기 모둠부터 시작해서 돌아가면서 친구들의 자화상 옆에 격려의 글을 써 주세요. 친구들이 서로서로 꿈을 이루길 바라는 마음으로요!"

활동하기

1. 도화지를 나누어 주고 자기의 모습을 연필로 그린다. 교사가 확인 후에 볼펜이나 사인펜으로 그림을 덧그린다. 이때 그림 그리기를 어려워하는 친구가 있으면 조금 도와주도록 한다.
2. 교사의 지시에 따라 서로 다니면서 글을 서로 주고받는다. 격려나 긍정적인 말을 써야 한다는 것을 주지시킨다.
3. 친구에 대한 글을 서로 써 주되 얼굴 부분에는 쓰지 않도록 한다.
4. 써 달라는 요청을 받았을 때는 거절하지 말고 써 주어야 한다.
5. 교사가 "그만." 하면 함께 모여 서로 모둠별로 이야기를 나누고 선생님과 마무리 나눔을 가진다.

얼굴 부분에는
글을 쓰지
않도록 한다.

자신을 긍정적으로 나타내는 말을 붙여서 자기를 표현한다.
미래의 모습도 좋고 자기의 좋은 점을 나타내도 좋다.

칭찬 샤워

마무리하기

1. 활동을 통해 느낀 점 나누기

- 여러분은 이번 활동을 하면서 느낀 점이 무엇이었나요?
- 여러 친구들이 적어 준 글 중에 참 듣고 싶었던 말이 있다면 이야기해 볼까요?
- 이 활동을 통해 배우게 된 것이 있다면 이야기해 볼까요?
- 어떤 말이 가장 힘이 되나요?

2. 활동의 목적 알려 주기

- 서로에게 좋은 말로 격려와 응원을 남기고 싶을 때

> Tip.
> - 교사가 직접 사진을 찍고 뽑아서 활용할 수도 있어요.
> - 다 작성한 후에 걷어 두었다가 코팅해서 마지막 날 선물로 줘도 의미가 깊겠지요?

"오늘 활동을 통해 여러분은 많은 느낌과 생각을 가졌을 거예요. 선생님은 여러분이 자신에게 적었던 대로 20년 뒤에 반드시 그렇게 되어 있으리라 믿어요. 믿으면 그대로 이루어질 거예요. 여러분이 그렇게 되도록 많은 친구들이 응원하고 있다는 것 꼭 기억해 주었으면 합니다. 사랑합니다."

이곳이 천국

학기 말이 되면 자투리 시간을 이용하여 음식 만들기를 많이 한다. 음식이란 묘하게도 정과 친밀감을 느끼게 해 준다. 음식 만들기를 통해 함께 웃고 즐거워하는 시간을 갖고, 작은 교실에 우리만의 뷔페를 차려 보면 어떨까? 또한 서로 먹여 준다면……. 매년 학기마다 이 프로그램을 하면 아이들이 즐거워한다. 함께 만든 뷔페 음식을 나누어 먹는 재미도 만끽할 수 있다.

이 활동의 목적은 뷔페를 함께 만들면서 가지는 성취감과 함께 서로 음식을 먹여 주는 활동을 통해 친구의 소중함과 사랑을 알게 하는 것이다.

▶ 사전 준비_모둠별로 어떤 음식을 할 것인지 정한다.

　　　　　음식 계획서를 선생님과 사전에 협의한다.

　　　　　우리 반 음식 뷔페를 만든다.

※ 진행에 참고해 주세요

· 모둠별로 음식을 정하는 기준을 제시하고 아이들이 모둠별로 음식을 정합니다.

　- 불 사용이나 조리 시간이 긴 음식은 지양하고 간단한 재료를 이용.

　- 샌드위치, 주먹밥, 비빔밥, 김밥, 오므라이스(달걀은 미리 준비), 유부초밥 등.

　- 고학년의 경우에는 불 사용을 어느 정도 허용. 떡볶이, 볶음밥 등.

　- 모둠원이 5명이면 6~7인분 정도 준비.

　- 개인 접시와 포크는 각자 개인이 준비.

· 음식 계획서를 선생님과 사전에 협의합니다.

　- 교사가 제시한 양식에 맞추어 음식 계획서를 작성하여 선생님과 협의.

　- 음식 재료 준비와 기타 준비물 역할 분담 꼼꼼히 협의.

· 교사는 음료수와 큰 접시, 음식 쓰레기와 기타 쓰레기를 정리할 수 있는 봉투나 바구니를 준비합니다.

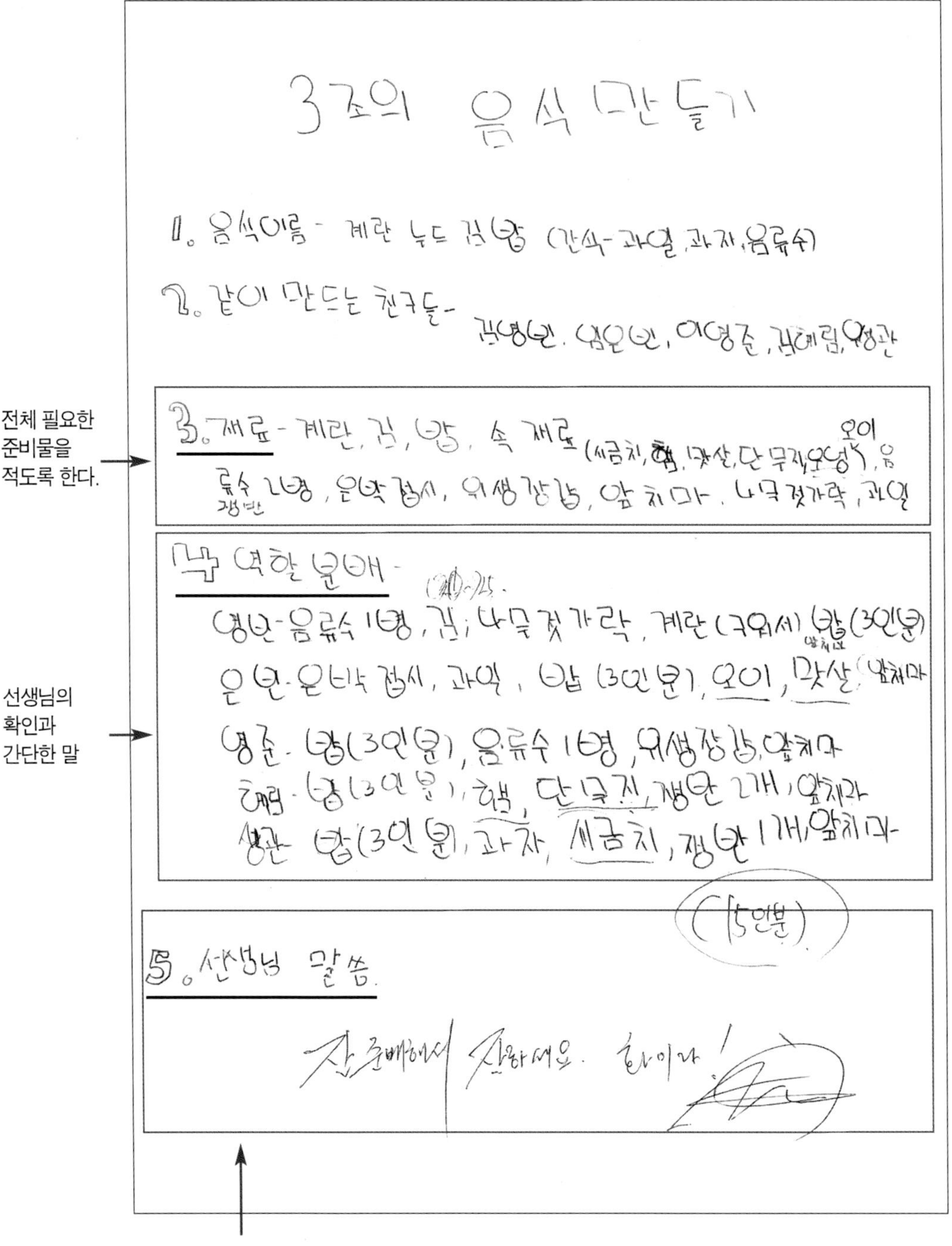

전체 필요한
준비물을
적도록 한다.

선생님의
확인과
간단한 말

개인별로 준비물을 적는다.
특히 준비물의 양을 조정해 주는 것이 중요하다.

※ '음식 만들기 계획서' 만들기 지도 요령

· 음식 이름, 같이 만드는 친구들, 재료, 역할 분배, 선생님 말씀 순으로 작성하도록 합니다.

· 아이들이 계획서를 작성하면 선생님과 협의합니다.

· 교사는 아이들에게 질문하고 조언하는 것을 중심으로 지도합니다.

· 교사는 재료가 빠진 것이 없는지 확인하고 역할 배분시 아이들 각자 상황을 잘 고려하여 분배

　하도록 조정합니다. 최종적으로 아이들이 수정해 온 역할을 보면서 무리가 없도록 조언합니다.

· 마지막에 교사가 피드백을 적고 사인으로 마무리합니다.

활동하기

1. 요리를 마친 후, 각자 준비해 온 접시와 포크를 내고 게임을 하든지 음식 콘테스
　트(태도, 맛, 정리 상태, 담긴 모양, 준비물 챙기기, 협동 등)를 하여 협동을 잘한 모
　둠부터 먹는 순번을 정한다.

2. 순서에 따라 뷔페 음식을 각자 떠 온다. 떠 온 음식을 그대로 둔다.

3. 교사가 "이제 이곳은 천국입니다. 두 손을 모두 뻗으세요. 이곳에서는 팔을 굽힐
　수가 없습니다. 그렇다면 어떻게 음식을 먹을 수
　있을까요?"라고 질문한 다음 다른 사람에게 많
　이 먹여 줄수록 자기도 많이 먹을 수 있다는 것
　을 이야기한다.

4. 교사의 진행에 따라 서로 돌아다니면서 음식을
　먹여 준다.

5. 시간이 어느 정도 흐른(20분 정도) 다음에 자리
　로 돌아온다.

마무리하기

1. 활동을 통해 느낀 점 나누기

　● 여러분은 이번 활동을 하면서 느낀 점이 무엇이었나요?

　● 이 활동을 통해 배운 것이 있다면 이야기해 볼까요?

　● 서로 먹여 주면서 어떤 생각이 들었나요?

음식 준비

모둠별 음식 완성

뷔페 상 차리기

서로 먹여 주기

- 친구가 다가와서 음식을 먹여 줄 때 어떤 마음이었나요?
- 혼자 먹을 때와 어떤 점이 다른 것 같나요?

2. 활동의 목적 알려 주기

- 학기를 마무리하면서 가족적인 분위기에서 서로의 소중함을 나누고 싶을 때

"선생님은 이번 활동을 통해 협력하여 뷔페도 만들고 함께 음식을 나누는 것뿐 아니라 서로 먹여 주고 먹는 과정을 통해서 친구들의 소중함을 한번 더 느껴 보았으면 합니다."

함께 만드는 우리 모습

친구와 대화를 할 때 어떻게 말하는가는 아주 중요합니다. 하지만 그에 못지않게 몸짓이나 눈짓 등 몸으로 표현하는 내용 또한 중요합니다. 때로는 말보다 더 강하고 더 솔직하게 자신의 감정이나 생각을 드러내기 때문에 이것을 정확히 파악하고 또 정확히 전달하는 연습이 필요합니다.

'함께 만드는 우리 모습'은 일종의 협동화 꾸미기로 조각 그림을 퍼즐처럼 맞추는 활동입니다. 이 활동에서 말은 없습니다. 그래서 참여 학생들은 주로 표정이 주는 단서를 잘 포착해서 말하고자 하는 사람의 의도를 파악해야 합니다. 그리고 표정으로 자신이 말하고자 하는 의도를 효과적으로 표현해야 하기 때문에 그동안 간과했던 의사소통을 연습하기 좋은 활동입니다. 또한 그림 대신 참여자 모두의 모습이 담겨 있는 사진을 밑그림으로 활용하기 때문에 완성하였을 때 팀원으로서 소속감을 느낄 수 있는 장점도 있습니다.

▶ 준비물_교사 : 단체 사진(새 학기 첫날, 입학식, 소풍 등)을 조각 사진으로 만든 것, 자석, 봉투

　　　　　학생 : 크레파스나 색연필, 포스트잇 풀(채색하지 않을 경우는 풀만 준비)

▶ 자리 배치_모둠 활동을 할 수 있도록 준비한다.

"선생님이 아끼는 큰 사진이 한 장 있었습니다. 그런데 하룻밤 자고 나니 이렇게 조각이 나 있어서 너무 속상해요. 조각이 너무 많아서 선생님 혼자서는 엄두가 나질 않는데 어떻게 하면 좋을까요? 여러분이 한번 해 보겠다구요? 좋아요. 그런데 이 그림을 맞출 때는 말을 해서도 안 되고 소리를 내서도 안 된대요. 그리고 그림을 맞추는 사람을 제외하고는 손을 쓸 수도 없대요. 왜냐구요? 활동이 끝나면 말해 줄게요. 그럼, 시작해 보겠습니다."

원본

스케치 효과

※ 진행에 참고해 주세요

· 말이나 손짓을 사용하지 않는 규칙을 잘 지켜야만 표정이나 눈짓으로 대화하는 기술을 익힐 수 있
  으니 활동 중에 답답하더라도 이를 잘 지키도록 합니다.
· 소극적인 아이들을 위해서 교사나 적극적인 아이가 표정이나 눈짓으로 본보기를 보여 줍니다.
· 색이 없는 사진을 이용할 경우, 색칠하는 데에 시간을 다 보내어 본 활동이 소홀해질 수 있으므로
  미리 시간 계획을 충분히 두도록 합니다.
· 사진을 완성하는 것이 본 활동의 목적이 아니라 의사소통 기술을 익히는 데 목적이 있으므로 교사
  는 진행시에 이를 늘 유념합니다.

활동하기

1. 교사가 단체 사진 조각을 1모둠에 1봉투씩(A4를 1/4로 자른 것, 1인당 4장씩) 나누
   어 준다. (교실 뒤 게시판에 게시할 경우 가로 6장, 세로 4장이 적당하며, A4가 크기
   가 크므로 1/4로 잘라서 준비하도록 한다.)
   ① 사진 조각 그림은 한글 배너 프로그램을 사용한다.
   ② 사진을 칼라로 인쇄하도록 한다. (윤곽선만 나오게 스케치 효과를 준 사진에 색
      칠을 하여 완성하면 아이들의 보람이 더 크나 시간을 넉넉히 계획하여야 한다.)
   ③ 사진을 크게 6개의 영역으로 나눈 후 한 영역의 사진을 한 모둠에 나누어 준다.
      물론, 어떤 분단이 어떤 영역인지는 가르쳐 주지 않는다. 교사만이 위치를 알

고 있어야 한다.

④ 영역 속의 조각 사진은 무작위로 섞여 있으며 아이들은 섞여 있는 사진을 가지고 활동하게 된다.

2. 아이들은 먼저 모둠끼리 조각 사진을 맞춘다. 말과 손짓을 할 수 없고 표정과 눈짓으로 의사를 전달하여 완성하도록 한다.

3. 모둠 활동이 끝나 6영역으로 중간 완성이 되면 모둠장들이 사진을 가지고 앞으로 나온다.

4. 모둠장들이 가진 사진을 가지고 몸짓과 표정으로 전체 사진을 완성한다. 이때 몸짓과 표정으로 힌트를 주어야 한다.

마무리하기

1. 활동을 통해 느낀 점 나누기

- 친구의 어떤 표정을 보고 어떤 내용을 알아냈나요?
- 눈짓과 표정으로 서로의 마음이 통했을 때 어떤 기분이 들었나요?
- 눈짓과 표정이 말보다 효과적이라고 느꼈을 때가 있었나요? 어떤 경우인가요?
- 왜 표정과 눈짓으로만 이야기를 하라고 했을까요?
- 오늘의 활동을 통해 느끼거나 깨닫게 된 점은 무엇인가요?

2. 활동의 목적 알려 주기

- 몸짓언어나 분위기 파악을 통해 의사소통을 원활히 하고자 할 때

"때로는 백 번의 말보다 한 번의 눈맞춤이 가슴을 울리게 합니다. 말로 표현하지 못하는 것을 표정이 말해 주기도 하구요. 오늘 우리는 활동을 통해서 몸짓이나 표정이 가진 의사소통의 힘을 느껴 보았습니다. 눈짓 하나로 내 생각이나 마음을 표현할 수 있듯이 상대방도 마찬가지입니다. 우리는 생활하면서 수만 가지의 표정을 짓고 또 봅니다. 무심결에 지나쳤던 상대방의 표정을 지금부터라도 주의 깊게 보세요. 그 사람이 직접 말하는 것보다 더 많은 말을 들을 수 있을 것입니다. 그리고 내 마음을 말과 함께 표정과 몸짓으로 표현해 보세요. 아마 내가 말하고자 하는 바를 더 효과적으로 전달해 줄 것입니다."

Ⅳ.
학급 상담망 만들기

담임교사가 학급의 아이들을 바르고 건강하게 성장시키기 위해서는 교사들이 문제를 해결해 나갈 수 있도록 돕는 학급 상담망 구축이 필요하다. 여기서 학급 상담망은 담임교사를 중심으로 학생, 학부모, 학교, 외부 기관을 연계하여 학생의 안전과 성장을 돕는 것을 말한다. 학급 상담망을 만드는 이유는, 혹시라도 발생할 수 있는 일들을 예방하거나 조기 발견하고, 문제가 발생했을 때라도 협력과 연계를 통해 효과적으로 대처하기 위한 것이다. 따라서 담임교사는 학기 초에 미리 관련 정보를 수집하고 상담망을 구축하도록 한다.

초등학교 교실에서는 언제나 크고 작은 일들이 일어나고 있다. 예나 지금이나 교사로서 학생들을 바람직한 방향으로 성장시키는 것이 쉬운 일은 아니지만, 요즘에는 특히 담임교사 혼자서 감당하기 벅찰뿐더러 담임의 역량을 벗어나는 일들이 많아졌다. 따라서 담임교사가 학급의 아이들을 바르고 건강하게 성장시키기 위해서는 교사들이 문제를 해결해 나갈 수 있도록 돕는 학급 상담망 구축이 필요하다. 여기서 학급 상담망은 담임교사를 중심으로 학생, 학부모, 학교, 외부 기관을 연계하여 학생의 안전과 성장을 돕는 것을 말한다.

누구와 만들 것인가?

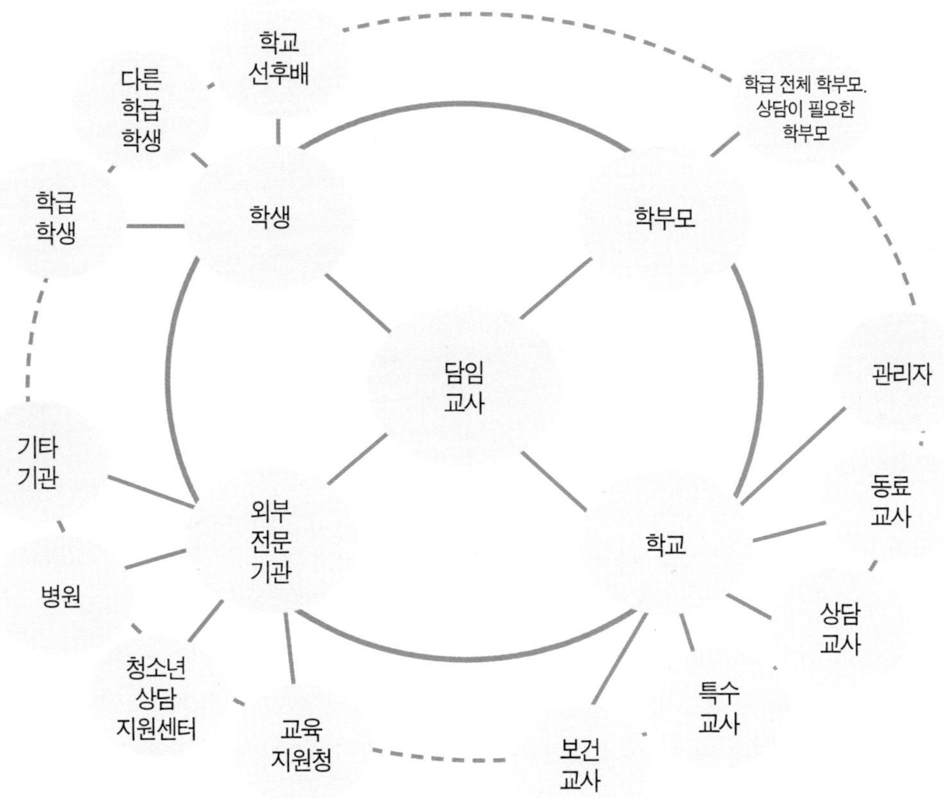

어떻게 만들 것인가?

상담망	주요 목표	상담망 구축을 위한 활동
학급 학생들	학생들에 대한 정보 수집을 바탕으로 개인 또는 학급에 무슨 일이 있으면 선생님에게 알릴 수 있도록 환경을 구성한다.	학생에 대한 정보 수집 · 가정환경 조사서 · 교우 관계 조사
		학생들과의 연계와 소통 · 안전 교육 / 성폭력 안전 교육 · 학급 우체통 · 암행어사 제도 · 일기장
학부모	소통하고 협력하는 관계를 형성한다.	학부모와 학생 및 학급에 관한 소통 유지 · 가정통신문 · 문자메시지와 전화 · 학급 홈페이지 · 알림장
		학부모와 상담하기 · 상담 요청 · 상담 준비 · 상담시 주의사항 · 상담 후 활동
학교	학교 내 도움을 받을 수 있는 인적 자원을 파악하고 사건 처리 절차를 안다.	다양한 인적 자원의 활용 · 동료 초등교사 · 상담교사 · 보건교사 · 관리자 · 특수교사
		중대 사건(학교 폭력 및 성폭력 사건) 처리 절차 · 학교 폭력 사건 처리 절차 · 성폭력 사건 처리 절차
외부 기관	학생 개인이나 학급의 문제에 도움을 받을 수 있는 기관에 관한 정보를 안다.	도움을 받을 수 있는 외부 기관과 연계
		외부 기관 연계시 담임교사의 역할 숙지

학급 상담망은 담임교사가 학급의 모든 문제를 혼자서 해결하려는 의식에서 벗어나 다양한 연계와 협력을 통해 더욱더 좋은 교육적 환경을 제공하고 조성하는 데 그 의미가 있다. 학급 상담망을 만드는 데는 두 가지 초점이 있다. 하나는 혹시라도 생길 수 있는 일들을 사전에 예방하고 조기 발견하는 것이다. 그리고 또 하나는 문제가 발생했을 때 담임교사가 당황하지 않고 이미 구축된 상담망을 활용하여 협력하고 연계하여 적절하고 효과적으로 대처하도록 하는 것이다.

학급 상담망은 담임교사가 도움을 받는 주체에 따라 크게 학생, 학부모, 학교, 외부 전문 기관으로 나눌 수 있다. 담임교사를 중심으로 학급 학생들, 학급 학생들과 연관이 있는 학생들(학급 학생, 다른 학급 학생, 학교 선후배)과 연계할 수 있다. 학교에서는 관리자, 동료 교사, 상담교사, 특수교사, 보건교사 등의 인적 자원들을 활용할 수 있으며 학부모는 학급 내 학생들의 학부모(학급 전체 학부모, 상담이 필요한 학부모), 외부 전문 기관은 학교 밖의 전문 기관(병원, 교육지원청, 청소년 상담 센터 등)과 이어진다.

1. 학급 학생들과의 상호 협력

학생들과의 상호 협력을 통한 학급 상담망 구축의 핵심은 아이들이 개인적으로나 학급에서 일이 생겼을 때 선생님에게 알리도록 하는 것이다. 이것은 한 학년 초 담임교사가 학생 개개인에 대한 상황을 파악하고 학생들과 신뢰하는 관계를 유지하는 것에서 출발하므로, 담임으로 배정된 후부터 미리 준비해 두면 좋다.

① 학생에 대한 정보 수집

학생에 대한 정보 수집의 목적은 아이들이 가지고 있는 어려움을 조기에 발견하는 것이다. 학년 초뿐만 아니라 학급이 운영되는 1년 동안 가정 상황 및 교우 관계, 학습 등 전반적인 부분에 대해 관찰과 면담, 교우 관계도 검사 등을 통해 지속적으로 이루어져야 한다. 무엇보다 학생들은 자신이 믿고 의지할 수 있는 사람에게 마음의 문을 열고 자신의 이야기를 할 수 있으므로, 학생 개개인에 대한 정보 수집과 동시에 학생들과 신뢰 관계 유지 및 긍정적인 학급 분위기 형성을 위해 노력해야 한다. 학생을 알려면 객관적인 정보 수집 과정이 필요한데 학기 초에 대표적으로 챙겨야 하는 것으로 가정환경 조사서와 교우 관계 조사가 있다.

● 가정환경 조사서

가정환경 조사서는 학급에서 학년 초에 학생들에게 일괄 배부하여 학생 개개인의 가정환경을 쉽게 파악할 수 있는 대표적인 방법으로, 가족 관계와 건강 상태 등을 비롯하여 담임교사가 학생들에게 알고 싶은 내용으로 구성하면 된다. 가정환경 조사서에 '선생님께 부탁드리고 싶은 이야기'라는 란을 만들어 놓으면 담임교사가 학생에 대해 좀 더 관심을 가져 주었으면 하는 내용에 대해 학부모가 자유롭게 내용을 적어 놓기도 한다. 그리고 가정환경 조사서는 학기 중에 전학을 온 학생에게도 잊지 말고 받아 두어 학생에 대한 기본적인 정보를 쉽게 파악할 수 있도록 한다.

가정환경 조사서는 학생들의 개인적인 내용이 많이 들어가므로, 봉투에 담아 제출하도록 하는 것이 좋다. 그리고 부모가 이혼을 했거나 조부모 밑에서 자라고 있더라도 가정환경 조사서에는 양쪽 부모가 다 있다고 적어 보내는 경우가 종종 있으므로 담임교사는 자기 소개서 쓰기와 이전 학년의 담임교사들을 통해 학생 개개인의 상황에 대한 정보를 더 많이 수집하도록 노력해야 한다. 또한 학기 중에도 가정환경에 변화가 없는지 지속적으로 아이들에게 관심을 가져야 한다.

● 교우 관계 조사

교사가 학교에서 동료 교사들이 자신을 좋아해 주고 자신의 능력에 대해 인정해 주면 학교생활이 즐거운 것처럼, 아이들도 학급에서 친구들과 관계가 좋으면 학교에 오는 것을 즐거워하고 공부도 열심히 한다. 반면에 교우 관계가 원만하지 못하면 위축되어 자신감이 없고 자신과 학급에 대해 부정적인 생각을 가지는 경우가 많다. 그렇기 때문에 담임교사는 학급의 교우 관계를 파악하여 교우 관계에서 어려움을 가진 아이들이 즐겁게 학교생활을 할 수 있도록 도움을 주어야 한다.

교우 관계 조사지

쉿! 비밀이야. 3-1 (　　　　　)	
내 생일에 초대하고 싶은 우리 반 친구 3명	내 생일에 초대하고 싶지 않은 우리 반 친구 3명

담임교사는 학생들의 학교생활 모습을 관찰하여 아이들로부터 인기가 많은 아이, 아이들로부터 배척을 당하는 아이 등 교우 관계에 대해 쉽게 파악할 수 있다. 그렇지만 담임교사의 관찰에 의한 교우관계 파악은 교사의 시각에서 바라보기 때문에 다소 부정확할 수도 있으므로, 한 학기에 1번 정도 학생들에게 교우 관계 조사를 실시하여 교우 관계에 대해 객관적인 파악을 하는 것이 필요하다.

학생들에게 교우 관계를 조사해 보면 그 학생을 좋아하는 친구도 0명, 싫어하는 친구도 0명으로 나와 고립되어 있는 아이가 나오는 경우도 있다. 그리고 친구들과 갈등 없이 잘 지내 교우 관계가 원만하다고 담임교사가 판단한 아이가 교우 조사에서는 피선호도가 높게 나오는 등 담임교사가 미처 알지 못했던 결과가 나오기도 한다. 교우조사는 1, 2학기 초에 각각 해 보는 것이 적당하다. 학년 초에만 하는 경우가 많은데, 2학기 교우 조사를 통해 관계의 변화를 알아 두는 것도 많은 도움이 된다.

교우 관계 조사 결과는 표로 정리하여 학급 경영록에 철해 두고 담임교사가 학생과 학부모 상담시 참고 자료로 사용할 수도 있다.

② 학생들과의 연계와 소통

● 안전교육

초등학교의 특성상 담임교사는 교실에서 학생들과 함께 생활하고 있어 학생들에게 일어나고 있는 일에 대해 빨리 파악하는 편이지만, 늘 함께 있지는 못하기 때문에 담임교사의 주의를 벗어나거나 교사가 미처 알지 못하는 일들이 일어나기도 한다.

그러므로 평상시 학생들에게 학급에서 자신이나 학급에 어려움이 생겼을 때는 반드시 선생님에게 알리고 도움을 받는 것이 중요하다는 것을 교육시켜야 한다.

그런데 때로는 친구 사이에 일어났던 일에 대해 담임교사에게 말하는 것은 고자질이기 때문에 나쁘다는 생각을 하게 되는 경우가 있다. 그래서 아이들끼리 일어났던 상황에 대해 담임교사에게 말하기를 꺼리는 아이들이 있다. 또한 담임교사에게 말한 것에 대해 고자질을 했다면서 아이들끼리 서로 비난하는 경우가 있다. 이럴 때에는 아이들에게 약한 친구가 힘이 센 친구로 인해 힘들어하는 상황에 대해 담임교사에게 알려 주는 것은 고자질이 아니며, 담임교사에게 알려 주는 것이 힘이 약한 친구를 보호해 줄 수 있는 행동 중 하나임을 수시로 인식시켜 주어야 한다.

"선생님은 여러분이 안전하고 즐겁게 생활하는 게 매우 중요하다고 생각해요. 그래서 여러분들이 생활하고 있는 데 불편한 점은 없는지 늘 살펴보고 있습니다. 그런데 선생님이 여러분 모두에게 일어나는 일에 대해서 다 알지 못합니다. 그러므로 학교나 학교 밖에서 여러분이나 친구들을 괴롭히는 사람이 있으면 선생님에게 꼭 알려 주세요. 친구들 사이에 있었던 일을 알려 주는 것은 고자질을 하는 것이 아니라, 친구를 보호하고 도와줄 수 있는 일임을 기억하세요."

"쉬는 시간에 화장실에 ○○가 갇혀 있다고 알려 준 친구 덕분에 선생님이 ○○를 빨리 도와줄 수 있어서 참 고마웠어요. 앞으로도 친구들이 어려움을 겪는 일이 있으면 그것을 아는 즉시 선생님께 바로 알려 주세요."

● 성폭력 안전 교육

요즘 성폭력과 유괴 등 아이들을 대상으로 하는 범죄가 나날이 증가하고 있다. 이러한 일을 예방하기 위해 아이들은 부모와 학교로부터 낯선 사람을 따라가지 않아야 한다고 교육을 받고 있다. 그렇지만 아이들은 학교와 가정에서 다른 사람을 돕는 일은 착한 일이라고 배워 왔기 때문에 낯선 사람이 도움을 요청하면 도와야 한다고 생각을 한다. 그리고 아이의 힘으로 어른들을 도울 수 있는 일이 거의 없음에도 불구하고 발달단계상 다른 사람의 의도를 잘 파악하지 못하여, 낯선 어른이 와서 아이에게 잠깐만 도와 달라고 하면 그 사람을 따라가는 경우가 많다.

아이들은 '아빠의 친구'라며 말을 거는 처음 보는 어른을 낯선 사람이 아닌, 아는 사람으로 파악하기도 한다. 그러므로 낯선 사람을 따라가지 말라고 하기보다는 따라가도 좋은 사람에 대해 부모님의 자문을 구한 후 알려 주는 것이 좋다. 예를 들어 부모님과 할머니, 할아버지, 친구 ○○와만 함께 다니라고 말해 주면, 아이가 판단하는 데 더 효과적이다. 성폭력과 관련된 안전교육에서는 자기 몸을 보호하면서 대처할 수 있는 방법을 교육 내용에 포함해야 한다.

- 친구와 짝을 지어 다니기(혼자서 낯선 사람과 대하는 상황이 되지 않도록)
- 주변에 도움을 구할 수 있는 상황에서는 "안 돼요, 싫어요!"라고 외치기
- 학교 주변에 도움을 받을 수 있는 곳(경찰서, 안전지킴이집 등) 미리 알아 두기
- 상황별 대처 방법 직접 해 보기

● 학급 우체통

아이들이 자신의 고민이나 학급 내에서 괴롭힘을 받아 힘들어하는 친구 등에 대해 적어 우체통에 넣어 두면, 담임교사가 읽고 도움을 주는 것이다. 학급 우체통에 고민이나 문제 상황에 대해서만 적어 넣어 두기보다는 친구들을 칭찬하는 내용도 함께 넣게 하면 긍정적인 학급 분위기를 유도하는 데도 도움이 될 것이다. 담임교사가 얼마나 관심을 가지느냐에 따라 학급 우체통은 유용하게 활용될 수도 있고, 그저 텅 빈 장식품이 될 수도 있다.

● 암행어사

암행어사는 학급에서 일어나는 일에 대해 하교하기 전에 담임교사에게 알려 주는 역할을 한다. 담임교사가 아이의 사물함이나 사물함 속 교과서 사이에 마패를 넣어 놓아 암행어사가 누구인지 학급 아이들이 모르게 정할 수도 있으며, 봉사 위원이 암행어사를 맡을 수도 있다.

암행어사가 문제 행동을 한 아이에 대한 신고만을 하도록 하면, 자칫 암행어사를 맡는 친구가 학급 아이들에게 권력을 휘두르는 일이 발생할 수 있다. 그러므로 암행어사는 학급에서 칭찬받을 행동을 한 아이에 대해서도 담임교사에게 알리는 역할을

동시에 수행하도록 해야 한다.

● 일기장

담임교사는 일기를 통해 아이의 개인적인 고민이나 학급 문제 등에 대해 파악할 수 있으며, 아이의 고민에 대해 답글을 달아 줌으로써 아이에게 힘이 되는 존재가 될 수 있다. 일기장이 잘 활성화가 되면 다른 어떤 프로그램보다 평상시에 학생들의 어려움과 문제를 쉽게 발견할 수 있는 좋은 단서가 된다.

2. 학부모와의 소통과 협력

학급의 모든 일에서 협조가 가장 잘 이루어져야 할 주체가 학부모이다. 학부모의 협조와 도움을 얼마나 끌어낼 수 있느냐가 학급 상담망의 중요한 부분이다. 평소에 담임교사가 얼마나 학부모와 소통할 수 있는지는 차후에 있을 많은 일들을 해결하는 중요한 열쇠가 될 수 있다.

① 학부모와의 소통

학부모와 좋은 관계를 유지하기 위한 대표적인 소통 수단으로는 가정통신문과 문자 메시지, 전화, 학급 홈페이지, 알림장과 쪽지가 있다.

● 가정통신문

3월 첫날, 아이들과 마찬가지로 학부모들도 누가 담임인지에 대해 많은 궁금증을 가진다. 학부모님께 편지 형식으로 자기소개와 교육관, 연락처 등을 넣어 가정통신문을 만들어 보내 보자. 학부모는 담임교사를 만나지 못했지만, 가정통신문과 함께 가까이 다가온 담임교사에 대해 남달리 생각할 것이다.

학기 중에도 소식지를 만들어 아이들이 학급에서 활동한 내용과 사진, 안전 교육,

안녕하십니까?

따스한 햇살과 산들산들 부는 봄바람의 꽃내음이 조금씩 온 세상을 물들여 가는 3월에 이렇게 인사드립니다. 저는 이번 3학년 5반을 맡게 된 담임교사 김명신입니다. 일찍 인사를 드렸어야 했는데 학기 초라 여러 가지 부수적인 일들이 많아 이렇게 인사가 늦었습니다.

학부모총회가 있어 참석하신 학부모님들에겐 짧게나마 저의 일 년 교육 방침이나 저에 대해 소개를 했지만 환경이 허락지 않아 참석하지 못하신 부모님들이 많으셔서 서면으로나마 알려 드려야겠다고 생각되어 이렇게 안내문을 보냅니다. 안내문은 한 달에 한 번 바쁠 경우에는 두 달에 한 번, 저희 반 아이들의 교육 내용 및 활동 사항을 정리해서 보내 드릴 예정입니다.

교사 자신에 대한 소개 → 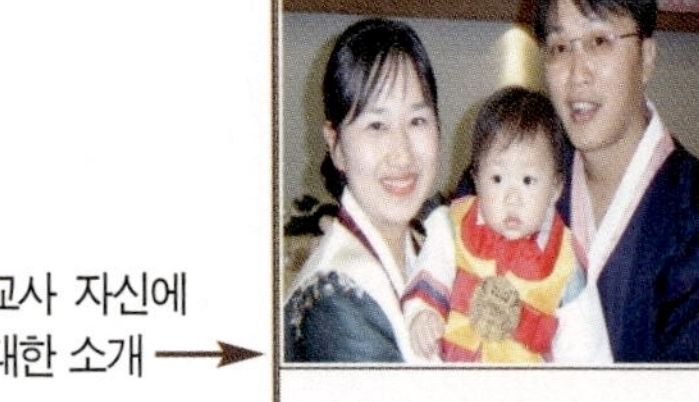

저는 부산교육대학을 졸업하고 충청남도에서 8년간 교사로 근무하였습니다. 어머님이 몸이 좋지 않으셔서 4년 전에 양산으로 내려오게 되었습니다. 어곡초등학교에서 2년 동안 근무하다가 ○○년에 ○○초등학교에 오게 되었고 첫해에 6학년 4반을 맡아 졸업시키고 작년에는 4학년 5반을 맡았으며 올해 3학년 5반을 맡게 되었습니다. 학교에서는 체육부장을 맡고 있습니다.

제가 아이들을 1년 동안 가르치면서 생각하고 교육하고자 하는 바를 소개해 드리는 것이 좋을 것 같아 간단하게 말씀드리겠습니다.

(첫째,) 바른 학습 태도를 갖추는 것에 중점을 둡니다. 초등학교 교육은 그야말로 앞으로 지식을 배우고 공부를 하는 가장 기초 단계입니다. 어떤 지식을 담느냐는 그 그릇이 어떠냐와도 관련이 있다고 생각합니다. 바른 학습 태도는 바로 그 그릇이 되는 부분이라고 생각합니다. 또한 바른 학습 태도는 자기 주도적 학습력으로도 이어지게 됩니다. 바른 몸가짐은 바른 마음의 표현이라고 생각합니다.

그래서 저희 반은 8시 40분~9시까지는 혼자 독서하는 시간으로 바른 자세로 혼자 독서를 하게 하고 있으며 수업 시간에 선생님이 말씀하실때는 선생님을 바라보는 것, 다른 친구들의 이야기를 귀 기울여 듣기, 수업이 한 시간 끝나면 다음 시간 책을 올려 놓고 자기 일 보기, 종치기 전에 학습 준비하고 바르게 앉기 등을 학기 초에 계속 시키고 있습니다. 바른 학습 태도가 갖추어지는 과정에서 3월 초에는 조금 엄하게 하고 있습니다. 그리고 학교 공부는 학교에서 다 마칠 만큼 열심히 하도록 아이들과 약속하였습니다.

(둘째,) 학습 방법의 다양화를 통해 아이들의 적극적인 참여를 유도하겠습니다. 저는 발표가 매우 중요하다고 생각합니다. 글이나 말을 통해 자신을 드러내고 내가 알고

있는 것을 정확히 전달해 내는 능력은 앞으로 더욱 그 중요성이 커지므로 아이들의 수준에 맞게 처음에는 발표를 많이 해서 자신감을 얻도록 다음 단계에는 발표 내용이 체계적이고 논리적일 수 있도록 지도를 할 계획입니다. 그리고 제가 특별히 시간을 내어 하는 활동에는 신문 학습이 있습니다. 신문 학습은 다양한 상식과 정보를 자기 나름대로 해석하고 분석할 수 있는 능력을 키우기 위해 실시하고 있습니다. 시간이 잘 나지 않아 현재까지 한 번 했으나 앞으로 시간이 나는 대로 꾸준히 할 예정입니다. 이러한 활동들을 통해 조금씩 아이들의 자기 표현력과 자기 주도적인 학습력을 향상시켜 나가도록 하겠습니다.

(셋째,) 조별 학습입니다. 저는 조별 학습을 중요하게 생각합니다. 아이들이 사는 세상은 더불어 사는 세상입니다. 학습의 과정 속에서 다양한 모습의 인간관계를 맺어 가며, 때로 속상한 일도 겪고 때로 즐거움을 경험하기도 하면서 성장하고 다른 사람들과 조화를 이루는 방법을 조별 학습을 통해 가르치고자 합니다. 조별로 활동을 하다 보면 불만도 쌓이고 혼자 잘해서도 안 되는 부분들이 많게 됩니다. 어떤 아이들은 소극적으로 어떤 아이들은 적극적으로 하기도 합니다. 이런 과정 속에서 좀 더 서로에 대해 이해하고 조화를 이루는 방법을 스스로 익혀 간다면 아이들에게는 좋은 인격 성장의 좋은 장이 될 것입니다. 이런 조별 활동을 통해 두 달에 한 번씩 1등을 뽑아 토요일이나 공휴일을 이용하여 문화체험이나 여행을 다녀올 계획입니다. 1등은 아이들이 요구하는 곳이면서 교육적으로 도움이 되는 곳을 정해서 가고자 합니다. 평가 기준은 학습 태도, 발표, 청소 상태, 조별 학습 내용, 협력도 등 종합적인 평가가 될 것이고 특히 조 모두가 함께 노력하는 것이 중요하다고 이야기하고 있습니다.

(넷째,) 아이들과 대화하는 과정을 통해 모든 일을 결정할 것입니다. 저는 아이들의 자율적인 활동을 중요하다고 생각합니다. 미숙한 점이 있을지라도 아이들 스스로 해 보고 경험하는 것이 중요하다고 생각하며 아이들과의 생활 속에서도 모든 것은 대화를 시작으로 문제 해결을 할 것입니다. 3월 초에는 학습 태도와 습관 형성에 주력하고 있으며 4월, 5월에는 학교 행사가 많아 저도 시간적 여유가 없는 상태이나 시간을 내어 아이들과 대화하고 함께 운동하는 시간을 늘릴 계획입니다. 특히 아이들이 컴퓨터 게임이나 학원 때문에 몸과 마음이 많이 지쳐 있는 것 같습니다. 넓게 펼쳐진 평야도 보고 따스한 햇볕과 폭신폭신한 땅의 내음도 밟아 가면서 좀 더 인성적으로 잘 자라도록 시간을 가져 보겠습니다. 특히 요즈음에는 수업만 마치면 텅텅 비어 있는 운동장을 보고 있으면 어딘지 모르게 씁쓸한 마음이 듭니다. 교육에서 너무 소중한 뭔가를 놓치고 있지는 않나 하는 생각이 듭니다.

그 외 저희 반 특별 이벤트는 생일 파티가 있습니다. 한 달에 한 번 셋째 주 토요일에 진행할 예정이며 아이들이 간식을 준비하고 케이크는 제가 준비하기로 했습니다. 아이들의 간식은 음료수 하나 과자 하나로 제한했으며 각자 준비하고 생일을 맞이한 아이들에게는 각자 조그마한 것(편지나 사탕과 같은) 하나라도 선물하기로 하였습니다. 아이들 스스로 간식을 준비할 수 있도록 해 주시고 부모님들께서는 따로 아이들에게 간식비를 주시지 않도록 해 주십시오.

◯ 부분에서는 교사가 앞으로 일년간 중점적으로 할 교육 내용과 생활지도에 관해 정리해서 이야기한다.

3학년 저희 반 아이들의 모습입니다. 총 30명이고 남자는 17명, 여자는 13명입니다. 너무 귀엽고 이쁘죠.

우리 반 아이들 모습

1학기 봉사 위원

3월 초에 선거를 통해 1학기 봉사 위원이 선출되었습니다. 배윤송, 장정은, 김민정, 김상진, 배성웅, 최준휘 어린이이고 한 학기 동안 저희 반을 위해 봉사 위원으로서 모범적이고 열심히 노력할 겁니다. 3, 4월 조가 편성되었습니다. 일단 아이들에 대한 기초적인 조사가 없어 키대로 조를 편성하였습니다. 다음 조부터는 제비뽑기를 통해 조를 편성할 예정입니다.

버섯조

밥풀데기조

꿈나라조

자랑거리조

스마일조

풍선조

저희 반은 정욱이 어머니께서 회장을 하시고 혜원이 어머니가 총무를 맡으셨습니다. 그런데 녹색어머니회가 조직이 되지 않았습니다. 다들 바쁘시다 보니 선뜻 부탁드리기가 어렵습니다. 어려우시더라도 아이들을 위해 시간을 내실 수 있는 어머니께서는 아이편으로 연락을 주십시오. 하실 분이 부족하시면 저도 함께 참여하도록 하겠습니다.

앞으로 아이들을 위해 저도 최선을 다하겠습니다. 아이들 문제나 학급 문제로 상담을 원하시는 학부모님들께서는 언제든지 연락 주십시오. 그럼 다음에 또 연락드리겠습니다. 건강하시고 항상 행복하시길…….

○○○○년 3월 ○일
○학년 ○반 아이들의 좋은 선생님이고픈 김명신 올림
(○○○-○○○○-○○○○ 집 전화 ○○○-○○○○ e-mail:○○○○○○@○○○○○.com)

안녕하십니까.

벌써 낮에는 더위가 성큼 다가온 듯한 날씨군요. 3학년 5반 담임을 맡고 있는 교사 김명신입니다. 학기 초에 학부모님께 서면을 통해 인사를 드리고 두 번째로 인사드립니다. 3월과 4월이 숨가쁘게 지나갔습니다. 3, 4, 5월에는 많은 교내 행사가 있었습니다. 그동안의 아이들의 활동에 관하여 알려 드리고자 합니다.

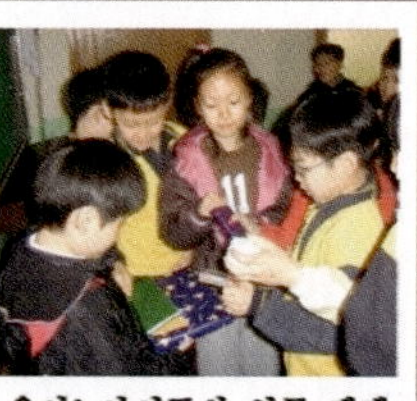

| 3월 생일을 맞은 아이들 | 아이들에게 선물을 듬뿍! | 4월 생일! 좋겠다 | 우아! 아이들의 선물 세례 |

3월 셋째주와 4월 셋째주 토요일에는 생일 파티가 있었습니다. 각자 먹을 것을 준비하고 생일 맞이하는 친구들의 선물(사탕 하나라도 정성껏 준비)을 준비해서 선물을 주는 시간을 가졌습니다. 아이들이 참 좋아하고 기대하는 시간입니다. 친구들에게 축하를 받고 선물을 받아 보면서 사랑을 받을 때의 행복함을 아이들 스스로 체험하고 그런 사랑을 또 친구들에게 표현하도록 하고자 하는 뜻이 있습니다. 사랑을 표현하는 것도 훈련이 필요합니다.

생일 파티
(아이들이 제일
좋아하는 시간)

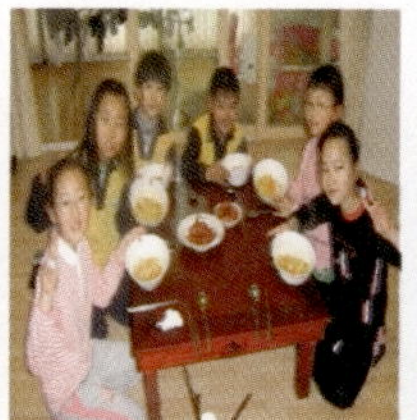

| 선생님 부인과 딸과 함께 | 놀이터에서 샘과 함께 | 샘이 직접 만든 카레밥 | 바람에 드러난 샘의 똥배! |

3월 ○일에 1학기 봉사 위원으로 뽑힌 임원들과 저희 집에서 식사 및 친목의 시간을 가졌습니다. 아기가 있다 보니 맛있는 것을 많이 준비하지 못해 미안했지만 게임도 하고 산책도 하면서 아이들과 친밀해지는 좋은 시간이었습니다.

| 여학생들과 샘 | 남학생과 샘이 함께 | 멋진 포즈로 | 다 함께 찍어요! |

4월 21일에는 김해 연지공원, 김수로왕릉으로 현장학습을 다녀왔습니다.

체험 활동, 현장학습 등 아이들의 활동을 사진으로 정리해서 담는다.
이외에도 아이들의 활동을 간략하게 정리하여 사진으로 담아 보내면 좋다.

도움이 되는 학습 방법, 전달 사항 등을 간략히 정리해서 보내도록 한다. 소식지를 통해 학부모는 아이들이 어떤 활동을 하고 있는지에 대해 쉽게 알 수 있으며, 담임교사에 대한 학부모의 신뢰가 높아질 수 있다.

● 문자메시지와 전화

3월은 아이들의 이름과 얼굴을 익히기 위해 총력을 기울이는 달이다. 가정환경 조사서를 통해 얻은 학부모 휴대전화로 문자메시지 알림장을 보내거나 아이의 예쁜 행동을 즉시 간단한 문자로 보낸다. 단체 문자는 인터넷 사이트나 학교에서 어린이 안심서비스에 가입되어 있는 경우, 어린이 안심서비스 홈페이지를 활용하면 손쉽게 단체 문자를 보낼 수도 있다.

안녕하세요? 올해 담임 ○○○입니다. 가정통신문을 보내 드렸는데 잘 받아 보셨는지요? 혹시 받지 못했으면 확인을 부탁드립니다. (단체 메시지)

○○ 어머니, ○○를 참 잘 키우셨네요. 어쩜 인사를 이렇게 예쁘게 하지요? ○○ 담임 드림 (개인별 메시지)

아이에게 문제가 발견될 때 갑작스럽게 전화를 해서 문제 행동을 알리기보다는 이런 소통을 통해 아이들의 일상을 주고받다 보면 학부모가 긍정적으로 받아들이고 수용하게 되는 기반을 마련할 수 있다. 그리고 문자를 통해 학부모와 친밀해지면 학부모의 관심을 이끌어 낼 수 있고, 나중에 어떤 일이 발생했을 때 협력을 이끌어 내기가 쉽다.

학부모 중에는 아이의 학교생활이 궁금해도 담임교사에게 연락하는 것을 어려워하는 경우가 많다. 그러므로 학부모들과 관계를 맺기 위해 학년 초에 모든 학부모에게 먼저 전화를 걸거나, 학부모총회가 끝난 후 참석하지 못한 학부모들에게 담임교사가 전화를 거는 것도 학부모와 좋은 관계를 유지하기 위한 방법이 될 수 있다. 전화로 일상적인 대화를 나누다 보면 자연스럽게 자녀를 양육하는 어려움을 토로하게 되는데, 이때 학교에서의 아이들의 행동을 자연스럽게 이야기하면서 아이의 상황을 알려 줄 수 있다.

"어머니, 안녕하세요? 3학년 1반을 맡고 있는 담임 ○○○ 입니다."
"네, 선생님! 안녕하셨어요? 아이를 학교 보내 놓고 한 번도 찾아뵙지 못해 죄송해요."
"직장 다니시면서 학교에 오시기가 그리 쉽나요? 그래서 제가 지난 가정통신문에 전화
 나 문자메시지 또는 이메일로 궁금한 것이 있으면 언제든지 문의를 하시라고 했지요."
"네~ 궁금한 것은 많지만 잘 안 되더라구요."
"그래서 제가 오늘 먼저 전화를 드리는 것입니다. 괜찮지요?"
"예, 감사해요."
"○○가 요즘 학교생활에 대해 어떤 이야기를 주로 하나요?"

● 학급 홈페이지

안내장이나 가정통신문을 보내도 부모님께 보여 드리지 않는 아이들이 많아서 학부
모님이 꼭 알아야 하는 내용을 모를 경우가 많으므로, 학급 홈페이지를 활용하도록
한다.

학급 홈페이지에 알림장뿐 아니라 학급 아이들의 활동사진과 작품 사진을 게시해
놓으면 학부모가 아이의 학교생활에 대해 알 수 있는 장을 마련할 수가 있다. 그리
고 학습 도움 자료, 자녀 교육 도움 자료, 가정통신문, 무료 학습 사이트를 게시하여
학부모에게 아이의 교육에 필요한 자료를 제공해 줄 수 있다. 더불어 학급 홈페이지
게시판에 '학부모와 대화' 또는 '사이버 상담실' 등 비밀 글을 쓸 수 있는 메뉴를 마
련한다면, 지식 정보화 사회의 산물을 의사소통 수단으로 적극 활용해 볼 수 있다.

학급 홈페이지는 학교 홈페이지를 활용해도 좋고, 담임교사의 개인 홈페이지를 학
교 홈페이지에 링크해 놓아 학급 홈페이지로 활용하면 매년 누적된 자료를 지속적
으로 사용할 수도 있다.

● 알림장

아이를 학교에 보낸 후 부모님들은 아이가 학교에서 잘 지내는지 모든 것이 궁금하
다. 1년에 2번 있는 성적표나 상장을 통해 부모님들은 아이의 학교생활을 가늠하게

되는데 부모님에게도 교사에게도 부담이 되지 않는 선에서 알림장을 소통 방법으로 사용하면 좋다.

알림장을 검사할 때 아이가 쓴 알림장 내용 아래에 전하고 싶은 아이의 칭찬 행동과 주의가 필요한 행동, 아이에 대해 궁금한 점 등에 대한 내용을 쓴다. 알림장에 아이의 강점이나 학교생활 중 잘하고 있는 부분에 대해 아이를 통해 학부모에게 전달하게 하면, 아이의 자긍심을 높여 주면서 동시에 학부모와 좋은 관계를 유지하는 의사소통 수단이 된다.

알림장을 활용할 때 라벨지에 다음과 같은 메모를 미리 인쇄해 두고 필요할 때 중요 단어만 적어 아이의 알림장에 붙여 주면 시간을 절약할 수도 있다.

> _______ 시간에 ______ 하여 ______ 습니다.
> 친구와 __________ 방법을 ______ 와 의논하여 가장
> 효과적일 것 같은 방법 __ 가지를 구체적으로 적어 주십시오.

자주 쓰는 문구를 미리 라벨지에 인쇄해 둔다.

> 청소 시간에 친구를 놀려 친구가 힘들어하였습니다.
> 친구와 사이좋게 지내는 방법을 현주와 의논하여 가장
> 효과적일 것 같은 방법 3가지를 구체적으로 적어 주십시오.

해당 내용을 적어 알림장에 붙여 보낸다.

아이가 부모님과 의논하여 알림장에 적어 온 내용을 얼마나 잘 실천하고 있는지에 대해 함께 확인해 보자. 매일 하교 전에 할 수도 있고 일주일에 한 번씩 담임교사와 아이가 별도로 협의하는 시간을 가질 수도 있다.

② 학부모와 상담하기

● 상담 요청

학부모와의 상담은 교사가 상담을 요청하는 경우와 학부모가 상담을 요청하는 경우

로 나눌 수 있는데, 학부모에게 상담을 요청하기 전에 반드시 아이와 상담을 해야
한다. 아이와의 상담을 하지 않은 채, 학부모에게 상담을 요청하면, 담임교사는 학
부모가 하는 말에 대한 사실 여부를 확인해 주느라 시간을 소비하는 경우가 더러 있
다. 그리고 미처 담임교사가 알지 못했던 상황에 대해 학부모가 말할 경우에는 당황
하여 상담을 제대로 진행하지 못하는 경우도 일어나게 된다. 그러므로 학부모에게
상담을 요청하기 전에 아이와 2~3차례 정도 상담을 하고, 상황에 대한 확인과 아이
의 상황에 대한 생각과 느낌, 아이가 바라는 변화, 현재 하고 있는 노력 등에 대해
충분히 이야기를 나누는 것이 필요하다.

교사가 학부모에게 상담을 요청하면 학부모는 아이가 학교에서 잘못을 해서 불려
온다는 생각에 위축감을 가지게 되거나, 교사가 아이를 좋지 않게 본다는 생각에 불
쾌감을 드러내기도 한다. 그러므로 학부모에게 상담을 요청할 때에는 상담을 요청
하게 된 경위에 대해 알려 준 후, 공감을 사용하여 학부모의 당황스러운 마음을 읽
어 주는 것이 필요하다. 그리고 아이를 아끼는 교사의 마음을 학부모에게 전하여,
아이의 바람직한 성장을 위해 담임교사와 학부모의 협조가 필요한 것임을 인식시켜
주어야 한다.

"연수 어머니, 안녕하세요? 연수 담임입니다. 잘 지내시죠? 안부 묻기"

"선생님, 안녕하세요? 어쩐 일로 전화를 하셨나요?"

"제가 갑작스럽게 전화를 드려서 많이 놀라셨죠? 무슨 일이 있나 걱정도 되시고. 학부모의 마
음 다독여 주기, 진정시키기"

"네. 연수한테 무슨 일이 있나요?"

"오늘 점심시간에 연수의 다리에 진숙이의 발이 걸려서 진숙이가 넘어질 뻔했다고 합니
다. 그래서 진숙이가 순간 화가 나서 연수한테 "죽을래?"라고 하니까, 연수가 안 그래
도 죽고 싶었다면서 진숙이보고 자기 죽이라고 서너 번 크게 소리치면서 주변에 있던
책상을 발로 차서 다른 아이가 넘어진 책상에 발을 조금 다치고 학급에 있던 아이들이
많이 놀라는 일이 있었습니다. 상황 알려 주기"

"연수가 원래 그런 애가 아닌데, 진숙이가 말을 심하게 했나 보네요. 전에 연수가 진숙
이는 욕도 많이 하고 싸움도 잘해서 친구들이 싫어한다고 하던데요."

"연수가 과격한 행동을 하거나, 친구들에게 피해를 주는 아이가 아닌데, 학교에서 그런
  행동을 했다고 하니까 놀라고 많이 당황스러우시겠네요. 공감하기"

"당연히 그렇죠."

"제가 연수한테 연수가 일부러 한 게 아닌데, 진숙이가 '죽을래?' 라고 물어봐서 화가 많
  이 났냐고 물어봤더니 안 그래도 죽고 싶다는 생각을 많이 했는데, 죽을래, 라는 말을
  들으니까 진짜 죽고 싶어서 그런 말을 했다고 하더라구요. 제가 연수 말을 듣고 많이
  놀랐습니다. 어머님은 마음이 진짜 많이 아프실 것 같아요. 상황 알려 주기와 공감"

"네. 우리 아이가 뭐가 그렇게 힘들어서……."

"어머님, 마음이 많이 아프시고 힘드실 것 같네요. 연수가 그동안 학교생활을 밝게 해
  왔는데, 요즘 학교생활을 많이 힘들어하는 것 같아서 어머님과 이야기를 나누면서 연
  수를 도와줄 방법을 찾고 싶어서 이렇게 전화드렸어요. 시간 되시면 오늘 오후나 내일
  학교에 한번 찾아와 주실 수 있으신가요? 학부모와의 상담 요청"

학부모가 담임교사에게 먼저 상담을 요청하는 경우는 그만큼 학부모가 아이의 문제
를 해결하고자 하는 적극적인 자세라고 볼 수 있다. 학부모는 자녀가 친구들로부터
괴롭힘을 받았거나 학교생활에 대해 불만이 생겼을 때처럼 문제를 가진 상황에서
주로 담임교사에게 상담을 요청하게 된다. 문제가 있는 상태에서 담임교사에게 상
담을 요청하는 학부모들 중에는 다소 감정적으로 흥분되어 있는 경우가 많다. 이때
담임교사가 학부모가 자신의 이야기를 충분히 할 수 있도록 경청해 주면 학부모의
흥분된 감정을 다소 가라앉히는 데 도움이 된다. 그런데 한쪽의 입장만 듣게 될 경
우에는 자칫 교사가 편애를 한다는 이야기를 들을 수가 있다. 그러므로 상담을 요청
한 학부모의 이야기를 충분히 들은 뒤에 상담을 요청한 학부모의 아이와 해당 학생
들과도 상황에 대해 이야기를 나누어 보고 언제쯤 다시 연락드리겠다고 약속을 한
다.

● 상담 준비

학부모와의 상담 시간이 정해지면, 학부모에게 알려 줄 수 있도록 그동안 아이와 상
담했던 내용, 상담을 통한 아이의 변화, 심리검사 자료(가족화 검사, 문장 완성 검사,

학교생활화 검사 등) 등을 정리해 두고, 학부모와 함께 의논할 사항에 대한 계획을 미리 세운다.

상담은 환경을 가꾸는 것이 중요하다. 상담 장소는 학부모가 쉽게 찾아올 수 있는 곳으로 정하며, '상담 중입니다. 용무가 있으신 분은 ○○시 이후에 연락 주시기 바랍니다.'라는 문구를 상담 장소 밖에 게시하여 다른 사람의 출입으로 인하여 상담이 끊기는 일이 없도록 해야 한다.

만약 교실에서 상담을 하게 될 경우, 학부모를 위한 어른용 의자를 꼭 준비해 두어야 한다. 학부모 상담은 보통 1시간 넘게 진행되는 경우가 많은 편인데, 학부모가 아이용 의자에 긴 시간 동안 앉아 있으면 불편함을 느끼기 때문이다. 그리고 학부모 자리 앞에 책상을 놓아 주면 책상이 다리를 가려 주기 때문에 학부모가 치마를 입었을 때, 다리를 편한 자세로 취할 수 있다.

따뜻한 차나 다과를 준비해 두고 어떤 차를 마실 것인지에 대해 이야기를 나누는 것으로 상담을 시작하면, 다소 긴장된 학부모의 마음을 편안하게 해 줄 수도 있다.

학부모와 상담 준비

학부모와 상담 전 아래 사항 중 준비된 것을 □ 안에 ∨ 해 보세요.
□ 아이와 상담했던 내용 및 검사 결과
□ 상담을 통한 아이의 변화 정리하기
□ 학부모와 의논하고 싶은 내용 미리 적어 두기
□ 담임교사와 학부모를 위한 편안한 의자 2개
□ 책상 또는 탁자 1개
□ 따뜻한 차
□ 메모지

● 학부모 상담

학부모 상담은 경청과 공감을 기반으로 진행되어야 한다. 상담을 할 때 정보 제공의 목적으로 학부모에게 아이에게 그동안 있었던 일에 대해 하나하나 구체적으로 알려 주는 경우가 있는데, 이를 받아들이는 학부모는 정보를 제공받았다고 생각하기보다 '우리 선생님이 우리 아이의 나쁜 점을 저렇게 마음속에 담아 두고 있었구나.' 하는 생각에 교사에 대해 서운함을 가지게 된다. 아이의 과거 잘못된 행동보다는 현재의 긍정적 변화에 초점을 맞추어 아이와 상담했던 내용과 심리검사 결과 등에 대해 학부모에게 전하는 것이 좋다. 학부모는 학생의 행동을 변화시킬 수 있는 가장 중요한 협력자이다.

※ 학부모 상담에서 학부모를 조력자로 만드는 지혜
① 쓴소리는 단맛으로 포장한다. 먼저 칭찬, 지적은 나중에 한다. 논쟁을 피하고 일단 수용하는 자세를 가져라.
② 학부모의 말을 경청하고 인정해 주어라. (학부모가 더 많은 이야기를 하도록 한다.)
③ 체면을 세워 준다. (학부모가 이야기하는 부분 중 좋은 부분에 관하여 긍정적인 피드백을 한다.)
④ 격려하여 자신감을 갖게 한다.
⑤ 시종 웃음을 잃지 말라. 웃음은 자본을 들이지 않으면서 소득은 매우 큰 것이다.

● 상담 후 활동

상담 후, 학부모는 아이가 학교에서 어떻게 행동하고 있는지에 대해 계속 염려하게 된다. 그러면서도 담임교사에게 아이의 변화된 모습에 대해 직접 묻는 것을 어려워하여, 아이에게 학교생활에 어떤 변화가 있었는지에 대해 구체적으로 물어보는 경우가 많다. 그러므로 학부모 상담 이후, 교사는 학교생활을 하면서 아이의 아주 작은 긍정적인 변화일지라도 편지와 알림장, 문자메시지를 통해 학부모에게 알려 주는 것이 필요하다.

"○○ 어머니, 오늘은 수업 시간에 ○○가 자리에서 일어나 돌아다니는 일이 한 번도 없었습니다. 많이 노력하고 있는 모습이 대견하네요. 댁에서도 많은 칭찬과 격려 부탁드립니다. 담임 드림."

3. 학교 내 인적 자원의 활용

담임교사는 학급 아이들과 학부모와 상담망을 구축하여 학급의 여러 문제를 예방하고 해결하고 있지만, 문제 상황의 종류와 경중에 따라 동료 초등 교사, 상담교사, 보건교사, 관리자 등의 학교 내 인적 자원을 다양하게 활용하면 문제 상황을 더 쉽고 빠르게 해결할 수도 있다. 학교 내 인적 자원을 활용한 상담 내용도 학급 경영록에 기록해 두면 학생과 학부모, 외부 기관과 연계하여 상담할 때 참고 자료가 된다.

① 다양한 인적 자원의 활용

● 동료 초등 교사

학급의 문제를 해결하는 데 정해진 답은 없다. 담임교사는 학급의 문제에 대해 혼자서만 해결하려고 하기보다 선배 교사나 같은 학년 교사 등 동료 초등 교사의 조언을 구함으로써, 자신이 생각하지 못했던 다양한 문제 해결 방법이 있음을 알게 되기도 한다.

"우리 반 아이들 물건이 계속 없어진다고 하네요. 어떻게 하면 좋을까요?"
"저는 그런 일이 있을 때 아이들한테 쪽지를 주면서 학급에 이런 상황이 일어나고 있는데, 혹시 그에 대해 알고 있는 사실이 있으면 써 보라고 해요."
"작년에도 이런 일이 있었는지, 작년 담임선생님들께 물어보는 것도 좋을 것 같네요."

혹, 우리 반 아이와 다른 반 아이가 서로 연관된 문제의 경우에는 다른 반 아이와 상담을 하기 전에 그 반 담임교사에게 문제 상황을 알리고, 문제를 어떻게 해결할 것인지 함께 계획하고 노력하는 것이 필요하다.

● 상담 교사

상담실은 교사의 요청 없이도 학급 아이들이 고민이 있을 경우 스스로 찾아가 도움을 구할 수 있는 곳임을 안내해 주어 아이들이 자발적으로 고민을 해결하러 갈 수 있도록 한다. 아이들 중에는 자신의 고민과 힘든 상황에 대해 진지하게 들어 주는 것만으로도 상담을 받았다고 생각하여 상담실 가는 것을 좋아하기도 한다.

담임교사는 지속적으로 반복되는 문제이거나 보다 심층적인 상담이 필요한 경우에는 상담교사에게 상담을 의뢰할 수 있다. 학교 내에 상주하는 상담교사가 없을 경우에는, 순회 상담교사나 교육지원청의 상담교사에게 연락하여 상담을 신청할 수 있다. 담임은 상담교사가 요구할 경우 아이에 대한 기본적인 정보와 상담이 진행되는 과정 동안 학급 생활 중 특기 사항에 대해 알려 주면 된다.

사례 소변을 가리지 못하는 학생

1학년인데도 소변을 가리지 못하여 학교생활에서 어려움을 겪는 ○○ 의 어머니와 상담을 실시하였다. 어머니는 ○○ 가 엄한 아버지의 양육 태도와 연년생으로 동생 2명이 태어나는 바람에 사랑을 충분히 받지 못해서 소변을 가리지 못한다고 생각하고 있었다. 아이가 심리적 안정을 가질 수 있도록 하기 위해 가정과 학교에서 아이에게 관심을 더 가지고, ○○ 에게 칭찬과 머리 쓰다듬기를 매일 해 주었지만, 변화가 없었다. 그래서 담임교사가 학부모의 동의를 얻은 후, 학교 순회 상담교사에게 의뢰하였다.

상담교사는 ○○ 의 어머니께 소변을 가리지 못하는 여러 가지 가능한 원인과 치료 방법을 알려 주었고 상담과 함께 물리적인 치료 방법을 병행할 것을 권유하였다. 병원(비뇨기과)을 통한 약물 치료와 ○○ 의 상담교사와의 심리적 면담을 같이 진행한 결과 아이의 상태가 호전되었다.

● 보건교사

보건교사는 간호사 자격 면허를 가진, 학교 내의 유일한 준의료인이다. 아이가 아프거나 체육 활동이나 놀이 등을 하다가 다치게 되었을 때는 바로 보건실로 아이를 데리고 가서 보건교사의 처치를 받아야 한다. 그 후, 담임교사는 일의 경위와 함께 보건교사의 처치, 현재 아이의 심리적 및 신체적 상태, 보건교사의 소견을 학부모에게 알려 주어야 한다. 아이가 아프거나 다쳤을 때 외에도 성에 대한 호기심과 관심이 많은 아이이거나 성희롱 또는 성폭력 사건이 일어났을 때 꼭 보건교사에게 알리고 도움을 구해야 한다.

"선생님, ○○ 가 복도에서 뛰다가 넘어졌는데 입안에서 피가 납니다."

"다행히 흔들리는 이는 없는데, 아랫입술이 이에 찍혀서 2cm 정도 찢어졌네요. 응급처
치는 했으니 학부모님께 지금 바로 연락해서 아이를 병원에 데리고 가서 입술을 실로
꿰매야 한다고 하세요."

● 관리자

학교 폭력과 성폭력 발생시 관리자에게 반드시 알려야 하며, 가정 형편이 매우 어렵
거나 특이 행동으로 인하여 주의가 필요한 경우, 관리자에게 미리 알려 두면 문제
예방과 문제 상황을 처리하는 데 조언을 얻을 수 있다.
학교생활 중 아이 싸움이 커져서 학부모 싸움이 되기도 한다. 예를 들어, 놀다가 친
구가 밀어서 영구치가 부러지게 되어 사과와 협의를 하는 과정에서 학부모 사이에
실랑이가 벌어지면 담임교사가 중재하기가 쉽지 않다. 이런 경우 담임교사 혼자 해
결하려 하기보다는 관리자에게 중재를 요청하여 문제를 해결하는 데 도움을 구할
수 있다.

● 특수교사

학교 내 특수반이 있으면 특수교사에게 특수교육 대상자 선정 기준 및 특수교육 과
정에 대해 문의하고 도움을 구할 수 있다. 통합 학급의 경우, 학급에서 특수교육 대
상 아동에게 도움을 줄 수 있는 활동과 주의할 점 등에 대해 조언을 얻을 수 있다.
그리고 특수교사와 담임교사가 특수반과 통합 학급에서의 해당 아이의 학습 상황,
행동 발달 및 심리적 상태에 대해 지속적으로 정보를 교환함으로써 아이의 발달에
도움을 줄 수 있다.

② 중대 사건(학교 폭력 및 성폭력) 처리 절차

학교 폭력과 성폭력과 같은 중대한 사건이 일어났을 때에는 담임교사가 혼자 해결
할 수 없다. 이럴 때에는 학교 전체가 힘을 모아야 한다. 관리자에게 말했는데 미온
적인 태도를 보일 때에는 담임교사가 적극적으로 문제 해결을 위해 여러 가지 점들
을 알리고 해결하기 위한 노력을 해야 하며, 학교 측에서 적극적으로 문제 해결의

의지를 보일 때는 그에 따르면 된다.

학교 폭력 사건의 경우 경미한 경우와 중대한 경우로 나눌 수 있다. 경미한 경우에는 학부모 간의 합의를 통해 문제가 원만하게 해결할 수 있으나 중대한 경우(집단 폭행, 피해자의 정신적, 육체적 피해가 심각할 경우)에는 피해 학생의 고소로 이어지는 경우가 많아 사안에 따라 달라질 수 있다. 이러한 학교 폭력 관련 사건의 경우 담임교사는 신속하게 학교 관리자에게 알려 학교 차원에서 대처해야 한다. 특히 담임교사로서 학부모의 중재가 어려울 경우 이런 부분에 경험이 있는 동료 교사에게 자문을 구하고 관리자 차원에서 중재를 부탁할 수 있다. 적극적으로 도움을 구하는 것이 가장 지혜로운 행동이다.

▪ 피해 사실이 경미한 경우

○월 ○일 9시가 되었는데도, A가 학교에 오지 않아 집으로 연락을 했더니, A의 어머니께서 A가 같은 반인 B가 무서워서 학교에 가기 싫다면서 울고 있으며, 일주일 전에도 B가 무서워서 학교에 가기 싫다는 A를 겨우 달래서 보냈다고 하면서, A를 다시 달랜 후, A를 데리고 학교로 오겠다고 함.

A의 어머니와 통화를 끝낸 후, B를 불러서 A가 학교에 오지 않는데 혹시 알고 있는 일이 있는지, 최근 일주일간 두 사람의 관계는 어떠하였는지 물어보았더니, B는 A와 수업이 끝난 후에 같이 축구도 하고 즐겁게 지내고 있으며 B는 A와 친하다 생각한다고 말하였다.

A가 어머니의 설득으로 2교시가 시작될 때쯤 학교에 왔으며, 점심시간에 A의 동의 하에 B와 있었던 일에 대해 이야기를 들어 보았다. A는 B와 놀기 싫은데, B가 수업 마치면 A에게 축구를 하자고 한다고 했다. A는 B가 5시가 넘어서까지 축구를 계속 하자고 해서 학원도 못 가고 집에 가면 엄마에게 혼이 나서 힘들다고 했다. 축구하지 않고 학원에 가면 안 되냐고 물어보았는데, B와 같이 놀지 않으면 B가 A를 때리기 때문에 무섭다고 했다. 어떻게 때리냐고 했더니 어깨를 손으로 툭툭 때리거나 B가 어깨로 자신의 어깨를 세게 밀친다고 했다.

B가 어떻게 해 주었으면 좋겠냐고 하니까 B가 A에게 말을 걸지 않고, 수업 마친 후

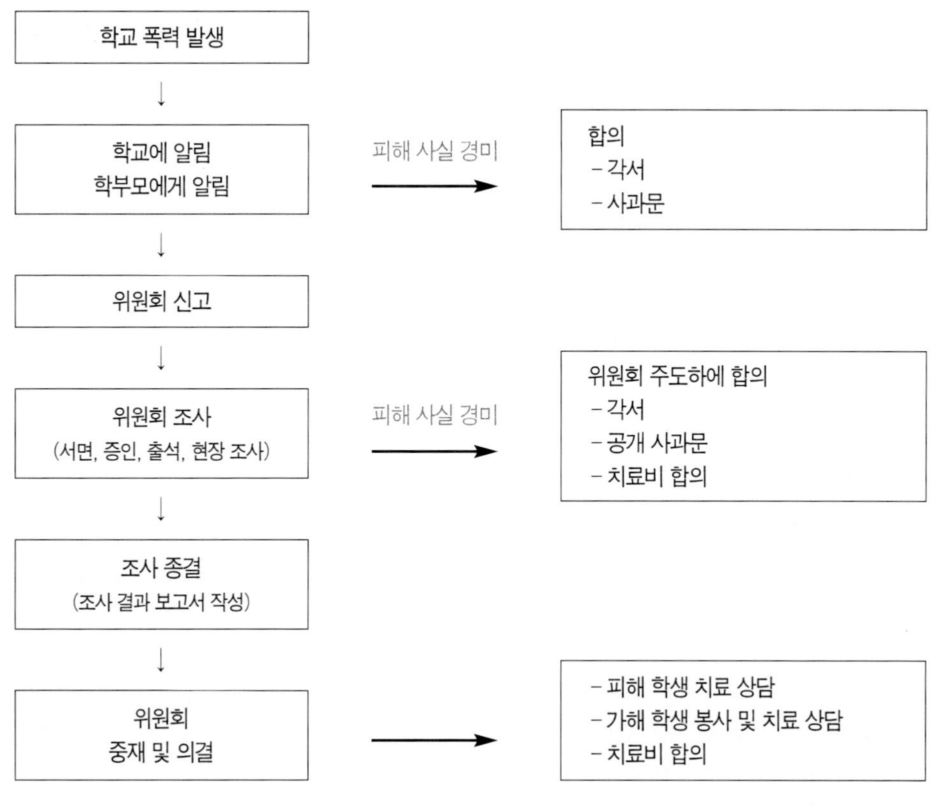

학교 폭력 사건 처리 절차

에는 B가 다른 친구들과 같이 놀았으면 좋겠다고 말했다.

수업이 끝난 후, B에게 A가 말한 상황에 대해 확인을 하였다. B는 손으로 툭툭 때리거나 어깨로 밀친 것은 장난이었으며 절대로 때린 것이 아니라고 하였다. 그래서 B는 장난이었을지 모르지만, A는 그런 행동을 무서워한다는 것과 A는 수업 후 학원에 가야 하므로 방과 후에 축구를 할 수 없음을 알려 주었다. 그리고 지금은 A가 B의 그러한 행동에 대해 무서워하고 있으므로, B가 어떻게 행동하면 A가 B를 무서워하지 않고 편안하게 생각할 수 있을지에 대해 B가 스스로 생각해 보게 하였다. 이튿날 B는 A에게 자신이 장난으로 한 행동이 A에게 두려움을 준 것에 대해 미안하다고 사과하였으며, B가 앞으로 A에게 취할 수 있는 여러 행동을 제시하였다. 그리고 그 중 A가 마음에 드는 행동을 B가 일주일 동안 행동해 보기로 하였다.

A의 어머니께 A와 B의 상담 내용과 앞으로 일주일 동안 두 사람의 협의 사항에 대해 알려 드렸다. 매일매일 A와 B에게 B 학생이 약속한 행동을 하고 있는지 확인하였으며, 일주일 후 두 학생을 불러 그동안 느낀 점과 앞으로 어떻게 A와 B가 행동할지에 대해 다시 약속을 하였다. 그리고 약속된 사항에 대해 A의 어머니께 다시 알려 드렸으며 A가 B에게 무서움을 느끼지 않게 될 때까지 한 달 동안 일주일마다 약속 확인을 지속하였다. 한 달 후, A가 B가 자신을 위협하는 행동을 하지 않아 상담을 그만하기를 요청하여 상담 활동을 종료하였다.

▪ 피해 사실이 중대한 경우
○월 ○일 오후 6시경, 아파트 놀이터에서 게임 캐시를 주지 않는다며, 6학년 남학생 두 명이 5학년 남학생을 엎드리게 한 후 길이 50cm, 두께 1cm 정도의 나무 막대기로 엉덩이를 5차례 때리고 발로 엉덩이와 무릎을 7차례 정도 차서 멍이 듦.

집으로 돌아간 5학년 남학생이 부모님께 이와 같은 사실을 알리고, 학부모가 경찰서에 6학년 남학생 두 명을 학교 폭력으로 신고하였다. 다음 날 오전 경찰이 학교로 찾아와 교감과 윤리부장 교사, 해당 학생의 담임교사에게 신고된 내용에 대해 알렸다. 담임교사와 윤리부장 교사는 6학년 두 남학생을 불러 사건에 대한 경위에 대해 진술받은 후, 가해 학생 학부모에게 사건 경위와 현재 진행 상황에 대해 전화로 알렸다. 피해 학생에게 사과하는 편지와 앞으로 어떻게 행동할 것인가에 대한 각서를 작성하여 원본은 학교에서 보관하고 복사본을 피해 학생에게 전달하였다. 가해 학생 담임교사가 피해 학생 학부모에게 전화를 해서 사과 편지와 각서의 전달 여부를 확인한 후, 앞으로 이런 일이 없도록 가해 학생에 대한 지도 계획에 대해 알렸더니 피해자 학부모가 가해 학생을 용서하겠다는 말을 하였다. 담임교사가 경찰서에 피해자와 가해자의 합의 내용을 전화로 전달하였고, 경찰서에서 피해 학생 부모에게 합의 내용을 확인한 후, 사건이 종결되었다.
학교 폭력 사건으로 입은 정신적인 충격에 대한 피해 학생의 상담과 앞으로 문제 상황을 예방하기 위한 가해 학생의 상담 활동이 동시에 이루어졌다.

성폭력 사건은 학생들 간에 이루어지거나, 타인에 의해 발생되어 학생들의 상담 과정에서 알게 되는 경우가 있다. 성폭력 사건에 대해 알게 되었을 경우, 반드시 바로 보건교사와 관리자에게 알리고 소속 교육지원청과 수사기관에 신고를 해야 한다.

처음 성폭력 피해 사실을 담임교사가 알았을 때 "너는 그때 무얼 했느냐?" "왜 그런 곳에 갔니?" "그런 아이들과 왜 어울렸니?" 등의 질문은 학생에게 책임을 전가시키며 죄책감을 가지게 하는 질문이므로 절대 삼가야 한다. 성폭력 피해 아동에게는 "네 잘못이 아니야."라고 말해 주어 사건에 대한 책임이 아동에게 없음을 알게 해 주어야 하며 피해 학생의 입장을 가장 먼저 고려하여 모든 과정이 이루어져야 함을 꼭 기억해야 한다.

피해를 입은 직후라면 아동을 씻기지 않은 채 경찰서에 가서 증거 채취를 해야 하고 수사기관이나 아동보호 전문 기관 혹은 해바라기아동센터에 바로 연락하여 전문가 지원을 받는 것이 가장 좋다. (《아동성폭력예방교육 전문강사 기본과정 연수 교재》(한국양성평등교육진흥원), 2010) 처음 담임교사가 사실을 알고 신고한 다음부터는 전문 기관에서 진행하는 절차에 최대한 협조하며 피해 학생의 보호와 안전에 관심을 가지고 도와야 한다.

참고 법률
* 아동·청소년의 성 보호에 관한 법률〔시행 2010. 8.24〕

제19조(비밀 누설 금지)
① 아동·청소년 대상 성범죄의 수사 또는 재판을 담당하거나 이에 관여하는 공무원은 피해 아동·청소년 또는 대상 아동·청소년의 주소·성명·연령·학교 또는 직업·용모 등 그 아동·청소년을 특정할 수 있는 인적 사항이나 사진 등 또는 그 아동·청소년의 사생활에 관한 비밀을 공개하거나 타인에게 누설하여서는 아니 된다.

제22조(아동·청소년 대상 성범죄의 신고)
① 누구든지 아동·청소년 대상 성범죄의 발생 사실을 알게 된 때에는 수사기관에 신고할 수 있다.
② 「유아교육법」 제2조 제2호의 유치원, 「초·중등교육법」 제2조의 학교에 해당하는 기관·시설 또는 단체의 장과 그 종사자는 직무상 아동·청소년 대상 성범죄의 발생 사실을 알게 된 때에는 즉시 수사기관에 신고하여야 한다.

'상담에 관한 주요 기록'
일시, 장소, 시간은 반드시 들어가야 한다. 상담자와 대상 학생의 이름 및 간단한 인적 사항을 기재한다.

상 담 일 지

날짜	0000. 00. 00.	상담 장소	3학년 연구실
내 담 자	김00(00초, 6), 이0(00초,6), 강00(△△초, 6), 박00(△△초,6), 주00(△△초,6), 송00(△△초,6)		
상담 시간	_18_ 시 _10_ 분 ---- _19_ 시 _40_ 분(90 분)		
상담 회기		상 담 자	✻✻✻ (인)

1. 상담 시작 개요

'상담 시작 개요'
상담 의뢰인지, 사건 발생으로 인한 것인지, 상담을 하게 된 계기를 간단히 기록한다.

　이0과 △△초(7명), ◎◎초(2명)학생들 간의 다툼 가운데 김00(00초,6) 학생이 △△초 학생들을 가리키며 '제들이 저에게 성폭행했는데요.'라는 말을 듣고 장소를 옮겨 ✻✻초 3학년 연구실로 자리를 옮겨 상담을 하게 되었음.

2. 사건 내용

'사건 내용'
육하원칙에 입각하여 객관적으로 서술하는 것이 중요하며 있는 사실만을 적으면 된다. 상담자의 견해나 생각을 포함해서는 안 된다. 전체적인 사건의 개요를 간략하게 기록한다.

　김00(00초, 6) 학생이 지난 2006년 10월쯤 김△△와 교제중 △△초로 김00 학생을 불러 김△△(△△초, 6)와 강00(△△초, 6)가 함께 윗옷을 벗기고 가슴을 수차례 만지고 거부 의사를 밝혔으나 그 후에도 몇 차례 더 가슴을 만짐(강00 학생이 이에 대해 인정함)
　이 일 이후에 박00학생이 김△△ 학생과 같이 김00 학생을 자기 집으로 데리고 가서 집에서 윗옷을 벗기고 키스 및 가슴을 만짐(박00학생이 이를 인정함)
　10월쯤 김△△와 김00 학생이 결별하자 김△△의 부탁을 받아 주00, 송00 학생이 학교 운동장으로 김00학생을 불러 달아나는 김00학생을 발과 뺨을 때리며 폭행함

3. 상담 내용

김00학생과 강00, 박00, 주00, 송00, 이0이 함께 집단 상담으로 위에 제시된 사건에 대한 상황 및 이야기를 한 사람씩 돌아가면서 이야기해 보도록 하여 정확한 사건의 상황을 파악함
충분한 이야기를 한 후 강00, 박00, 주00, 송00 학생은 잠시 복도에서 대기하게 한 다음 김00 학생과 개인 상담을 하였다. 개인상담시 사건의 상황을 다시 한 번 확인 후 어떻게 하길 원하는지를 물었을때 김00 학생은 이 사실이 부모님에게 알려지게 되면 아버지에게 죽는다고 이야기를 하면서 평소에 아버지가 화가 나면 폭력을 심하게 쓴다는 것을 이야기하며 결대 아버지가 알아서는 안 된다고 하고 아이들에 대한 처벌도 원하지 않는다고 하였다.
그러면 00가 그 문제로 앞으로 편찮은지 원하는 것이 무엇인지를 물음. 아이들이 자기를 괴롭히지 않으면 되며 결대 아버지에게 알려서는 안 된다는 것을 확실히 밝힘
아이들을 들어오게 하여 00가 앞으로 괴롭히는 문제에 대해 걱정한다고 이야기를 했다. 그래서 진술서를 쓰고 다짐을 하겠다고 하였다. 각자 진술서를 정직하게 쓰고 앞으로 이런 일로 괴롭히게 되면 그에 대한 책임을 지겠다는 내용을 진술에 각자 기록하였다. 기록 도중 가해 학생들이 김00학생이 자기 말을 듣지 않으면 이야기를 퍼뜨린다고 협박을 한다고 하였다. 사실 확인을 한 후에 00에게 왜 그랬는지 물어보았더니 별뜻이 없었고 실제 어떤 요구를 했는지 물었을 때 운동장으로 나오라는 요구를 했으나 아이들이 들어주지 않았고 그 이후에는 어떤 요구도 하지 않았다고 하였다. 앞으로는 00도 그런 협박을 하지 않도록 이야기를 하였다.

'상담 내용'
주로 내담자와의 상담 내용을 자세히 기록하는 것이 중요하다. 특히 학생이 한 말이라든가 행동에 대한 진술은 매우 중요하므로 가능하다면 중요한 말은 그대로 옮겨 적는 것이 좋다.

진술서를 다 쓴 다음 이 일의 심각성과 ○○가 문제를 제기했을때 일어날 수 있는 일들에 대해 아이들과 이야기를 한 다음 아이들의 생각을 들어보면서 아이들이 자기의 행동에 대해 심각한 결과를 초래한다는 사실을 알고 있음을 확인하였고 ○○가 뭘 원하는지 명확히 밝히자 아이들이 다시 한 번 확인을 하였다. ○○에게 이런 일이나 채팅이나 다른 어떤 형태로든 조금이라도 괴롭힘이 있을 경우에는 그 즉시 선생님에게 바로 전화하도록 하고 이에 대한 조치를 취하도록 하겠다고 이야기를 하고 일단 △△초등학교 아이들은 집으로 보냈다. ○○와는 앞으로 상담을 하도록 하였다.

4. 상담자 관찰 내용(행동상의 특징, 참고로 해야 할 행동이나 내용)

- ○○의 경우에 지난 10월에 있었던 일에 대해 아무 거리낌이 없이 이야기를 하였고 심각하게 생각하지를 않는 듯한 행동을 보였다. 아버지에 대한 두려움이 컸으며 아버지가 가끔 폭력을 휘두르는 것을 통해 두려워함. 그러면서도 1월에 이○과 함께 2일간 가출을 한 사실도 이야기를 하였다. 채팅을 통해 남자 친구를 많이 사귀고 직접 만나러 가기도 함
- 자기에게 일어나는 일에 대해 솔직하게 이야기를 하며 이○이에겐 모든 이야기를 다 하고 의지하는 편임.
- 예전의 사건에 대해 현재는 별로 심각하게 생각하지 않으며 이 문제 말고도 가정, 친구, 생활에서 다양한 문제가 얽혀 있어 상담의 목표를 분명히 하는 것이 어려운 상태

7. 다음 회기 약속(예정)

- ○○의 경우 2월 6일 방과 후에 15:30-16:30에 상담하기로 함

8. 상담 후 조치 내용

다음 날 담임선생님께 위의 사실을 알리고 2월 6일 화요일 16:20-16:50 교장실에서 교장 선생님, 서○○ 선생님(김○○ 담임선생님), 교감 선생님과 함께 위의 사안을 협의함. 일단 아버지의 폭력 문제가 있고 ○○가 알리는 것을 두려워하며 4개월 전이라고는 하나 정확한 시기나 정황 증거가 ○○의 진술만 있는 상태에서 ○○가 그러한 문제를 심각하게 생각하지 않는 점으로 보아 조금 더 상담을 통해 ○○를 도와주는 것으로 협의함

성폭력 관련 신고 및 지원 시스템

- 수사기관 112, 경찰서
- 교육과학기술부 1588-7179
- 여성긴급전화 1366 "국번 없이 1366" (응급 구조 및 지역의 관련 시설로 연결됨)
- 아동성폭력전담센터
  · 서울 해바라기아동센터 02-3274-1375
  · 호남권역 해바라기아동센터 062-232-1375
  · 영남권역 해바라기아동센터 053-421-1375
- 여성·학교폭력피해자 ONE-STOP지원센터 및 성폭력상담소
- 아동상담전용전화 1577-1391 및 복지 콜센터 129
- 청소년상담지원센터 "국번 없이 1388"

4. 외부 기관

① 외부 기관과의 연계

경력이 많고 숙련된 교사라 할지라도 부적응을 겪는 모든 아이들을 효율적으로 돕는 것은 쉽지 않다. 그러므로 아이의 상황에 알맞은 외부 기관의 도움을 받도록 하여 효과적으로 개입하고 서비스를 제공받게 하는 것도 교사가 할 수 있는 일이다. 담임교사는 기관 의뢰를 권유할 수 있지만, 결정하는 것은 학부모의 몫이므로, 기관에 의뢰하기 전에 반드시 학부모 상담을 통해 동의를 받아야 하며, 기관 선택에 대한 책임은 담임교사가 아닌 학부모에게 있음을 명백히 해야 한다.

● 도움을 받을 수 있는 외부 기관

지역이나 학교에 따라 상황이 다를 수 있지만, 담임교사가 자신이 근무하는 지역에서 도움을 받을 수 있는 상담과 의료에 관련된 외부 기관에 대한 정보를 정리해 두면 상황 발생시 당황하지 않고 신속하게 도움을 요청할 수 있다. 아래의 목록과 같이 간단히 정리해 두는 것이 필요하다. (예시 자료임. 매년 조금씩 다르므로 학기 초에 조사하여 정리해 둔다.)

- 한국청소년상담지원센터협의회 http://kcsa1388.or.kr
  - 청소년기본법(제46조)에 근거하여 설립된 청소년 전문 상담 기관으로, 각 시도 군구의 청소년 상담지원센터 검색 가능
  - 심리검사 및 개인상담, 품성 계발 프로그램, 진로 집단상담, 인터넷 중독 예방 프로그램, 동반자 프로그램, 학교 폭력 예방 교육, 1388 전화 상담, 위기 상담 등
- 정신보건센터
  - 우울증, 인터넷 중독, 적응 장애 등의 아동 심리검사 실시
- ONE-STOP지원센터
  - 여성, 학교폭력과 관련한 상담, 의료, 수사, 법률 지원
- 교육지원청 WEE-센터 다양한 부적응아를 위한 심리검사 및 개인상담과 집단상담
- 복지 기관 미술 치료 및 복지 지원
- 관할 경찰서 학교 폭력 예방 교육 강의
- 쉼터 가정 폭력 등이 있을 때 격리할 수 있는 곳

② 외부 전문 기관과의 연계시 담임교사의 역할

예전과는 달리 정서적으로나 정신적인 불안 증상을 가진 학생이 점점 늘어나고 있다. 이러한 학생을 담임교사가 치료하거나 상담하기는 어렵다. 이럴 경우에는 학생이 치료받고 도움을 받을 수 있는 외부 전문 기관과 연계해 주는 것이 중요하다.
학생의 상태를 학부모가 알고 있고 외부 전문 기관과 연계하여 치료받고 있는 상태라면 학부모를 통해 학생의 상태를 학기 초에 정확히 알아 학교생활에 잘 적응하고 생활할 수 있도록 도와주는 역할을 하면 된다. 그러나 학부모가 학생의 상태를 간과하거나 미약한 정도로 인지를 하고 있으나 담임교사가 보기에 심각한 경우가 있다. 이럴 경우에는 제일 먼저 학부모를 설득하여 외부 전문 기관의 진단을 받아 보고 치료를 할 수 있도록 하여야 한다. 앞서 학부모와의 상담 부분에서 다루었던 것처럼 경청과 공감을 중심으로 학생의 긍정적인 변화에 초점을 맞추어 이야기를 하고 긍정적인 변화를 위해 진단과 치료가 필요함을 알려야 한다. 특히 초등학교라는 시기상 초기에 발견이 되어 치료를 할 경우 상당한 도움을 받을 수 있으므로 이는 담임교사로서 꼭 해야 하는 부분이다.
학부모와의 설득 과정에서 교사가 주의를 기울여야 할 점은 절대 단정적으로 이야기해서는 안 된다는 것이다. 영철이가 ADHD인 것 같다, 철수는 불안 장애가 있는 것 같다 등의 단정에 가까운 말은 학부모의 입장에서는 그것이 사실일지라도 교사가 학생을 부정적으로 생각한다는 오해를 가질 수 있다. 영철이가 수업 시간에 세 번이나 일어났다 앉았다를 했다, 수업 시간에 갑자기 '악, 악' 하며 소리를 지른다 등의 관찰된 행동에 한정지어 이야기를 해야 한다. 또한 학생이 어떤 행동이 얼마나, 어떻게 지속되었는지 정확히 기록하여 자료를 제공함으로써 교사의 말에 신뢰감을 갖도록 해야 한다. 무엇보다 사실에 대한 정보 제공 이전에 담임교사가 학생에 대하여 관심과 긍정적인 마음이 있음을 학부모가 반드시 느끼도록 해야 한다. 그러한 믿음이 생기게 되면 학생에 대한 교사의 의견을 전적으로 동의하고 함께 노력하려고 한다.
외부 기관과 연계를 할 때 담임교사의 역할은 학부모가 요구할 경우 외부 전문 기관에 대한 정보(장소와 어떤 경우에는 이용료 등)에 대한 안내를 할 수 있다. 외부 기관에 대한 정보를 교사가 줄 수 있으나 결정은 학부모가 하게 해야 한다. 부득이한 경우를 제외하고 부모가 직접 아동을 데리고 외부 전문 기관에 가도록 해야 한다.

아침마다 머리가 아프다며 학교에 가지 않겠다고 떼를 써서 학교 부적응을 문제로 보고 그에 대해 상담을 했는데, 알고 보니 뇌에 이상이 있어서 아픈 경우도 있었고 말을 하지 않아 자폐아인 줄 알았는데 난청인 경우도 있었으므로, 외부 기관과 연계할 때에는 상담 기관뿐 아니라 병원에서 치료받는 것도 함께 안내를 하는 것이 필요하다.

☕ 사례 말을 하지 않으려는 명희 이야기

● 아이의 문제 행동 발견

학급 아이들과의 첫 만남 때 출석을 부르는데, "이명희"라고 아이의 이름을 여러 번 불렀는데도 대답을 하지 않았다. 학급 아이들이 명희가 말하는 것을 들어 본 적이 없다고 했다. 다음 날, "명희야!" 하고 여러 번 불렀더니 눈을 맞추더니 금세 시선을 피한다. "네, 해야지!"라고 여러 번 말하니까 입술만 달싹거리더니 겨우 아주 작은 소리로 "네." 하며 답을 했다.

● 관찰 일지 기록

며칠을 지켜본 결과, 다른 아이들과는 완전히 다른 특징들이 발견되어 관찰 일기를 쓰기로 했다. 체육 시간이나 영어 시간, 음악 시간에는 거의 활동을 하지 않았다. 급식 시간에는 음식을 겨우 조금 먹고, 점심 식사를 한 후에는 제자리에 앉아서 가만히 벽을 쳐다보며 시간을 보냈다. 친구들이 명희에게 도움을 줄 경우를 제외하고는 친구들과 교류가 거의 없다.

● 학부모와 상담

그동안 써 왔던, 명희에 대한 관찰 일기를 보여 드리고 명희가 집에서는 어떤지 물어보았다. 명희 어머니는 명희가 집에서는 밥도 잘 먹고 학교에서 일어난 모든 일을 다 말하는 수다쟁이라서 전혀 문제를 느끼지 않는다고 했고, 집에서는 활발한 명희가 왜 학교에서 내성적으로 변하는지에 대해 의문스러워했다.

● 특수반 교사에게 도움 요청

특수반 선생님에게 상황을 알리고 도움을 요청했더니 선택적 함묵증일 가능성이 높다면서 선택적 함묵증의 증상과 복지관, 음악 치료와 미술 치료를 받을 수 있는 시설과 이용료에 대해 알려 주셨다.

● 학부모와 2차 상담

명희 어머니가 명희의 상황에 대한 심각성을 느끼지 못하여 학부모 상담을 더 이상 진행하지 못하고 있었다. 그러다가 학예회에서 명희가 혼자서만 노래도 부르지 않고, 춤도 추지 않고 가만히 있는 모습을 본 어머니가 심각성을 느끼고 상담을 요청했다. 어머니가 아이의 상태를 아는 것이 중요한 것 같아서 그동안 명희의 학교생활을 기록한 관찰 일기와 선택적 함묵증에 관해 가지고 있는 정보를 전했다.

● 복지관, 상담소 정보 수집 및 안내
명희 어머니가 병원보다는 상담소를 원해서 인근 지역의 상담소와 복지관에 대해 알아보았다. 그런데 시간과 가격이 부담스럽다면서 병원에 대해서도 알아봐 달라고 다시 부탁을 했다.

● 소아정신과 병원 안내
동료 교사가 소아정신과를 추천해 주어, 가격이 1시간에 2만 원이고 아이의 집과 가까운 곳에 위치하고 있다고 명희 어머니께 안내했더니, 명희 어머니가 소아정신과에 명희를 데리고 한번 가 보겠다고 했다.

 글을 마치며

학급 아이들 문제로 함께 모여 고민하고 이야기를 나누며 시작한 초등 학급 상담 모임이 9년째를 맞이하였습니다. 그동안 우리 모임을 통해 많은 만남이 이루어졌고 변화와 성장이 있었습니다. 수년간 학급 현장에서 서로 지지하고 격려하면서 함께 고민하고 나누었던 이야기를 이렇게 책으로 펴내게 되어 참으로 행복합니다. 책이 나오기까지 물심양면으로 도와주셨던 고마운 분들이 생각납니다.

저희들의 열정만을 보시고 책 출판을 결정해 주신 (주)우리교육, 지금도 일주일에 한 번씩 모임을 통해 함께하는 초등 학급 상담 모임 가족들, 9년간 좋은 장소를 제공해 주신 부산교육연구소, 좋은 주제라며 아낌없는 지원과 지지를 해 주신 전국학교상담지원센터, 책의 내용이 현장성을 유지하도록 멘토 역할을 해 주신 유신고 김서규 선생님과 울산 약수초 안용자 선생님, 그 외 많은 분들께 감사의 마음을 전합니다.

김명신

책을 내면서 나는 참 행복한 사람이구나라는 생각이 들었습니다. 처음 교직에 나와서 열정은 있었지만 아이들을 제대로 이해하지 못하고, 어떻게 도울지 몰라 심적으로 힘들 때 상담을 알게 되었습니다. 상담을 공부하면서 아이들이 아닌 나 자신을 알아 가게 되었습니다. 마음의 짐을 하나하나 벗으면서 내 삶이 변했고 자연스럽게 아이들을 사랑하게 되었습니다. 상담을 배운 것이 얼마나 다행인지 모릅니다. 그런 행운과 함께, 공부하면서 만나게 된 선생님들로 인해 제 삶은 더욱 풍성해졌습니다. 특히 초등 학급 상담 모임을 통해 초등학교 현장에 맞는 상담 기법들을 개발하고 적용하며 함께 나누자는 공동의 꿈을 꾸며 긴 세월을 한마음으로 이렇게 걸어올 수 있어 더 행복합니다. 책을 낸다는 기쁨보다 선생님들과 함께했다는 것이 더 의미 있고 소중하게 다가옵니다. 아쉬운 점은 있지만 이 책이 초등학교 아이들의 성장을 도우려는 많은 선생님들에게 조금이나마 도움이 되길 진심으로 바랍니다.

누구보다 곁에서 힘과 용기를 불어넣어 주는 사랑하는 아내 은진 씨와 사랑이라는 것이 무언지 알게 해 준 사랑하는 딸 희원이와 아들 성윤이에게 고마운 마음을 전합니다.

최명혜

아이들의 마음을 사로잡는 교사이고 싶었습니다. 나의 열정만큼 아이들은 따라오게 되고 즐거운 교실이 되리라 믿었습니다. 하지만 아이들 모두가 다 배움의 자세로 준비되어 있지는 않았습니다. 수업을 방해하고 자신의 상태를 고집하려는 아이, 기대대로 되지 않는 야속한 아이들을 어떻게 해야 하는지……. 교실 속 아이들과 함께 행복해지기 위한 방법으로 상담을 공부했습니다. 수직적 상태로 바라보던 자세에서 상대의 눈높이로, 서로의 마음을 나누는 소통의 방법들을 배우고 접하고 나서야 이해되지 않던 아이들 행동에 그들 나름의 이유가 있음을 알게 되었습니다. 아이들 각자 다른 환경과 다른 결핍, 미성숙의 과정이 있음을 인정하게 되었으며 관심과 손길이 필요한 상태임을 깨닫게 되었습니다. 빨리 나아가야 된다고 끌어가지 않고 그저 어깨를 토닥이며 인정하는 말을 건넬 때, 그들은 어느 순간 거뜬히 일어나며 스스로의 자신감으로 나아가겠습니다. 이제 교사의 역할이 일방적 가르침을 주는 것이 아니라 그들이 가진 가능성을 제대로 끌어내도록 돕고 기다려 주는 것이라는 뒤늦은 인식을 하게 됩니다. 이제 아이들의 실수나 방황을 당연한 것으로 바라볼 수 있는 여유로 돌아서게 됩니다. 그동안 함께했던 동료 선생님들이 계셨기에 사람을 사랑하고 이해하게 되는 배움의 과정을, 지치지 않고 즐거이 지나올 수 있었습니다. 실수도 하고 고민하며 함께 나누던 학교 상담의 현장 경험을, 이제 더 많은 선생님들이 어렵게 겪지 않기를 바라는 마음으로 책을 엮고 내놓게 되었습니다. 평화롭고 행복한 교실이 되는 데에 나름의 힘이 되길 바랍니다. 마음과 격려로 지원을 아끼지 않은 가족들에게도 감사와 사랑을 함께 전합니다.

김명숙

후기를 앞두니 나를 성장시켰던 아이의 얼굴이 떠오른다. 그 아이가 아니었다면 오늘의 내가 있었을까? 학기 초, 무던한 아이들과 평온한 일상을 보내길 소망하는 마음은 모든 담임들의 한결같은 마음이리라. 그러나 나는 아주 특별한 아이를 만났다. 그리고 곧 알았다. 이제껏 써 왔던 방법으로는 그 아이와 싸움밖에 할 수 없음을, 아무것도 변화시킬 수 없음을……. 그래서 나는 눈높이를 맞추고 공감하고 수용하기를 선택했다. 성공 경험을 할 수 있는 일을 찾아 함께하고 그 과정을 인정하고 칭찬했다. 그렇게 함께 보낸 시간이 두터워지면서 아이의 눈빛이 달라지고 표정이 생기기 시작했다. 나를 보고 웃기 시작했고 악수를 허락했다. 그때 알았다. 애먹이는 애제자가 사랑스러운 애제자가 될 수 있다는 것을……. 나 자신을 변화시켰더니 아이가 변했던 그 성공 경험이 나를 상담 공부에 집중하게 했으니 그 아이가 바로 내 스승이 아닐까? 몇 년이 지났지만 나는 지금도 그 아이가 생각나고 그립다.

여럿이 꾸는 꿈은 현실이 된다고 한다. 우리는 이 책을 만들면서 각자의 특별했던 성공 경험들을 함께 나누었고 아이들과 마음을 나누는 길을 찾고자 노력하는 선생님들에게 성장과 행복이 함께하는 길을 안내해 주고 싶었다. 꿈이 현실이 된 지금, 그래서 진짜!! 너무 행복하다.

이윤정

교사는 나의 꿈이었다. 그래서 교사 발령을 받던 순간 난 꿈을 이뤘다고 생각했다. 하지만 신규 교사의 하루하루는 좌절의 반복이었고 또 다른 꿈을 꾸게 했다. 그러던 중에 한 아이를 만났다. 더 이상 내가 머뭇거리거나 물러서면 안 되게 만든, 왕따를 당하던 남자아이. 그 아이의 눈을 보며 같이 눈물은 흘렸지만 그 이상 해 줄 방법을 몰랐던 무능한 교사는 그래서 방법을 찾았다. 지금 시작하면 이 아이에게는 큰 도움이 되지 못하겠지만 다음에 이와 같은 일에 부딪혔을 때 그때는 지금처럼은 대처하지 말자는 마음으로. 그때 선택한 것이 대학원과 지금의 상담 모임이었다. 이론적일 수 있을 대학원을 보완하려면 현장에서 함께 고민하고 해결책을 모색해 볼 수 있는 모임이 필요했다. 무작정 검색을 하고 모임의 회장님께 전화를 했다. 회장님의 친절함으로 난 이미 일원이 되어 있었다. 나와 같은 고민을 하는 선생님들을 만나면서 힘을 얻고 또 같이 만든 자료들을 적용해 보면서 뿌듯함도 느꼈다. 시중에 나와 있는 학급 경영이나 상담과 관련된 책을 보면서 따라 하고 싶다는 마음보다는 '나와는 별개의 특별한 능력을 지닌 분들이구나.' 포기한 적이 많았는데 이 모임에서는 살아 있고 또 만만한 그런 방법들이 쏟아져 나왔다. 신선했고 감동적이었다. 그렇게 10년이 지나갔다. 그냥 흘러

갈 수도 있는 노력들이 엮여서 이렇게 책으로 만들어진다니. 그리고 누군가에게 도움이 될 수 있다고 생각하니 가슴이 두근거린다. 또 힘들고 바쁜 와중에 포기하지 않고 서로 격려하며 끝까지 와 준 선생님들과의 시간들도 정말 행복했고 특별했다. 배 속에서 함께 글을 쓴 현준이가 세상에 나와 지금은 잠시 쉬어 가고 있지만 앞으로 해야 할 일에, 하고 싶은 일에 가슴이 설렌다. 그 일들의 처음이 이 책이어서 진심으로 감사하다.

신승정

모난 돌멩이를 조약돌로 만들어 준 상담, 아직도 뾰족한 구석이 있지만 초임 교사로 발령 받았을 당시에는 모난 돌이었다. 일면식도 없는 분에게 어떤 것을 공부하는지 호기심에서 이메일을 보냈고 편지 한 통과 작은 책자 하나로 인연이 되어 만났다. 그때부터 시작해서 꽤 오랫동안 상담 공부를 한답시고 매주 들락거렸다. 돌이켜 보면 특별히 한 일도 없는 것 같은데 벌써 7년이나 흘렀다. 나 자신의 필요로부터 시작된 일이어서 그런지 점점 상담 공부를 즐기게 되었고 좋은 분들과 만남이 오랜 시간 상담과 인연을 끊지 않게 해 주었다. 모난 돌이 점점 조약돌이 될 수 있도록 도와준 분들에게 고마움을 전하고 싶다. 상담 공부 모임이 어려움에 처했을 때 나를 위해 참석해 힘을 보태어 준 친구 현정, 처음부터 끝까지 늘 곁에 있어 준 유리, 그리고 지금 멀리 떨어져 있지만 한참 몸도 마음도 힘들었을 때 묵묵히 이끌어 준 한인옥 선생님, 김명신 선생님과 노은진 선생님의 열정과 숨은 배려가 있었기에 상담 공부 모임이 계속 명맥을 유지하고 책이 출판될 수 있었다. 상담 공부 모임을 통해 만났던 많은 선생님들, 그리고 지금도 함께하고 있는 상담 공부 모임 식구들과 잠시 육아와 가사로 인해 쉬고 계신 분들에게 감사드린다. 그분들의 열정이 있었기에 많은 것을 배우게 되었고 이런 소중한 경험들을 책으로 펴낼 수 있었다.

소소한 아이디어를 흔쾌히 책에 담게 해 주신 인디스쿨의 몇몇 선생님들에게도 역시 고마움을 전하고 싶고, 아직은 부족한 나에게 이 책을 펴내는 기쁨을 함께 누릴 수 있게 해 주신 은혜로운 다섯 분의 선생님에게 진심으로 감사의 말을 전하고 싶다. 무엇보다 힘든 상황 속에서도 격려와 용기, 지지와 칭찬을 아끼지 않은 나의 가족이 고맙기 그지없다.

난 내가 맡은 아이들을 내 아이처럼 여긴다. 혼신의 힘을 기울여 가르치고 보듬으려 애쓴다. 나의 마음과 열정이 아이들과 학부모님께 그대로 전달되었으면 좋겠다. 마음의 문을 열고 진정한 소통을 이루는 그날까지 배움의 끈을 놓지 않을 것이다.

최유리

교대생이었던 시절, '우리가 나중에 선생님이 되면' 노래를 들으며, 아이들과 눈높이를 맞추어 아이들을 따뜻하게 안아 주는 교사로서의 삶을 꿈꾸었다. 그리고 교사가 된 이후, 내가 꿈꾸었던 교사로서의 삶을 실천하기 위한 방법 중 하나로, 아이들에게 작은 문제라도 생기면 문제 해결을 돕기 위해 아이들을 남겨서 상담을 하기 시작했다. 그런데, 우리 반 아이 중 몇 명이 '선생님은 우리를 위해서 상담해 준다고 하지만, 전혀 우리를 이해해 준다는 생각이 들진 않아요. 결국엔 다른 어른들이 하는 말을 똑같이 또 하고 있잖아요. 다른 어른들이랑 똑같은 말 계속하실 거면 선생님과 상담하고 싶지 않아요.' 라며 나의 상담을 거부했다. 내 딴에는 아이들을 위한답시고 했던 상담이 결국엔 아이들을 훈육하고 지시하는 것이었음을 깨닫는 데 오랜 시간이 걸리지 않았다.

아이들을 따뜻하게 안아 주고 싶은 교사가 되고 싶었는데, 내 마음과 달리 아이들이 나와 이야기를 나누는 것을 거부하자 무척 당황스럽고 씁쓸했었다. 그러나 다행히도 상담 모임에서 열정과 사랑이 가득한 선생님들을 만나 인정과 지지를 받으면서 많은 힘을 얻었다. 그리고 그분들과 함께 대화법과 집단 활동, 학급 경영 팁 등을 익혀 학급에서 아이들에게 적용하고, 적용 사례에 대해 피드백을 받는 과정을 반복함으로써 훈육하고 지시하던 교사에서 아이들의 마음을 이해해 주는 교사로 조금씩 변화하고 성장해 나가고 있다.

남들과 비교하며 남들이 이루어 놓은 것에 대해 부러워한 적이 많았는데, 이번에 책을 준비하면서 그동안 내가 상담 모임 선생님들과 많은 것을 해 오고 있었음에 많이 뿌듯했고, 내가 존경하고 좋아하는 선생님들과 함께 작업할 수 있어서 영광스럽고 즐거웠다.

마지막으로, 지금의 나를 있게 해 준 사랑하는 우리 가족과 나의 귀하고 소중한 인연들, 웃음과 사랑이 가득한 우리 반 아이들에게 감사의 마음을 전하고 싶다.

 참고 문헌

현실요법과 선택이론 김인자 지음, 한국심리상담연구소, 1996

현실요법의 적용 글라써 지음·김인자 역, 한국심리상담연구소, 1996

교사역할훈련 토마스 고든 지음·김홍옥 옮김, 양철북, 2003

비폭력대화 마셜 B 로젠버그 지음·캐서린 한 옮김, 바오, 2004

해결을 위한 면접 Peter De Jong 외 지음·노혜련 외 공역, 시그마프레스, 2004

초등학교 생활지도와 상담 한국초등상담교육학회, 학지사, 2006

교사를 위한 학교상담기법 김병석 외 공역, 시그마 프레스, 2007

초등학생을 위한 초등학생 심리백과 신의진 지음, 갤리온출판사, 2008

현실요법을 적용한 그림카드 김명신 지음, 한국심리상담연구소, 2009

현장교사를 위한 학교상담 12가지 사례 : 인성편 김서규 지음, 학지사, 2009